多文化国家オーストラリアの都市先住民

アイデンティティの支配に対する交渉と抵抗

栗田梨津子

明石書店

まえがき

今日、世界各地の多民族・多文化社会において、特定の民族集団が共有する集合的アイデンティティは、人々の精神的よりどころとなる一方で、他集団のアイデンティティを拒絶することにより、社会的緊張や暴力の源ともなることが指摘されている（セン 二〇一一）。多文化主義を採用する西洋先進諸国でのマイノリティにとってはアイデンティティの政治（アイデンティティ・ポリティクス）で用いられたのは、こうした排他的なアイデンティティであり、社会科学の学界では、それに代わる新たなアイデンティティの交渉のあり方が模索されてきた。

本書が対象とするオーストラリアでは、一九七〇年代前半に多文化政策が打ち出されたのを機に、移民や難民をはじめとするエスニック集団間でのアイデンティティ・ポリティクスが繰り広げられてきた。一方で先住民は長年、エスニック集団とは異なるアリーナで土地権をはじめとする権利主張を行い、多文化主義の下で様々なエスニック集団と同列に扱われることを拒んできた。しかしながら、一九八〇年代後半に、先住民の文化が国家のシンボルとして多文化主義の「多文化」の中に組み込まれたのを契機に、先住民は多文化主義の文脈において国家とアイデンティティの交渉を行うことになった。

こうした多文化主義下での先住民としてのアイデンティティの主張において中心的な役割を果たしたのが都市[1]に居住する先住民であった。都市の先住民は、遠隔地に居住する先住民と比較して、早い時期から白人入植者と接触し、西洋の生活様式や文化的価値観に晒されてきた。オーストラリア主流社会の周縁に組み込まれた彼らは、日常生活において白人からの偏見や差別に遭遇する中で、その社会的地位の改善のために独自の文化やアイデンティティを盾に権利主張をせざるを得ない状況に置かれてきたといえる。同時に、主流社会で西洋の高等教育を受けた都市の先住民の政治活動家や知識人は、主流社会に対して先住民が抱える問題の深刻さを訴え、政府と権利の交渉を行うための術を身に付けていたという利点もあった。

現在、オーストラリアの地方町を含む都市部に居住する先住民は、先住民総人口の約八割を占めるが、彼らの多くは、白人との混血が進み、中には形質的に白人と見分けがつきにくい人もいる。オーストラリア主流社会において、彼らは一般的に、「見えない（invisible）民族」あるいは「文化を喪失した人々」とみなされてきた（鈴木　一九九五）。また、オーストラリア先住民研究においても、これまで都市の先住民は遠隔地の先住民ほど関心の対象となることはなく、体系的な研究は相対的に少ないといえる。数少ない研究の中でも、都市の先住民のアイデンティティに関する研究は、一九七〇年代から一九八〇年代にかけて、政治的脈絡において構築された集団的アイデンティティの位相に着目したものが主流であり、集団的アイデンティティと日常的実践における個人レベルでのアイデンティティとの関係について本格的に論じた研究は限られている。

都市の先住民の多くは、複数の地域集団の出身であることに加え、イギリス系白人をはじめとする非アボリジニとしての出自も併せ持つ中で、そのアイデンティティは複合的かつ多層的である。また、彼らのアボリジニとしてのアイデンティティは遠隔地に居住する「本物の」アボリジニとの比較において揺らぎやすいという特徴をもつ。そのため、彼らは、白人にもアボリジニにもなりきれない存在とみなされ、そのようなアイデンティティの多元性や曖昧さは、アイデンティティの混乱をもたらすものとして否定的に捉えられる傾向があった。

しかし、先述したように、集団が共有する唯一のアイデンティティの孕む危険性が指摘される中で、複数のアイデンティティをもつことは、均質的で排他的なアイデンティティを攪乱させる可能性を開くものと思われる。そのため本書では、都市の先住民が日常実践の中で行う集団レベルでのアイデンティティと、それに回収されない個人レベルでのアイデンティティの交渉の諸相に着目することにより、唯一のアイデンティティをもつことを要請する西洋近代への抵抗のあり方を明らかにしていきたい。

ここで、本書でもちいる用語について説明を加えておきたい。オーストラリアの先住民には、白人による入植以前からオーストラリア大陸に住んでいた人々の子孫であるアボリジニと、オーストラリアの北端部とパプアニューギニアの間のトレス海峡に存在する島々に住んできた人々の子孫であるトレス海峡諸島民が含まれる。本書が対象とするアデレードの先住民の大半は大陸側の先住民であるため、先住民というときは特別な注釈がない限り、アボリジニのことを指す。なお、アボリジニとは、イギリス系白人が本来複数の言語集団からなる先住民を総称するために用いたカテゴリーであり、この呼称は現在のオーストラリアにおいて差別的であるという指摘もあるが、本稿では先行研究で一般に使われてきたこの呼称を便宜的に用いることにする。

調査について

本書で使用するデータは、二〇〇八年から二〇一〇年までの間、筆者がアデレードで断続的に行ってきた合計二〇カ月間の調査、およびその後の追跡調査で得られた情報に基づいている。オーストラリアの都市における先住民の調査には、研究調査規制に加え、先住民が市内全域に分散して居住していることや、インフォーマント（情報提供者）と共有できる時間が相対的に限られていることなどによる多くの制約が伴う。ここでは筆者の調査方法およびオーストラリアの社会的文脈における日本人人類学徒としての筆者の位置づけについて述べたい。

アデレードで調査を初めて間もない頃、筆者にとってアボリジニは、先行研究で指摘された通り不可視の存在であった。なぜなら彼らは一カ所にコミュニティを形成することなく、市内の様々な郊外で非アボリジニに紛れ込むように居住していたからである。さらに、遠隔地のコミュニティ出身の移住者を除き、都市のアボリジニの大半が、外見上白人やその他のエスニック集団と見分けがつきにくいことが彼らの存在の把握を一層困難にした。当初、筆者にアボリジニの知り合いは誰もおらず、調査は難航した。

過去にアデレードや南オーストラリア州南部のアボリジニ・コミュニティでの調査経験がある白人研究者や政府機関に勤めるアボリジニの職員からは、同地域での調査が容易ではないことを伝えられた。その背景には、過去における白人との苦い経験によって先住民が非アボリジニ一般に対してもつ不信感があった。たとえば、あるアボリジニの政府職員は、アデレードのアボリジニの中には、一九九〇年代にクーロング半島のアボリジニ女性が中心となって行われたハイマーシュ島橋建設差し止め事件での経験（第六章で詳述）から、特に政府関係者や研究者に対して懐疑的な見方をする人がいることと、そして彼らとの間に信頼関係を築くには多大な時間と労力がかかることを教えてくれた。

こうした状況の中で、筆者はまずアデレードのアボリジニが集まる場所として、州立のアボリジニ学校、文化教育センター、アボリジニのためのコミュニティ・カレッジでの調査の許可を得ようとした。アボリジニを対象とした州立の教育機関や組織の大半は、一部の例外を除き、白人によって管理・運営され、その下でアボリジニの職員が働くという構造になっている。そのため調査の交渉は主に白人を相手に行った。白人からは、実際に教育機関で調査を行うにあたり、被調査者のプライバシーや人権の保護に関する様々な倫理規定や調査結果のフィードバックの義務についての説明を受けた。

上記の教育機関での調査では、基本的には教室の隅に座って授業の様子を観察し、休憩時間や放課後に生徒や教師に聞き取り調査を行うという形をとった。しかし初等学校での実際の調査では、授業を観察する「部外者」としての立場を貫くことは難しく、学習進度の遅い生徒の手助けをすることもあれば、自習時間中の生徒の監視や授業中に教室から出て行き行方不明となった生徒の追跡を教師から任されることもあった。さらに、第五章で詳述する成人のアボリジニを対象としたコミュニティ・カレッジでは、授業の中でアボリジニが抱える社会問題に関して意見を求められたり、日本の先住民やその他のマイノリティについて質問をされることもあり、調査者と被調査者の関係が非常に曖昧になる瞬間もあった。

教育機関やアボリジニ組織を中心とした調査を行い始めて半年が経過した頃、筆者はコミュニティ・カレッジに通うある親子と交流を深め、次第に彼女達の暮らす家を訪問するようになった。毎月のように家族で行われる誕生日パーティーや、週末のピクニックや昼食に呼ばれるうちに、親族全員と知り合い、最終的にこの家族とともに生活をすることになった。したがって、調査期間の後半は、この家族とその周囲の人々とともに多くの時間を過ごした。この家族はアボリジニの友人やコミュニティの人々に筆者を紹介するときに、筆者のことを自分達の「友達」であると言うこともあれば、たまに冗談まじりに「うちの養子として引き取った」と言うこともあった。

日本の大学から来た筆者に対するアボリジニの人々の態度は様々であった。特に十代から二十代の若い世代のアボリジニは、既に学校などでイギリス系白人だけでなく、移民や難民の子供と日常的に接した経験があり、「アジア人」である筆者をあからさまに警戒する人はほとんどいなかった。むしろ、彼女たちの中には、白人よりもアジア人の方に親近感を感じるという人もいた。

しかし、中高年から年長者の筆者への態度は複雑であった。パフォーマーやミュージシャンとしてこれまでアデレード内外の様々な場で外国人と接した経験のある一部のアボリジニは、筆者のことを遠い日本からアボリジニの文化について学びに来た学生として歓迎した。彼らは、アボリジニ絵画のシンボルの意味を説明するなど、「伝統的な」アボリジニ文化について積極的に情報を提供しようとした。一方で、日常生活の中で頻繁に外国人と接することのない一般の人々の筆者に対する態度は、無関心であり、ときに極めて慎重であると思われた。たとえば、コミュニティ・カレッジで調査を始めて間もない頃、学生委員会の委員である数人の女性達から「一体ここに何をしに来たのか」、「なぜ（アボリジニでない筆者が）ここにいるのか」、「（アデレードの）どこの大学の学生で、指導教官は誰なのか」といったことを問われたこともあった。そのたびに筆者は、自分が日本の大学に通う大学院生であることを告げ、研究内容や同カレッジで調査を行っている理由などを説明した。しかし彼女達にとってそのような説明は大した意味をなさず、その後彼女達は取り立てて筆者に関わろうとはしなかった。アボリジニが圧倒的多数を占めるこのカレッジで調査を行うことに居心地の悪さを感じた時期に、筆者が集中的に参与観察を行っていたあるクラスの学生が、「カレッジの中には、あなたのことを恐れている人もいるのよ」と内々に教えてくれることもあった。

しかし、先述したように、同カレッジに通う家族とともに生活するようになると、彼女達が他の学生達に筆者のことを「彼女は大丈夫よ（She is all right）」、「彼女は信頼できるわよ（You can trust her）」と言って紹介するようになった。その後はこの家族を介して他の人々と会話をし、彼らの家に訪問することも可能になった。もちろん筆者に対する恐れが完全になくなったわけではないが、学生の中には筆者に話しかけてくる人も出てきた。

以上から、日本人である人類学徒としての筆者の受けとめられ方は、両義的なものであったといえる。すなわち、主流社会において「アジア人」というマイノリティに属するために、白人よりも受け容れられやすいという利点がある一方で、マイノリティであっても非アボリジニであることに変わりはなく、アボリジニである自分達にとっては依然として「部外者」であるという見方である。いずれの見方をされるかは、その時々の状況や、インフォーマントの年齢、性別、職業、過去における非アボリジニとの経験などの様々な要因に大きく依存しているといえる。以下本書の中で取り上げられる人々の語りや実践は、多少なりともこのような調査者である筆者と被調査者であるインフォーマントの相互の属性の影響を受けたものであることを明記しておきたい。なお、本論文において記載されたインフォーマントの名は、本人の承諾を得た人以外は、プライバシー保護のためにすべて仮名を使っている。

1　オーストラリアでは、都市（Urban）は人口一〇万人以上の地域、地方町・農牧場地域（Rural）は人口一〇万人以下を指し、それ以外の地域を遠隔地または辺境（Remote）と呼ぶ。遠隔地には主に、北部準州、西オーストラリア州北部、クィーンズランド州北部、南オーストラリア州北部が含まれる。

目次

［図版リスト］

［表リスト］

［写真リスト］

第一章　序　論

本書は、現在のオーストラリア多文化社会に生きる都市の先住民のアイデンティティの諸相を描き出すことを目的としている。以下ではまず、多文化主義と先住民をめぐる歴史的背景を簡単に確認しておきたい。

オーストラリアでは一九七〇年代以降、それまで社会から排除されてきた先住民を国家に包摂するための様々な政策が採られてきた。対先住民政策として一九七二年に採用された自主決定政策は、先住民が抱える問題を先住民自らが解決することを奨励し、政府はその決断を積極的に支援するというものであった。またオーストラリアでは同時期に、様々なエスニック集団の差異の権利を認めようとする多文化政策が打ち出されるが、後に「多文化」の中には先住民の文化も含まれるようになった。それ以来、先住民の文化は全ての国民によって祝されるべき国民的遺産として賞賛されている。

こうした時代の流れの中で、先住民の文化は、二〇〇〇年のシドニーオリンピックの開会記念式典での先住民による演出や、観光産業におけるアボリジニの工芸品の商品化に顕著にみられるように、オーストラリアの象徴として国内外に提示されている。また、先住民自身もこのような動きを利用し、オーストラリア主流社会への適応を試みている。たとえば、遠隔地で暮らす先住民は、国内外における「伝統的な」アボリジニ文化への関心の高まりの中で、伝統的な素材と知識を生かした美術工芸品の製作を通じて、現金収入を得ると同時に、独自の文化的自己主張を行ってきた（窪田 二〇〇五）。

多文化政策では当初、集団としての文化的差異やエスニシティとそれへの社会福祉制度の整備に重点が置かれてきた。しかし一九九〇年代頃から、オーストラリアにおいて個人の自己責任やナショナリズムを強調する新自由主義が台頭すると、「集団」としてのエスニシティは解体され、代わりに「個人」としての文化的に多様な人々をネイションに統合していく、「包摂」的な多文化主義が強調されるようになった。「包摂」的な多文化主義では、文化的に多様な人々はあくまでも一個人として、オーストラリア国民国家へと「包摂」されるべきであるとされた（塩原 二〇〇五：一八一―一九）。こうした「包摂」的多文化主義の傾向は先住民政策にも波及している。特に、二〇〇一年以降、国内におけるテロリズムへの不安や、原理主義への批判が高まり、集団間の差異よりも市民としての義務の共有、人権や民主主義等のリベラルな価値の共有等の普遍性が志向されるようになると、国家のアボリジニに対する対応も、アボリジニ・トレス諸島民委員会（Aboriginal and Torres Strait Islander Commission：ATSIC）の解体やアボリジニへの政府予算の削減など「主流化（main-streaming）」の動きが顕著になる。そして、このような状況のもとでは、先住民の集団としての「特別な差異」の権利も否定的に扱われるおそれがあることが指摘されている（窪田 二〇〇九：七）。

しかし一方で、「包摂的」多文化主義の影響下にあっても、先住民によるエスニシティの主張は弱まるどころか逆に一層強まっている。その傾向は都市に暮らす「混血」の先住民の間で顕著である。二〇一一年の国勢調査によると、シドニーやメルボルンなどの大都市に居住する先住民のうち、非先住民のパートナーをもつ人々の割合は七五％を超えていた。しかし、外見や生活様式において非先住民との境界が曖昧化しても、先住民として自己同定するケースが減少したわけではなく、非先住民との「混血」の子供の大半が先住民とされる傾向にある（Biddle 2013: ii-1）。

このように、都市の先住民の多くがアボリジニとしての集団的差異を完全に葬り去ることのできない背景には、彼らが依然としてオーストラリア主流社会で従属的な立場に置かれ、アイデンティティ・ポリティクスの下で先住民としての差異を主張せざるを得ないという状況がある。そこで本書ではまず、多文化主義の下で主張される均質的な「アイデンティティ」を西洋近代の支配装置として批判的に捉えながらも、なぜ先住民自身が未だに「アイデンティティ」に固執し、それを再生産し続けているのか、その支配のメカニズムを国家政策や都市の先住民の置かれた社会経済的状況との関連で考察する。そのうえで、先住民が日常実践において集団レベルでのアイデンティティと、それに回収されない個人レベルでのアイデンティティの双方の間でどのような交渉を行っているのかに着目することにより、彼らなりの西洋近代への抵抗のあり方を明らかにする。

一　ポストコロニアル理論と文化的アイデンティティ

オーストラリアの都市の先住民のアイデンティティを主流社会との力関係に焦点を当てて考察する

にあたり、本章ではまず、ポストコロニアル理論の中で盛んに議論されてきた文化的アイデンティティをめぐる議論を概観する。そのうえで、本書が依拠する理論的枠組みを提示する。

　サイードによるオリエンタリズム批判やクリフォードとマーカスの『ライティング・カルチャー』（Writing Culture）における民族誌的リアリズムの批判を皮切りに、ポストモダン（ポストコロニアル）人類学では、文化を所与のものとして実体化する本質主義への批判が行われるようになった。それ以降、ポストモダン人類学が直面してきた問題は、植民地に由来する「人種的・文化的アイデンティティ」をめぐる本質主義[1]と構築主義[2]の対立、さらにそこから派生した、反本質主義（構築主義）と反・反本質主義（戦略的本質主義）の対立に集約できる。それはアイデンティティ・ポリティクスをめぐる評価についての対立であった（小田 二〇〇三：二七）。アイデンティティ・ポリティクスとは、これまで社会の主流から排除され、周縁化されてきた人々が、集合体として共有できる要素として特定の文化的、社会的、歴史的差異を掲げ、従属的な位置におかれてきた価値、文化的実践、歴史体験の復権と名誉回復をめざす社会運動を意味する（米山 二〇〇三：二一）。

　まず反本質主義は、クレオール主義や構築主義という立場から主張された。クレオール主義の視点として、たとえばプラットは、植民地支配のように支配と従属という高度に非対称的な関係において、地理的および歴史的に分離された人々が互いに出会い、関係を築いていく社会的空間としての「接触領域（contact zone）」という概念を打ち出した。プラットによると、接触領域では「文化移植（transculturation）」という現象が生じる。すなわちそこでは、植民者の側が被植民者の文化を一方的に表象するだけでなく、被植民者の側も、植民者による彼らやその文化についての表象を利用して自己の構築を行うなど、相互に文化の借用や流用が行われる。そのため、植民者対被植民者という二項対立的な構図は揺らぐことになるという（Pratt 1992）。

また、ホミ・バーバも、植民地的状況では、植民者および被植民者の間の境界で相互に、過去や現在の連続体の一部ではない新しいものとの出会いや過去や記憶の再記述といった文化の翻訳が行われ、そのような相互行為を通して生まれるアイデンティティは固定的ではなく、流動的なものであるとした。バーバはさらに、文化的接触によって生まれる諸文化間を繋ぐ組織片としての文化を部分的文化（partial culture）と呼び、部分的文化は、支配的文化のもつヘゲモニーに対して、交渉・調停の空間を拓き、そこに社会的敵対関係を二項対立で表象することを拒否する「裂け目」をもつ主体性が生まれると述べた。すなわちバーバは、文化的接触の結果として生じる異種混淆性に、植民者対被植民者という不均衡な力関係を転覆させる可能性を見出したのである（Bhabha 1994, 1996）。

一方で構築主義の立場をとる研究者は、アイデンティティ・ポリティクスにおいて用いられる集団的アイデンティティを構築された虚構とみなし、集団内部の差異や多様性を抑圧するものであると批判した。そしてそのようなカテゴリーやアイデンティティを解体・脱構築することの必要性を唱えた。たとえば、ベネディクト・アンダーソンは『想像の共同体』で、「国民とはイメージとして心に描かれた想像の政治共同体」であることを主張し、国民としての意識が、「出版資本主義」、「共通言語」、「教育的巡礼」、「行政的巡礼」などを媒介とした想像を通して創出されることを分析した（アンダーソン　一九九七）。歴史学者のホブズボウムとレンジャーは『創られた伝統』において、過去との連続性が想定されがちな「伝統」が、近年になって創り出されたものであると主張した。とりわけホブズボウムは、近代の「創り出された伝統」と、いわゆる「伝統」社会における「慣習」(カスタム)を区別し、前者が不変の形式的・儀礼的行為としての側面をもつのに対し、「慣習」とは実際的な融通性と恒常性とを併せ持つという点で、両者を混同してはならないと述べている(ホブズボウム 一九九二:一〇―一二)。

本質主義批判は、単に異文化の記述方法や認識の問題として提起されたのではなく、そこでは本来無数の社会関係の網目のなかに位置づけられる個人を、ネイションやエスニシティといった全体に否応なく結び付け、その全体の中の個人を差異や多様性を認めない均質的なものにして序列化、あるいは支配しようとする西洋近代に特有の支配のテクノロジー自体が批判されたのである(小田 二〇〇三、松田 一九九九)。

しかし一方で、政治的脈絡においてまさにエスニシティを盾に抵抗の実践を行うマイノリティのエリートの側からは、このような反本質主義の批判はエスニック・マイノリティが「集団」として団結して主流社会に抵抗・異議申し立てを行う根拠を奪ってしまうものであるという批判がなされ、構築主義にジレンマをもたらすことになる。たとえば、人類学者のキージングが、メラネシアのカストム等の事例を挙げ、太平洋島嶼諸国の政治的エリートが文化的アイデンティティの象徴として過去を創造していると述べたのに対し(Keesing 2000)[3]、ハワイのネイティブ歴史学者であるトラスクは、彼の論文を学問的植民地主義や白人優越主義に固執した人種主義の現われであるとして猛烈に批判したのである(Trask 2000)。

ここでトラスクをはじめとするネイティブ学者によって提起された問題は、「誰がどのような状況において本質主義を唱えているか」という発話のポジションをめぐる考察を無視して本質主義を批判してしまえば、ようやく被抑圧者が手に入れた発話のスペースを取り上げることになり、それは新たな植民地主義になってしまうという点であった。このような反本質主義批判を受けて登場してきたのが戦略的本質主義である。それは被抑圧者によって主張されるアイデンティティの政治学は、抑圧者によるアイデンティティの政治学と違って非難すべきではなく、抵抗運動におけるある一段階において必要であるとして評価するという立場である（太田 一九九八、松田 一九九六）。

しかしながら、被抑圧者によるアイデンティティの政治学が、西洋近代の支配のテクノロジーに基づいた、固定された均質的なカテゴリーに依拠する限り、その内部で同様の支配―被支配関係を作りだしてしまい、抵抗している支配のテクノロジーをかえって強化してしまうおそれがあった（小田 一九九六：八二七、小田 二〇〇三：三二）。そこで人類学では、主に非西洋社会における均質的なカテゴリーによらない連帯や集団的アイデンティティの形成のあり方についての議論が行われるようになる。

たとえば、小田は、近代の支配テクノロジーに対抗するための可能性を、親族関係や主従関係といった顔のみえる関係を基礎とする小規模社会における「生活の場」に見出し、そこで繰り広げられるブリコラージュ（器用仕事）による生活戦略に着目した。ブリコラージュとは、意味や機能の一貫しない断片を臨機応変に組み合わせた生活知の寄せ集めのことであり、小田は、他の人々との対面的な関係性による小規模な社会では、「他者化」された他者は顔のみえる他者に再び転換され、ブリコラージュによって、自分達の生活の場が、ズレを含みながらも共有される差異の連続体として「再領土化」されると述べる。与えられた境界を再領土化するということは、生活の場を「近代」と「伝統」に空間的に「切断」する戦略であり、本質主義的に二分化された境界の両側に属することによって、他者や自己を「他者化」することもなくなるという。そしてそこでは、「土地に根づいている」ということと、固定されたアイデンティティや主体などなしに臨機応変に「境界侵犯する」ことが両立可能になるという。小田は、押し付けられたヒエラルキー的な統合や明確に境界づけられた空間や主体化を解体するために、生活の場の実践としてのブリコラージュが有効であると主張している（小田 二〇〇一：三二一―三二五）。

こうして、均質的カテゴリーに基づく近代の支配のテクノロジーに抗する「断片性」や「雑種性」をはぐくむ場として、「生活の場」を捉えることの重要性が提唱されて以来、その他にも具体的な生活の場における西洋近代への抵抗戦略が着目されてきた。古谷は、ブラジル先住民による土地権闘争での自己演出の事例を挙げ、近代の暗黙の前提としての首尾一貫性や永続性を拒否する異種混淆的な戦略というパースペクティブを提示したし（古谷 二〇〇一）、松田はアフリカにおける都市の下層住民による生活戦略として、人々が植民地権力によって与えられた固定した民族境界を巧みに異化して越境することにより、押しつけられた変更不能の民族アイデンティティとは別個のアイデンティティを再創造しようとする試みを分析した。そしてそのような日常世界の隙間にみられるインフォーマルな抵抗にこそ、西洋近代による支配から脱するための可能性が見出されることを主張した（松田 一九九九）。

これらの非西洋社会の人々の様々な日常的実践は、本書が対象とするオーストラリアの都市の先住民のように、既に西洋社会に組み込まれ、自由、平等、民主主義といった西洋近代の価値観の下で国家による手厚い社会福祉サービスに依拠する少数者による抵抗実践としても有効であろうか。これまでポストモダン人類学の中で着目された西洋近代に抗するローカルな実践は、植民地からの独立を果たした新興国家に生きる人々によって編み出されたものが中心であった。これらの非西洋社会では、未だに植民地主義の影響を強く受けながらも独立国家であるために、ローカルな文脈に即した抵抗実践の余地が残されているといえる。しかし、西洋先進国において従属的な立場に置かれた少数者が、国家において圧倒的に優位な立場にある白人や西洋の支配システムに抗する場合、まずは均質的な民族アイデンティティや普遍的価値観といった政府や主流社会が納得し得る西洋の論理に従わざるを得ず、その抵抗戦略は非西洋社会におけるそれとは異なる可能性もある。グローバリゼーションの影響により、世界のあらゆる地域で近代化が一層進む中、今後いかなる少数派集団も西洋近代による支配や西洋の普遍的価値観から完全に逃れることはできない。西洋先進国における少数者独自の抵抗実践に着目することは、今後他地域で起こり得る近代化への対応のあり方についての予見を与えるという意味で意義あるものである。

人類学で非西洋社会の人々による西洋近代への抵抗実践が盛んに論じられる一方で、カルチュラル・スタディーズでは、西洋先進国に生きる少数者の文化的アイデンティティや「文化の政治学」について示唆に富む議論が行われてきた。たとえば、スチュアート・ホールは、英国における黒人の「文化の政治学」における、互いに重複した二つの局面について論じ、西洋近代との闘争において、今は一つではなく、二つの戦線で闘わなければならないと主張している。彼は、一九七〇年代にイギリスにおける反人種差別闘争の中で、カリブ諸島、東アフリカ、アジア亜大陸の移民等によって生み出された「ブラック」というアイデンティティが新たな抵抗の政治を組織化するカテゴリーとして機能したと述べる。彼はそのようなアイデンティティを「アイデンティティの政治Ⅰ」と名づける。しかし一方で、このようなブラックという集団的アイデンティティは、異なる出身地域の人々の多様で個別な経験、ジェンダーや階級の差を沈黙させるという危険性があることを指摘した（Hall 1991: 52-57（＝ホール 一九九九：八二―八七））。

そこでホールは、新たな形態の文化政治として、「差異によるアイデンティティの政治」を挙げた。それは、「私たちは皆、多重の社会的アイデンティティをもっているのであって、唯一のアイデンティティをもっているのではないことを認める政治学」である。そこでのアイデンティティは固定的ではなく、矛盾し、相互に横断しており、人々は様々な時点で異なって位置づけられるものである。ホールは、「差異によるアイデンティティの政治」では、「帰属意識が変化、移行し、それらは、外部の政治的、経済的な力を受けたり、いろいろ異なった形で表現されたりする」ため、政治学のなかでも非常に困難を伴うとしている。そして、このことは、帰属意識の多様性によって人々を組織しようとするローカルなものの対抗政治学が、相互の位置関係による闘争とならざるをえないことを認めることであると述べている。しかしそれは同時に、アイデンティティのなかに常に刻み込まれたような政治的保証というものは全くないために、従属階級の人々にとって「唯一自分たちの思い通りになる政治ゲーム」であるという（Hall 1991 : 57-59（＝ホール 一九九九：八八―九〇））。

ホールの議論の特徴は、アイデンティティの政治において、本質主義と反本質主義（構築主義）の双方を活用するという点であった。そして、アイデンティティの政治における二つの局面の間を、場面において臨機応変に一つの局面から別の局面へと移動するというやり方は、「西洋に身をおきつつもその一部とはならなかった」西洋世界に生きる黒人ディアスポラの経験を基に編み出されたものであり（小田 二〇〇三：三九）、それはオーストラリアの都市の先住民のように、圧倒的な権力をもつ他者の法の中で生活せざるをえない人々にとって現実的な抵抗戦略として捉えることができる。

したがって、本論文では、都市の先住民によるアイデンティティの交渉の諸相を分析するにあたって、このホールのアイデンティティの政治論を参照し、「アイデンティティの政治Ⅰ」と「差異によるアイデンティティの政治」の双方が具体的にどのような状況で立ち現われ、相互間でどのような操作が行われているのかに着目する。その際に、当事者によって操作不可能なアイデンティティや、二つの形態のいずれにも収まりきらないアイデンティティの側面についても視野に入れながら、都市の先住民の重層的で錯綜したアイデンティティの諸相を捉えるにあたってのこの概念の有効性と限界について検討したい。

さらに、本書では、西洋近代の「アイデンティティ」支配のメカニズムとそれへの対応としてのアボリジニの日常的実践を分析するにあたり、補足的にブルデューによって提唱された「象徴暴力」および「ハビトゥス（habitus）」の概念を参照する。以下では、これらの概念を整理し、本書との関わりについて述べる。

ブルデューは人間の実践における支配の論理を明らかにする中で、近代に特有の支配様式としての「象徴暴力」に着目した。「象徴暴力」とは、高利貸しや無慈悲な主人の暴力といった公然たる暴力との対比で、穏やかで眼に見えない、暴力としては否認される暴力であり、信頼・義務（債務）・人格的忠誠・歓待・贈与・負傷・感謝・あわれみの暴力、一言でいえば名誉の道徳が讃えるすべての美徳の暴力を指す（ブルデュー 一九八八：二一〇）。象徴暴力は、支配の基本形態としての人の人に対する直接的支配とは正反対をなし、法制度や教育制度といった客観的・制度的メカニズムに媒介されている。たとえば、教育制度は、同じ資格の保持者に同一の価値を与え、相互に置き換え可能にすることによって、家庭から相続された文化資本と学歴資格の間に存在する実質的な不平等を隠蔽する。そして、社会における強力な象徴資本の保持者、すなわち、認知され承認された者たちは、自分の産出物に最も有利な価値体系を正統なものとして押しつけることができ、それによって、彼らの権力が強化され、支配・従属関係の構造が再生産されるのである（ブルデュー 一九八八：二一四―二一六、ブルデュー 一九九一：二一三）。

「象徴暴力」に関するブルデューの議論で注目すべき点は、支配がこのように教育制度や法制度といった客観的・制度的メカニズムによって媒介されている場合、事物が不透明になり、支配関係が個々人には自覚されにくいということである。多文化主義を掲げる現在のオーストラリア社会における教育制度では、先住民やエスニック・マイノリティの文化的差異や文化的アイデンティティに特別な配慮と関心が払われる。そのため、当事者自身によってもその背後に存在する支配・権力構造は見えにくく、自覚されにくいのである。本論文では、公立の学校教育において、先住民の文化的差異が普遍的なものとして自然化される過程で、「象徴暴力」がどのように作用しているのかに注目したい（第五章）。

さらに、本書は、そのような支配のメカニズムへの対応としての都市の先住民の日常的実践をブルデューの「ハビトゥス（habitus）」概念との関連で分析する（第六章）。ブルデューはハビトゥスを、「持続性をもち変換可能な心的諸傾向のシステムであり、構造化する構造として、つまり実践と表象の産出・組織の原理として機能する素性をもった構造化された構造」として定義する。すなわちそれは身体の慣習化された条件や状態を意味するものである。彼は、ハビトゥスの引き起こす反応は、行為者の主体性のみならず、客観的可能性との関係で規定されるとし、個人が客観的可能性に対して自己調整しながら、拒絶されるものを拒絶し、確率の最も低い実践を、考えられぬものとして排除していると指摘した（ブルデュー 一九八八：八三―八五）。

さらに、ハビトゥスが生む予測は、過去の諸経験に基づいた一種の実践仮説であり、そのような諸経験を形成するもの、すなわちハビトゥスを生産するのは、階級や家族といったある一定の集合に特徴的な諸構造である（ブルデュー 一九八八：八五―八六）。特に、「階級」におけるハビトゥスは、「階級」内部の均質性によって実践の均質性を産み出し、ハビトゥス間の均質化によって、個々人の実践は客観的に同調したものとなる。ブルデューは、個人のハビトゥスが、基本的には階級＝集合のハビトゥスに依存するとし、個々人のハビトゥスにおける一時的経験の重みを強調している（ブルデュー 一九八八：九二―九七）。

本書では、現在の都市の先住民内部における社会経済的状況の多様化という側面を視野に入れたうえで、特に、人々の個人レベルでの日常的実践が、今後アボリジニという集合のハビトゥスにおける一時的経験に依存し続けるのかどうかという点を考察し、アボリジニに特有とされる生活行動様式をハビトゥスとして捉えることの妥当性について検討する。

二　オーストラリア都市先住民についての先行研究との関係

アボリジニ研究は、オーストラリアの人類学による伝統の中で膨大な蓄積があるが、従来の研究では、遠隔地におけるアボリジニの社会構造や儀礼・神話に焦点を当てた研究が主流であった。一方で、都市の先住民に関する民族誌的研究は、先住民の都市移住が本格化し始めた一九四〇年代後半から徐々に行われることになるが、相対的に数少ない研究といえる。これらの研究において、都市の先住民は一般的に、同化主義の下、オーストラリア主流社会の生活様式や規範に従う中で、独自の文化を「喪失した」人々としてみなされてきた。特に、文化の「喪失」は、混血の度合い、すなわち膚の色と結び付けられ、混血のアボリジニはもはやアボリジニではないとされることもあった。彼らはいずれ白人社会へと吸収されると想定されていたのである（eg. Berndt and Berndt 1951）。

このような同化主義的な考えを反映し、一九四〇年代から一九六〇年代までの都市の先住民研究では、主に、都市移住後の居住環境、就職、教育の状況が着目され、先住民によるオーストラリア主流社会への同化のプロセスが分析された（Fink 1957 ; Reay 1945 ; Reay and Stiltington 1948）。南オーストラリアでも一九五〇年代からアボリジニのアデレードへの移動が本格化し、移住後の彼らの暮らしについて多くの研究が行われた（Berndt and Berndt 1951; Gale 1972 ; Gale and Wundersitz 1982 ; Inglis 1961, 1964）。これらの研究では主に、都市移動後の出身リザーブやミッションとの結びつきが着目された。

たとえば、一九五〇年代後半にアデレードのアボリジニの生活実態に関する人類学的調査を行ったイングリスは、当時アボリジニの大半が、都市の消費主義や大衆文化の影響を受け、主流社会との関係を持ちながらも、アデレード周辺の旧リザーブであるポイント・ピアスおよびポイント・マクレイに住む親族との間で強い紐帯を維持していたことを報告している（Inglis 1964）。こうした出身地域との結びつきや親族関係を基盤としたアボリジニの社会関係は、アデレード以外の都市においても報告されている（eg. Beckett 1965; Barwick 1988）。

イングリスはさらに、多様な文化的背景をもつアデレードのアボリジニの社会関係に着目した。彼女はアボリジニを「内部者（insiders）」と「部外者（outsiders）」という二つのカテゴリーに分け、両者間の関係について分析した。ここで「内部者」とは、南オーストラリア州南部出身で、リザーブの親族や友人との連絡を保ち、アデレードのアボリジニの事情に詳しく、なおかつ雇用や教育等の面でアボリジニ省からの支援を受けている人々のことを指す。一方で、「部外者」には、南オーストラリア州北部の砂漠地帯や北部準州等の遠隔地出身の人々や、リザーブの人々との関係を断った人々が含まれる。彼女によると、「内部者」は「部外者」に対して無関心であり、両者間の接触がほとんどなかったという。その背景として、北部出身者をはじめとする「部外者」の多くは、キリスト教の施設で育ち、高等教育を受けて後に専門職に就く割合が高かったため、政府からの支援に依存する「内部者」を軽蔑していたことが挙げられている（Inglis 1961: 203-205）。

一九七〇年代以降、アボリジニがオーストラリア市民となり、権利回復運動が盛んになると、都市の先住民研究の方向性は大きく転換する。人類学者はそれまでの同化主義的な考えを改め、アボリジニの自主性に着目し始める。そして都市部のアボリジニが中心となり、エスニシティとしてのアボリジナリティが創出される中で（第五章で詳述）、アボリジナリティに関する体系的な研究が行われるようになった。アボリジナリティとは一般的に、「アボリジニ性」または「アボリジニらしさ」と訳されるが、それは一般的に、オーストラリア全土のアボリジニによって共有される集団的アイデンティティのことを指す（鈴木 一九九五：一四二）。

当初、人類学者の間では、汎アボリジニ・アイデンティティとしてのアボリジナリティとは所与のものではなく、政治的脈絡のもとで構築されたアイデンティティに過ぎないとして、エスニシティ論における動員論的側面が強調されていた（Von Sturmer 1973; Berndt 1977）。たとえば、バーントは、都市のアボリジニによって主張されたアボリジナリティの特徴を、伝統志向型のアボリジニのアイデンティティと比較した。そして、伝統志向型のアボリジニにとって、主な社会的アイデンティティは出身出自集団にあるのに対し、アボリジナリティとは、一部の都市のアボリジニによって自らを非アボリジニから区別し得る共通の経験を基に構築されたアイデンティティであるとし、アボリジナリティに内在する政治性を指摘したのである（Berndt 1977）。

その後は、アボリジナリティを構成する具体的な要素についての分析が行われる。たとえば、一九八三年に人類学者のクームスらによってアボリジニ政策に関わる公務員を対象として作成された、アボリジニの特徴に関する報告書では、[4] オーストラリアのすべてのアボリジニに共通する特徴として、一、先住民の子孫であること、二、歴史的・文化的経験を共有していること、三、アボリジニ的世界観を信奉していること、四、土地や自然への愛着を有すること、五、親族の相互扶助を義務とする社会関係を維持していることなどが挙げられた（Coombs, Brandl and Snowdon 1983 : 21）。しかし、これらの要素は全て、伝統文化が比較的強く維持されている遠隔地のアボリジニの文化をモデルに抽出されたものであったため、そのような伝統文化を実践していない都市のアボリジニを排除してしまうおそれがあった。

そこで、アボリジナリティの基礎となるイデオロギーとして、文化実践の「持続性」に加えて、白人の権威への「抵抗」という要素が注目されるようになる。キーフィーによると、「持続性」としてのアボリジナリティとは、出自を介して継承された独自のアイデンティティや、伝統的なアボリジニ文化に由来する文化実践の連続性を意味する一方で、「抵抗」としてのアボリジナリティでは、白人主流社会の持つ権威への抵抗や、それを具体化するための政治闘争や集団的結束が強調されるという（Keeffe 1988）。「抵抗」としてのアボリジナリティは、都市のアボリジニをはじめとして、アボリジニであると自己同定する全ての人々を組み込むことのできる包括的な概念であるため、本質主義に陥ることなく、文化やアイデンティティの動態性を強調できるという利点があった（Hollinsworth 1992 : 149）。

アボリジナリティの構築のプロセスに着目した研究では、他者とのせめぎあいを通したアイデンティティの操作や交渉の様相が明らかにされた。たとえば、ジョーンズとヒル＝バーネットは、アボリジナリティをアボリジニ内部の者だけではなく、政府や人類学者等の外部の者によって創出されたものでもあるとし、そのプロセスには、対立や派閥争いが含まれると述べている。彼らは、エスニシティとしての汎アボリジニ・アイデンティティを、文化的に多様なアボリジニ内部、およびアボリジニと非アボリジニの間で「アイデンティティと地位が戦略的に交渉される継続的プロセス」として捉えた（Jones and Hill-Burnett 1972: 235）。そして、そのプロセスで一部の「エスニック・エリート」が主張する集団的アイデンティティによって、地域レベルでのアボリジニの多様性が軽視されると指摘した。

国家レベルでのアボリジナリティの主張に呼応する形で、一九六〇年代末から一九七〇年代はじめにかけてアデレードのアボリジニの活動家も、主流社会への抵抗運動の中で、その総称としてのヌンガ（Nunga）を主張するようになった。ヌンガとは、「多様な出自と境遇にある人びとを包摂した、境界の不明確なゆるやかな集団」を指し（松山 二〇〇六：七六）、ヌンガとしてのアイデンティティは、アデレードに移住するアボリジニが住宅や雇用面で自らが置かれた状況の改善を求めて連帯する中で形成された集団的アイデンティティであった。

しかし、先述した集団的アイデンティティの主張に伴う集団内部の多様性の軽視に関する問題が、アデレードのアボリジニについても報告された。たとえば、ピアーソンは、アデレードの活動家のアボリジニによって構築された集団的アイデンティティが、主流社会の中で不利な立場におかれたアボリジニを団結させ、アボリジニによる自主決定の実現に向けて積極的な役割を果たしたと述べている。しかし一方で、当時高等教育を受け、政治的発言力を持つようになったアボリジニの大半が、白人家庭やキリスト教の施設で育てられ、一般のアボリジニ・コミュニティと疎遠であったことや、アボリジニの間の不和や派閥争いなど、アボリジニ内部の社会文化的状況の複雑さが集団としての連帯を阻む要因となったことも指摘している（Pierson 1977b, 1982）。

このように一九七〇年代から一九八〇年代にかけての都市の先住民研究では、都市のアボリジニによる主流社会への抵抗運動を背景に、主に政治的脈絡において構築されたアイデンティティをめぐる考察が行われた。一九八〇年代以降も引き続きアボリジナリティに関する研究が行われるが、この時期には権利回復運動が一段落したこともあり、そこでの共通のテーマは、必ずしも動員論的側面を伴わない、より主観的なアボリジニとしてのアイデンティティに関するものであった。すなわち、アボリジニをめぐる社会文化的状況が一層多様化し、白人との文化的境界が曖昧化する中で生じたアボリジニとしてのアイデンティティの揺らぎや、それを解消するために構築された文化的差異や独自の思考・行動様式が着目されたのである。

たとえば、松山は、アデレードのあるアボリジニの家族史を記述する中で、都市で生き抜くための戦略として、家族の中でもヨーロッパ人として生きる人と、アボリジニのコミュニティに積極的にかかわる生き方を選択する人などがおり、アボリジニ内部でのアイデンティティの多様性を指摘した（松山 二〇〇六：九六―一一四）。山内は、シドニー南西部郊外のアボリジニの中でも、同地域のアボリジニとの間に親族関係を有さない人々が、アボリジニ関連の問題を扱う組織での活動への参加を通して地元のコミュニティに受け入れられる可能性を示し、アボリジニ組織を介して生成される新たなアボリジナリティの形態について明らかにしている（Yamanouchi 2010）。

また、都市のアボリジニによる文化復興に着目した研究では、「混血」のアボリジニが、白人から「文化を喪失した人々」としてそのアボリジナリティを否定される中で、過去や伝統の再構築を通してアボリジニとしての意識を高める動きが着目された。これらの研究では、多文化主義の下、全てのアボリジニに白人による入植以前の「伝統的」文化の保持を強要する国家権力へのアボリジニ側の対応が描き出された。

鈴木は、「伝統的」文化の継承を阻まれたシドニーのアボリジニが、主流社会に広く流通した、遠隔地のアボリジニのイメージに沿った伝統文化を学習することを通して、主流社会で承認されやすいアボリジナリティを獲得する動きについて論じた（鈴木 一九九五）。一方でモリスは、ニューサウスウェールズ州奥地のアボリジニの地域集団が、多文化主義の下で政府が推進する脱文脈化され、本質化された文化の復興を拒み、地域集団独自の秘儀的知識に則った文化復興を行う様相に着目し、それを国家権力への抵抗として捉えた（Morris 1988）。

アデレードでも、一九八〇年代後半からアデレード平原の地域集団、ガーナ（Kaurna）による文化復興の動きが本格化するに伴い、ガーナとしてのアイデンティティの再構築のプロセスが着目された。自らガーナ語の復興において中心的役割を果たした言語学者のアメリーは、言語復興に関わったアボリジニの活動家にとって、ガーナ語とは、植民地主義の産物であるヌンガ英語（アボリジニ英語）とは異なるガーナ独自の言語であり、ガーナのアイデンティティは、自分達が誰であるかを自らが管理すること可能にするアイデンティティであり、ガーナの人々に誇りと力を与えるものであると述べている（Amery 2000 : 224）。

文化復興の動きの中で伝統文化への回帰に着目したこれらの研究では、主に学校等の教育の場で伝達される集団的アイデンティティの構築の諸相が明らかにされたが、一方で日常生活における文化実践やアイデンティティの構築についてまでは十分に議論されたとは言い難い。この点で、創世神話や儀礼等の「伝統的な」アボリジニ文化にも先述のアボリジナリティにも回収されない、日常実践におけるアボリジニ独自の思考・行動様式に着目した研究は注目に値する。たとえば、サンソム（Basil Sansom）は、遠隔地や都市にかかわらず、オーストラリア全土のアボリジニ社会に見られる共通性（commonality）として、親族的繋がりや物の共有を重視する価値観などを挙げ、これらが「アボリジニの世界」で育てられた人々によって維持されるものであることを示した（Sansom 1982）。

さらに、シュワブ（Jerry Shcwab）は、アデレードのアボリジニが共有する観念体系としての「ブラックフェラ・ウェイ（Blackfella way）」について分析した。彼の議論については第六章で詳述するが、ブラックフェラ・ウェイとは、アボリジニの行動様式を方向付ける枠組みであり、それは「本質」と「様式」からなる。「本質」とは、アボリジニの血を通して親から子へと継承される精神性（スピリチュアリティ）を指し、それは所与のものであり不変である。一方で「様式」とは、日常生活での個人の行動様式や態度のことであり、「本質」はこうした「様式」を通して間接的に表出されるという。「様式」を構成する具体的な要素として、親族とのつながりの強さ、他人への気遣いと分かち合い、互酬性、家族への配慮、その他素直さ、忍耐強さ、寛容さなどが挙げられた。とりわけ、気遣いと分かち合いは、本来狩猟採集社会における生存戦略として編み出されたものであり、それは身体化され、無意識のうちに行われるアボリジニ独自のハビトゥスとしてみなされた。「様式」は、アデレードのアボリジニ・コミュニティにおいて、その社会的アイデンティティが相対的に曖昧な他州出身のアボリジニの包摂をも可能にするものであった（Schwab 1988, 1991）。

シュワブの研究では、オーストラリア主流社会においてアボリジニが歴史的に排除され差別される中で、アボリジナリティの核となる観念体系がイデオロギーへと変換され、アボリジニの構造的地位が再生産されるプロセスが明らかにされた。しかし一方で、彼は、アボリジニが自発的にブラックフェラ・ウェイを選択することで、自らアボリジニと非アボリジニの不均衡な力関係の再生産に与していると結論付けた。その結果、そのような規範から逸脱する実践を通して支配関係から逃れようとするアボリジニ自身の微細な抵抗戦略を見逃していたといえる。アボリジニであることについての彼らの語りと実践の間にズレが生じる状況を綿密に分析し、今一度彼らのアイデンティティを社会状況の変化との関連で動態的に捉える必要がある。

以上の先行研究のうち、特に文化復興によって再構築されたアボリジナリティに関する研究では、二点の本質的な問題点を見出すことができる。第一に、非アボリジニとの婚姻の増加など都市のアボリジニをめぐる社会文化的状況の多様性が指摘されてきたにもかかわらず、アボリジナリティやアボリジニ独自の行動様式に関する研究の多くが、主にアボリジニの間にみられる同質性に着目してきたという点である。その背景には、一つの集団としてのアボリジニの特異性・独自性が暗に想定されており、その時点で、個を全体に無媒介に結び付けようとする西洋近代のアイデンティティ支配の網目に絡めとられているといえる。集団的アイデンティティにおける同質性と個人レベルでのアイデンティティの内部にみられる異質性の双方に着目することによって、彼らのアイデンティティをより多角的な視野から捉える必要がある。

第二に、アボリジニのアイデンティティの問題が主にアボリジニの社会内部に限定して分析され、日常実践における非アボリジニとの相互作用の実態や非アボリジニによるアボリジニへの眼差しなど、外部からの視点が十分に組み込まれていなかった点が挙げられる。オーストラリアにおけるアボリジニのアイデンティティは、主流社会において圧倒的多数を占めるイギリス系白人との力関係の中で構築されるため、彼らの視点は不可欠である。さらに、多民族化・多文化化が一層進む大都市において、アボリジニにとっての非アボリジニとは、イギリス系白人だけでなく、移民、難民等のエスニック集団も含まれる。ホールが主張するように、アイデンティティが状況に応じたポジショニング（位置化）の問題であるとすれば、アボリジニの立ち位置は、イギリス系白人またはエスニック集団との関係の中で変化する可能性がある。すなわち、日常生活におけるアボリジニの非アボリジニとの関係を分析する際に、アボリジニのイギリス系白人およびエスニック集団それぞれに対する態度の間に見られる差異も視野に入れる必要がある。

これらの問題点を克服する形で、本論文は、現在の多文化的状況の中に生きる都市の先住民のアイデンティティの諸相を、民族誌的データに基づいて記述していく。先住民が置かれた社会状況を、国家政策というマクロなレベルと、個別具体的な人々の生き方というミクロなレベルの双方から描き出すことにより、必ずしも政治的手段によらない人々の国家権力との交渉などの実践を明らかにする。そしてそこから、これまで看過されてきた都市の先住民なりのオーストラリア主流社会および西洋近代への抵抗のあり方が浮かび上がってくるものと思われる。

三　論文の構成

以下、各章の構成について簡潔に述べておきたい。

第二章「南オーストラリア州における対アボリジニ政策の歴史的変遷」では、アボリジニの白人との接触以前から、隔離・保護政策時代、同化政策時代、自主決定政策時代を経て今日の多文化・和解政策時代に至るまでの歴史を上記時代区分に従って概観し、これらの政策が今日の都市のアボリジニのアイデンティティにもたらした影響について考察する。

第三章「アデレードのアボリジニの概況」では、現在のアデレードにおけるアボリジニの概況について、政府統計およびその他の統計的研究を基に、人口と居住地域、出身集団、社会経済的状況、親族関係を中心に論じる。

第四章「アデレードのアボリジニ・コミュニティと曖昧化するアイデンティティ」では、一九七〇年代以降、国勢調査等においてアボリジニであるか否かが自己申告制になったのを機に、新たにアボリジニであると自己同定する人々が増加する中で、アデレードのアボリジニ・コミュニティにおいて誰をアボリジニとして認めるかをめぐり問題が生じているという状況に着目する。まず、現在のアデレードのアボリジニ・コミュニティにおける複雑な社会関係について記述したうえで、組織レベルでアボリジニであることの基準がいかに認識されているかを、政府機関である南オーストラリア州アボリジニ住宅サービスおよびアボリジニ組織としてのアボリジニ・コミュニティ・カレッジの事例を通して比較する。さらに、同基準が個人レベルでどのように受け止められ、組織レベルでの基準との間に齟齬をもたらし得るのかを、アボリジニ・コミュニティの中で最も周縁に置かれた「盗まれた世代」[5]の人々の人生経験をもとに考察する。

第五章「アボリジナリティの再構築」では、オーストラリア社会全体においてアボリジニであることがどのように受け止められ、主流社会において要請されるアボリジニ像にアボリジニ自身がいかに対応しているのかを、主に教育機関における文化実践に焦点を当てて明らかにする。まず、現在の主流社会の白人が抱くアボリジニ観をマスメディアにおけるアボリジニの描写や現在の白人の語りから分析する。次に、主流社会の公立学校（W学校）に通うアボリジニが、非アボリジニとの日常的な相互作用において、実際に上記のイメージに基づく差別や偏見に晒される中で、「アボリジニとは何か」について意識せざるを得ないという状況に着目する。そして、主流社会において要請される「アボリジニらしさ」を身につけるために、一部のアボリジニの間では、公立の教育機関で実施されている文化学習を通して、アボリジニ文化を体系的に学習する動きがあることを示す。具体的には、アボリジニのみを対象とした公立の教育機関（アボリジニ・コミュニティ・カレッジ、ガーナ学校）における文化意識向上プログラムおよびガーナ文化学習の事例を取り上げ、これらの教育の特徴および意義、さらに、このような文化学習への一般のアボリジニの対応について検討する中で、文化学習の教育に携わる活動家や知識人等の一部のアボリジニと一般のアボリジニとの間に「文化」や「アイデンティティ」をめぐる見解のズレが生じていることを明らかにする。

第六章「生活適応戦略としてのヌンガ・ウェイ」では、アデレード郊外に暮らすあるアボリジニ家族の日常的実践に目を転じ、第五章で取り上げた公立の教育機関での文化学習を通して教授される「文化」および「アイデンティティ」とは異なる、アボリジニ独自のやり方、ヌンガ・ウェイの内実の分析を通して、日常生活における文化実践の実態を明らかにする。ヌンガ・ウェイとは、アデレードのアボリジニ自身によって用いられる彼ら独自の行動様式の呼称であり、それは前節で触れた研究者によって共有される概念、ブラックフェラ・ウェイと同義である。まずは、アボリジニの家族が貧困や差別などによって社会から構造的に排除される中で、彼らが都市での生活適応戦略として、ヌンガ・ウェイの中でもディマンド・シェアリングと呼ばれる相互扶助を実践している点を示す。特に、ヌンガ・ウェイに関する同家族の語りや、それが実践される状況として家族のメンバー間で行われる金銭の貸し借りの事例を取り上げ、語りと実践の間にみられる矛盾とその意味について分析する。そして、この家族が、状況や都合に応じて、日常生活の中に非アボリジニを組み込んでいる点にも着目し、特に、白人貧困層とのつながりや遺産地登録運動における白人との連帯の事例を通して、彼らによるアイデンティティの交渉や操作の様態を描き出すことを試みる。

第七章「結論——都市の先住民による西洋近代への抵抗のあり方」では、全体の議論を整理し、特に多文化主義を掲げる現在のオーストラリア主流社会によるアボリジニの支配のメカニズム、およびそれへの抵抗としての都市の先住民による文化政治のあり方について、ホールの文化的アイデンティティに関する議論を参照しながら考察し、西洋近代に特有の支配装置としての「アイデンティティ」からの脱却の可能性について論じる。

1　あらゆる事物には一つの変わらない本質があるという考え方。本書での議論に即していえば、アボリジニというカテゴリーには共通の属性が実在するという考え。このようにアボリジニを均質的なカテゴリーとして固定化することでカテゴリー内部の多様性が隠蔽されるおそれがある。

2　あらゆる事物は状況に応じて構築されるという考え方。この考えの下では、アボリジニというカテゴリーは、それぞれの社会的、歴史的背景の下で、構築され変化するものと考えられる。

3　彼は、過去の神話形成において構築された文化とは、野蛮性を追求し、固定化された不変の文化を崇拝する西洋の文化的イデオロギーに依拠するものであり、西洋との接触以前の「真正な」過去と、文化的アイデンティティとして現代のイデオロギーの中で表象されている過去との間には大きな隔たりがあることを指摘した。しかし彼の論点は、政治的エリートによって構築された過去の虚偽性を暴くことではなく、そうした過去の神話化は、西洋との接触以前の太平洋社会にも見られた現象であり、「真正な」過去自体が政治性を孕むものであるということであった（Keesing 2000）。

4　クームスは、第二次世界大戦後のアボリジニ行政に大きな影響をあたえてきた人物であり、この報告書は、アボリジニへの行政サービスを円滑に実施するために作成されたものであった（鈴木　一九九五：一四三）。

5　オーストラリアでは、一九〇〇年代前半から一九七〇年代頃まで、アボリジニに英語や西洋的価値観を身につけさせるために、特に混血の子供を親から隔離し、キリスト教施設や白人家庭で育てる同化政策が採られていた。アボリジニの家族から連れ去られた子供達は「盗まれた世代（stolen generation）」または「失われた世代（lost generation）」と呼ばれている。

第二章　南オーストラリア州における対アボリジニ政策の歴史的変遷

白人による入植以来、アボリジニは常に「アボリジニとは誰か」をめぐる政府からの規定に晒されてきた。その定義は、各時代におけるアボリジニ政策の方針に従って変化するものであり、今日の都市の先住民のアイデンティティに揺れをもたらす主な要因となった。オーストラリアにおける対アボリジニ政策の歴史は、一般的に、植民地初期、隔離・保護政策時代、同化政策時代、自主決定政策時代、多文化・和解政策時代へと区分される。本章では、南オーストラリア州のアボリジニ政策に焦点を当て、白人による入植から今日に至るまでの歴史を上記時代区分に従って概観し、各時代の政策が都市の先住民のアイデンティティにもたらした影響について考察する。

一　植民地初期

ヨーロッパ人によるオーストラリアへの入植は、一七八八年に南東部東海岸から始まる。入植当時ヨーロッパ人は、オーストラリアは「無主地（Terra Nullius）」であるという一方的な解釈のもと、アボリジニの居住地域に無断で侵入し、アボリジニを殺戮《さつりく》した。また、そのような残虐な行為は、当時ヨーロッパ社会に台頭した、自然淘汰と適者生存の概念に基づく社会進化論によって正当化されていた。植民地拡大の動きは、アボリジニの間に病気の蔓延や食習慣の変化など様々な社会体系の変容をもたらし、それはアボリジニ人口の激減につながったと現代の歴史記述は語る。

南オーストラリア州では一八三六年にヨーロッパ人による入植が正式に開始された。当時既に入植が進んでいたニューサウスウェールズ州等の他の植民地では、囚人を労働力として使用した結果、犯罪の増加などさまざまな社会問題が生じていたことに鑑み、新植民地に囚人は送らないこととされた。そのため、入植者は主に、投機者、組織的植民者、清教徒的正義感を持った者、慈善家、都会出身の職人、勤勉な労働者から選抜され、結果として、南オーストラリアの植民地は、流刑植民者が抱えていた社会悪から免れたといわれている（クラーク 1978 : 90-94）。

入植当時、南オーストラリアの土地には四〇を超えるアボリジニの出自集団が存在し、各集団は明確に規定された領域内で生活していた。各集団は、独自の法、言語、神話、儀礼等に加え、親族関係および互酬性に基づく独自の社会構造を有していた。人々は、異なる集団間でオーカーや貝殻などの物々交換を通してネットワークを形成しつつも、各地域の自然環境に即して狩猟・採集を行い、土地との間に強い精神的紐帯を有していた（Mattingley 1992 : 3）。

南オーストラリアへの入植者達は、他の植民地において入植者とアボリジニとの間で既に激しい衝突が生じていたことを受け、イギリス政府当局からアボリジニとの対立を避け、彼らとの間に友好的な関係を築くように命じられていた。当局は植民地総督委員会に対し、アボリジニを英国臣民として扱い、彼らの所有物をヨーロッパ人入植者から保護するといった対策を練るよう指示もしていた。さらに、アボリジニに西洋の技術や慣習等を学ばせるための学校の設立が計画され、将来的に両者が同じコミュニティにおいて平和に共存することが望まれていた（Gibbs 1969 : 122-123）。

このような当局の方針により、入植開始当初、入植者とアボリジニの間に大きな対立はなかった。特に、アデレード平原の地域集団であるガーナ（Kaurna）[1]の側は、入植者を一時的な訪問者とみなし、自らに脅威を与える存在とは考えていなかった。そのため、入植者に対するガーナの態度は、一七九〇年代後半頃に南オーストラリアの南部海岸へ来訪していたヨーロッパ人の船員や探検家等との個人的な経験に基づくものであり、友好的なものから無関心なものまでさまざまであった。ガーナの中には、入植者から食糧を受け取る代わりに、彼らに水源地を教え、キャンプの場を提供する者がいる一方で、入植者に対して懐疑的な者もいた。入植者に対する不信感は白人の呼び名に顕著に表れている。ガーナの間で白人はクィンニョ（kuinyo）と呼ばれ、それは「死人」を意味していた[2]（Pope 1989 : 13-16; Mattingley 1992 : 4）。

しかし、アボリジニと入植者の友好的な関係が長く続くことはなかった。入植が進み、入植者の持ち込んだ家畜の群れが、アボリジニが狩猟採集を行っていた土地を占領し始めると、両者間で対立が生じるようになる。ヨーロッパ人の側は、もはやアボリジニに対する寛容な態度を維持できず、彼らとの共存を重視した植民地当局の命令を無視して、アボリジニに対し暴力的な手段を用いるようになったのである（Pope 1989: 19; Gibbs 1969 : 125）。一方アボリジニの側も、地域集団ごとにヨーロッパ人による土地の占拠への抵抗の姿勢を見せるようになり、羊などの家畜の窃盗や牧畜業者を標的とした襲撃が日常的になる。たとえば、マレー川流域では、一八四一年にアボリジニが家畜追いの前進を食い止めようとした結果、両者間での激しい戦いが起こり、一八四四年には、州南東部のマウント・ガンビア近辺において、約六〇人から八〇人のアボリジニが、牧畜業者とその家畜を標的に槍を浴びせるということもあった（Pope 1989 : 74-75; Gibbs 1969 : 125）。

アボリジニによる抵抗が激しくなるにつれ、牧畜業者らは武装を強化し、牧場の監視を雇うようになった。監視の中には、オーストラリア南東部の植民地や南オーストラリアの入植初期の植民地においてアボリジニとの衝突を経験した者もおり、彼らはアボリジニによる抵抗に対して容赦ない行動をとることもあった。彼らは、ステーションの小屋や家畜の周辺に現れたあらゆるアボリジニに銃を向け、一八四四年の八月になると、南東部の入植者はアボリジニを標的とした狩猟班を結成し、アボリジニを無差別に殺害した（Pope 1989 : 76-77）。

ヨーロッパ人入植者による土地の剥奪は、アボリジニの地域集団間の争いを引き起こす要因ともなった。自らの土地を追い出されたアボリジニの地域集団は、しばしば別の地域集団との境界を超えて移動せざるを得ず、そのことは他の集団との間に口論や対立をもたらした。こうした境界を超えた移動は、ヨーロッパ人の保有する食料や物品を入手する際にも起こり、従来友好的な関係をもたない地域集団同士が白人の資源をめぐって競い合い、両者間に摩擦が生じることもあった（Broome 1982 : 59-60）。

以上から、植民地初期において、ヨーロッパ人入植者とアボリジニの関係は概して良好であったが、入植が進むにつれその関係は徐々に悪化し、最終的にヨーロッパ人が武力によりアボリジニを制圧するという、政府当局が当初回避しようとした事態へと進展したことがわかる。

二　隔離・保護政策時代

ヨーロッパ人入植者とアボリジニの衝突の結果、アボリジニの状況が壊滅的になってゆく中で、アボリジニを保護しようとする動きもあった。たとえば、一八六〇年に南オーストラリア州立法評議会によって任命された特別委員会では、当時のアボリジニをめぐる状況を把握し、その対策が考案された。同委員会は、アデレード周辺におけるアボリジニの人口が一八四一年から一八五六年までの間に六五〇人から一八〇人にまで激減したとし、その主な原因として幼児殺し、成人儀礼、アルコール、入植者との性交渉などを挙げたが、これらの大半は入植者による土地剝奪の結果によってもたらされたものだった。そして、チーフ・プロテクター（アボリジニ保護官）に、西洋の法とアボリジニの慣習が衝突した場合の判決権を委ね、地方町においては、政府関係者や入植者によって任命されたサブ・プロテクターがアボリジニに労働の習慣や文明生活の礼儀作法、キリスト教などを教え、必要に応じて入植者が食料や衣服を分配するなどの役割分担を行うことなどが推奨された（Rowley 1970 : 203-204）。

しかしながら、政府によるアボリジニの保護や教育の試みは散発的なものにすぎず、二十世紀初頭までアボリジニをめぐる一貫した法や政策が制定されることはなかった。そのため、アボリジニの扱いは、入植者、警察、教会関係者の裁量に任せられていた。このようなご都合主義的な態度の背景には、アボリジニはいずれ死滅する運命にあるため、彼らに対して人道主義的な態度をとりながら、消滅のプロセスを継続させるという政府の基本方針があった（Rowley 1970 : 204-206）。

こうした状況の中で、アボリジニの状況を改善するための試みの多くは、キリスト教伝道所集落（mission stations）においてなされた。南オーストラリアでは一八五〇年以降、一五カ所のミッションが設立され、それらは、アボリジニをヨーロッパ人の影響から遠ざけ、彼らに教育およびキリスト教の知識を提供することを目的としていた。これらのミッションは、多くの場合、アボリジニにとってヨーロッパ人入植者から逃れるための唯一の避難場所であり、水や食料供給の場であった（Gibbs 1969 : 129-130; Mattingley 1992 : 175）。

南オーストラリアにおける初期のミッションは、現在のアデレードに設立された。最初の宣教師は、ドレスデン・ルター派宣教協会からのドイツ人宣教師、タシェルマン（Teichelmann）とシュールマン（Schurmann）であった。彼らはアボリジニに対し良心的な態度をとり、アボリジニのために家の建築や庭作りなどを率先して行った（Mattingley 1992 : 175）。また、彼らはアデレード平原のアボリジニの言語であるガーナ語を積極的に学び、一八三九年にアデレード学校（Adelaide school）を設立した後、ガーナ語による教育を行い、一八四〇年から一八四二年にかけて、同学校には平均して一〇人から一三人のガーナの子供が出席していた（Brock and Kartinyeri 1989 : 3-4）。

しかしながら、アボリジニの子供たちにキリスト教の教えをはじめとする教育を施すものの、彼らは学校を卒業すると奥地の親族のもとに戻り、男子は成人儀礼を受け、女子は結婚するというパターンが一般的であった。アボリジニ保護官はこの状況を問題視し、子供たちがアボリジニ社会へと戻るのを防ぐために、早い時期に子供たちの結婚の取り決めを行うことが有効であると考えた。また、教会関係者も同様に、アボリジニのキリスト教化および文明化を強化するためには、アボリジニの親族やアデレードにおける質の低い生活の影響から逃れるために、隔離された訓練施設が必要であると考えていた（Brock and Kartinyeri 1989 : 4）。

その結果、一八五〇年にはアデレードから約二五〇キロメートル離れた西海岸ウエスト・コーストのポートリンカーン（Port Lincoln）周辺にポニンディ（Poonindie）・ミッションが設立された。設立者である英国福音伝道教会宣教師のヘールは、総督と土地の賃貸契約を結び、彼自身もポニンディ周辺の土地を購入した。このミッションは、主に先述のアデレード学校に通っていたアボリジニを、ヨーロッパ人およびアボリジニのキャンプから隔離された小さなコミュニティに集め、教育することを目的としていた。ポートリンカーンは、アボリジニの子供たちを長老や牧畜業者などのヨーロッパ人の双方がもたらす悪影響から守るのに適した場所であると考えられたのである（Mattingley 1992 : 179）。

ポニンディ・ミッション設立当時、アデレード学校から一一人の子供が送られ、一八五六年にはその数は一一〇人にのぼった（Brock and Kartinyeri 1989 : 23）。ミッションでは通常の教育に加えて職業教育が重視され、子供たちは実際に、ミッションでの労働の対価として週ごとに賃金を受け取り、ポートリンカーンの店で服や靴などの買い物を行うなど、賃金獲得のための雇用や労働体系が教え込まれた。また、宣教師たちはミッション居住者に核家族という西洋的な観念を教えるために、夫婦単位のコテージを建て、夫婦ごとに付き合うように奨励することもあった。こうして、アボリジニ社会における長老の知恵や威厳は、白人監督者の権力に取って替わり、彼らの生活はカレンダーや時計によって管理されるようになったのである（Mattingley 1992 : 179-181, Brock and Kartinyeri 1989 : 27-29）。

ポニンディ・ミッションでは病気が蔓延し、死亡率も高かったが、ポートリンカーン周辺のアボリジニは、積極的に子供たちをミッションの学校へと送った。その理由として、当時、既に多くのアボリジニが先祖の土地から追い出され、食糧源および水源も断たれる中で、彼らにとってミッションは塩、砂糖、紅茶等の食糧や、タバコ、毛布等の物資が供給される最も安全な場所と考えられていたからである（Brock and Kartinyeri 1989 : 28）。ポニンディ・ミッションは財政難のため一八九四年に閉鎖に追い込まれるが、その頃までには、子供たちは親族との結びつきや土地との精神的なつながりを失ってしまっていた。そして、ミッションの閉鎖後、一部の子供たちは後述のポイント・マクレイ（ラウカン）（Point McLeay（Raukkan）[3]）・ミッションおよびポイント・ピアス（Point Pearce）・ミッションに移動させられることになったのである（Mattingley 1992 : 182）。

ポイント・マクレイ・ミッションとポイント・ピアス・ミッションは、ポニンディ・ミッションと並び、南オーストラリア州南部の主要なミッションであった。ポイント・マクレイ・ミッションは一八五九年に、アデレードから一三〇キロメートル離れたクーロング半島にプロテスタントの教会、アボリジニ友好協会（Aborigines' Friends' Association : 以下ＡＦＡ）によって建設された。同ミッションが位置するマレー川下流域には、入植が開始された当時約三〇〇〇人のンガリンジェリが暮らしていた。ンガリンジェリが居住していた地域は、川や湖等の水源が豊富であったため、干ばつのときでさえも彼らは食糧、衣類、その他の生活必需品に事欠くことはなかった。また、ンガリンジェリは木材や革を使用した工芸品作りの技術を持ち、特に籠や網、マットの製作に長けていたと言われている（Jenkin

1979：11-14）。彼らは、形質的にも文化的にも近隣の地域集団とは大きく異なり、たとえば、ガーナをはじめとする南オーストラリア州の地域集団の大半は成人儀礼において割礼を行うのに対し、ンガリンジェリはそのような慣習を有していなかった（Jenkin 1979：17-18）。

ポイント・マクレイ・ミッション設立以来、ンガリンジェリの多くがミッションに移動し、独自のコミュニティを建てなおそうとした。彼らは移住して間もない頃から、教育を受け、働く意欲をみせると同時に、積極的にキリスト教徒になるなど西洋文化への適応を試みた。そのため、このミッションはオーストラリア南東部のミッションの中でも最も成功したミッションの一つとされた。しかし、ポイント・マクレイ・ミッションは規模が小さく[4]、土地は農業に適していなかったため、ミッション設立当初から深刻な雇用問題を抱えていた。ＡＦＡは政府にンガリンジェリにさらなる土地を与えるように要求したが政府はこれを拒み、ＡＦＡも農場を拡大するための十分な資金を有していなかった。

ンガリンジェリは代わりに、馬具類の取引や蹄鉄工、大工、石工術等を身に付けたが、やはり同ミッションでの雇用の機会を得られる可能性は低かった。最終的にンガリンジェリは、アレクサンドリナ湖畔に羊毛洗浄工場を設立し、それは当時既に農場を成功させていたポニンディ・ミッションと同程度にまで繁栄するようになった。そして後にンガリンジェリの中には狭い土地の一画のリースを有する者が出始めるようになる。しかしながら、一八九〇年代には、干ばつやマレー川上流域における新たな灌漑計画によって川の水の流れが減少し、さらに牧畜業者への農場地の分譲によって季節限定の仕事が減少したことにより、羊毛洗浄業の繁栄は終焉を迎えることになる。また、一八九一年には、五人のンガリンジェリがブーツ製造を学び、彼らは一年以内に優れた技術を身につけるが、アボリジニを雇うブーツ製造業者は現れなかった。結局、ンガリンジェリが最も成功をおさめた産業はマットや籠織りに限られていた。このように、自立したコミュニティの形成に向けたンガリンジェリの試みは幾度も頓挫し、ポイント・マクレイはアボリジニ自身によっても将来の見込みのないコミュニティとみなされるようになったのである（Broome 1994 : 74-76 ; Mattingley 1992 : 183-186）。

南オーストラリア州南部におけるもう一つの主要なミッションは、アデレードから北西に約二〇〇キロメートル離れたヨーク半島（Yorke Peninsula）に設立されたポイント・ピアス・ミッションであった。一八四〇年代にヨーク半島へのヨーロッパ人による入植が開始された当初、同半島には約五〇〇人のナーランガ（Narungga）が居住していた。その後、一八五九年にムーンタ（Moonta）領域において銅が発見されると、それまでよりも大量のヨーロッパ人入植者が流入した。その頃までには既に伝統的な生活様式を失っていたナーランガは、ムーンタやその周辺の炭鉱町に移住するものの、そこでは入植者のもたらした伝染病や酒など、ヨーロッパ人社会からの様々な圧力に晒されることになる。そして壊滅的な状況にあったナーランガを保護するために、政府は一八六八年にワラルーという町から南に約五五キロメートル離れた場所にポイント・ピアス・ミッションを設立した。ミッションには当初、約七〇人のナーランガが移住したが、その後も病気の蔓延等により、一八八〇年にはナーランガの人口は一〇〇人以下にまで減少した。一八九〇年代に入ると、ポニンディ・ミッションの閉鎖により、同ミッションに居住していたアボリジニの多くがポイント・ピアスに移送されることになった。彼らは、ガーナおよびンガリンジェリの子孫であったが、過去四〇年間のミッション生活によって、完全に出身地域集団への帰属意識を失っていた。ナーランガの年長者はこのような新たな移住者に、ナーランガ独自の知識や言語、神話等を継承することはなかった。そのためナーランガの文化的知識の多くが年長者の死とともに消滅したといわれている（Mattingley 1992 : 197）。

ポイント・ピアス・ミッションの土地は、ポイント・マクレイ・ミッションと同様に農業に適しておらず、季節によってはミッションに居住する全てのアボリジニのための雇用を創出することは困難であった。しかし、農場はポイント・マクレイ・ミッションよりも広く、より多くの収穫が得られた。資源の豊富さおよび農業の成功に伴い、同ミッションにおけるアボリジニ人口は徐々に増加し、一九一〇年頃になるとその人口は約一六〇人にまで回復した。このような経験の違いから、ポイント・ピアス・ミッション出身者の中にはポイント・マクレイ・ミッションのことを後進的で、孤立しているとみなす者もいた（Inglis 1961 : 202-203）。

また、ポイント・マクレイのンガリンジェリとポイント・ピアスのナーランガは、形質的にも異なっていた。ンガリンジェリは背が低く、髭が濃く、毛深いのに対し、ナーランガは背が高く、アボリジニとしての形質的特徴が顕著ではなく、集団内で外見にばらつきがあるといわれていた。そのため、ナーランガはンガリンジェリのことをその身体的特徴から「マッド・モンキー（mud monkeys）」と呼び、逆にンガリンジェリはナーランガのことを「バターフィッシュ（butterfish）」と呼び合うという慣習があった（Schwab 1991 : 83）。

二十世紀初頭まで、政府はアボリジニの保護や教育をキリスト教ミッションに任せ、アボリジニに関する一貫した法や政策を制定することはなかった。一九〇一年のオーストラリア連邦誕生と同時に制定された憲法においても、アボリジニを対象とする法律は州ごとに制定され、連邦政府は立法権を持たないこと、連邦および州における人口統計では、「アボリジナル・ネイティブ」[5]を数えないことが規定されていた（上橋 二〇〇四：三六九）。

しかし、十九世紀末から一般市民の間で混血のアボリジニの増加に対する懸念が高まると、各州で州法としてのアボリジニ法（Aborigines Act）が制定されることになった。アボリジニ法は、純血（full-blood）および混血のアボリジニを、酒や売春、その他白人社会によってもたらされた有害な影響から保護すると同時に、彼らをリザーブ（政府運営の居留地）に隔離し、その生活を管理することを主な目的としていた。そして、アボリジニをめぐる権限は、ミッションから州政府に移譲されることになった。アボリジニ法の制定を機に、アボリジニ法の下では、各州に設置されたアボリジニ省（Aboriginal Department）の運営にあたるチーフ・プロテクターに、二十一歳未満のアボリジニの法的後見人となる権限が与えられた。同法によりアボリジニは、移動の自由、結婚の自由、財産の管理、投票権、飲酒、労働に関する権利が剥奪されたのである（Mattingley 1992 : 45）。

南オーストラリア州では一九一一年にアボリジニ法が施行された。法の制定において、同州では混血のアボリジニの増加に伴い、アボリジニの中でも誰を保護や管理の対象とするかが問題となった。すなわち、アボリジニの厳密な定義が必要とされたのである。そこで一八九七年に制定されたクィーンズランド州のアボリジニ法のモデルが採用され、アボリジニの範疇にはすべての純血のアボリジニが含まれる一方で、混血のアボリジニに関しては場当たり的な線引きが行われることになった。この法令の下では、南オーストラリア州のアボリジニは、他州のアボリジニと同様に、リザーブの外での就労を許可されない限り、リザーブから出ることを禁じられ、チーフ・プロテクターによって財産の管理をはじめとし、生活のあらゆる面が管理されることになった（Rowley 1970 : 220-221）。

三　同化政策時代

一九三〇年代に入ると、ヨーロッパ人の間では、消滅しつつある「純血」のアボリジニはリザーブに保護し、混血のアボリジニは低賃金労働者として白人社会に吸収すべきだという考えが一般化してくる。こうした流れの中で、一九三〇年代には各州で先述のアボリジニ法が改正される[6]。南オーストラリア州では一九三九年に、一九一一年のアボリジニ法が改正された。改正法では主に次の三つの点が盛り込まれ、これらはすべてアボリジニのアイデンティティに大きな影響を与えることとなった。

第一に、「アボリジニ」の定義が、純血のアボリジニおよび政府の規定する混血のアボリジニからアボリジニ出自をもつすべての人々に拡張された。その結果、アボリジニを祖先にもつ第四世代および第五世代の人々も含まれるようになり、一九一一年のアボリジニ法の時よりも広範囲の人々が法の対象とされるようになった。その背景には、この時期、ヨーロッパ人の間ではアボリジニの白人社会への同化が支持される一方で、アボリジニを隔離・保護すべきだとする意見も根強く残っていたため、保護の対象となるアボリジニの範囲をできるだけ拡大するという意図があった（Mattingley 1992 : 46）。

第二に、改正法では新たに免除規定が盛り込まれた。免除規定のもとでは、混血の度合いに関係なく、生活や知性の水準や同化の程度によって、白人社会で生活することが可能であると判断された人々については、一九一一年のアボリジニ法によって課された法的義務から免除されることになった。免除のための申請は、アボリジニ本人によって行われることもあったが、本人の意思にかかわらずアボリジニ保護局によって一方的に免除を宣告されることもあった。免除規定を受けた人々は、市民権をはじめ、白人に付与されていたほとんどの権利を享受することができた。また、彼らは白人コミュニティにおいて「名誉白人」であることを宣言する証明書の携帯が義務付けられ、たとえばホテルで酒を買うときなどにそれを提示しなければならなかった（Mattingley 1992 : 49 ; Rowley 1970 : 47）。

そして第三に、免除規定を受けた人々は、リザーブからの移動や酒の消費の禁止等のさまざまな法的制限から解放される一方で、彼らはもはや「アボリジニではない」とされ、リザーブへの居住やそこに住む親族の訪問や付き合いが禁止された。免除規定は、親族との紐帯を分断し、免除を受けた人々が免除規定を受けていない人々から酒をせがまれるなど集団内部で亀裂が生じるなど、人々に様々な弊害をもたらすことになった。さらに免除規定を受けた人々は、白人社会の中で極めて低賃金の仕事にしか就くことができず、生活が困窮していたにもかかわらず、リザーブの居住者が受けていた政府からの援助を全く受けることができないなど、社会経済的孤立を経験することになった（Mattingley 1992 : 49-50）。

アボリジニの主流社会への吸収は、一九五一年に連邦政府によって採用された同化政策によって一層強化された。同化政策では、「成功したアボリジニはヨーロッパ化したアボリジニ」という考えのもと、純血または混血に関わりなく、最終的にすべてのアボリジニがオーストラリア・コミュニティの一員として、他のオーストラリア人と同等の権利や特権を享受し、同等の責任を負い、同じ習慣、同じ信仰に従うようになることが期待された（Broome 1982 : 171-173）。

南オーストラリア州では、一九五四年にアボリジニの同化政策が採用されたのを機に、アボリジニの都市への移動は本格化するようになる。[7] 移住を決意したアボリジニの多くが、都市における雇用機会や自由を期待していた。しかし、彼らのすべてが都市生活を好み、仕事を獲得できたわけではなく、大部分の人々は白人社会の周縁に置かれることになった。また、長年リザーブで生活してきた人々にとって、都市生活への適応は容易ではなく、人々は金銭管理や衛生に関する知識など、都市で生き抜くための術を新たに学ばなければならなかった。しかし、こうした困難な状況にもかかわらず、アボリジニの多くが都市に留まった。彼らの多くは、移住して間もなくは都心のスラムに居住し、財政状況が改善すれば都市郊外へと移り住んだ。そして一九六〇年代半ばまでには、五人に一人のアボリジニが大都市に住んでいたという。それはオーストラリア総人口に占める都市人口の割合（二人に一人）に比べると低い数字であるが、戦前期に比べるとかなりの増加であった（Mattingley 1992 : 52-53 ; Broome 1982 : 174）。

こうしてアボリジニがオーストラリア主流社会で一定の地位を占めるようになると、アボリジニはいずれ消滅するという政府の認識は覆されることになり、州政府は一九六二年にアボリジニ関連法（Aboriginal Affairs Act）の制定にふみきる。この法律はアボリジニに対する福祉を向上させ、彼らを全体社会の一員として社会へのさらなる同化を促進することを目的としていた。この法律によって、一九一一年のアボリジニ法および一九三九年に採用された特定の条件を満たしたアボリジニの法的義務の免除規定を含む改正法など、差別的な規制は廃止されることになった。南オーストラリア州では同法が一九六三年に施行されるが、前年の一九六二年には既にアボリジニに投票権が付与されていた（Mattingley 1992 : 54-55）。

アボリジニ関連法によってそれまでの差別的な規制が廃止されたことは、アボリジニの都市移動を一層促進することになった。ゲール（Fay Gale）によると、一九六六年の時点で、アデレードへ移住してきたアボリジニの主な出身地は、ポイント・マクレイ、ポイント・ピアス、北部準州であった（Gale 1972 : 80-81）。都市移動の理由は、大半の場合、すでにアデレードで暮らしている親族がいるからであり、その他には政府機関からの奨励により雇用や教育の機会を求めてやって来る者もいた。また、子供の場合、政府機関等によってアデレードにおける白人の里親家庭や、子供の家などの施設に送られるということもあった（Gale 1972 : 86-87）。

アボリジニに対し同化政策が採用された時代には、オーストラリアは北・南ヨーロッパからの移民を大量に受け入れていた。イギリス系白人は当初移民に対する偏見をもっていたが、一九六〇年代頃までには戦後の好景気も相俟って、人々は移民に対して寛容な態度をとるようになった。このような文化的他者に対する寛容さはその後も増し、アボリジニにも波及することになる。同時期には南アフリカ共和国のアパルトヘイトに反対する学生運動にはじまり、教会関係者や、医師や弁護士等の専門職の人々がアボリジニの特別なニーズに関心を示すようになり、メディアでもアボリジニの抱える社会問題について頻繁に取り上げられるようになった。それに加え、オーストラリアにおけるアボリジニへの不当な扱いは国外からの非難を受けることもあった[8]（Broome 1982 : 173）。

アボリジニの側も一九五〇年代後半から自らの置かれた社会的状況を改善するために団結し始めた。たとえば、一九五七年にはシドニー、メルボルン、アデレードをはじめとする大都市におけるアボリジニ組織が集結し、アボリジニの地位向上のための連邦評議会（Federal Council for the Advancement of Aborigines）を形成した。この評議会は、一九六四年にはアボリジニおよびトレス海峡島嶼民の地位向上のための連邦評議会（Federal Council for the Advancement of Aborigines and Torres Strait Islanders：ＦＣＡＡＴＳＩ）に改名し、アボリジニの問題に関わる憲法の一部の改革を求め、コミュニティにおけるアボリジニの自立を援助するための活動を行った。当初同評議会の運営や活動は、アボリジニに同情的な白人が中心となって行われていたが、次第にアボリジニの活動家達がこうした状況を問題視し始め、一九六〇年代後半にはアボリジニ主導で本格的な抵抗運動が行われるようになった[9]。その他にも一九六〇年代には都市のアボリジニを中心に主流社会への抵抗運動がさらに活発化する。たとえば、一九六五年には、アボリジニ指導者であるシドニー大学のチャールズ・パーキンス（Chales Perkins）らが、白人の学生の強力を得て「フリーダム・ライド（freedom ride）」運動を展開し、アボリジニに対する人種差別の激しかったニューサウスウェールズ州北部の地方町[10]で人々に直接差別的行為の廃止を訴えた（Burgmann 1989：32-34）。

また一九六〇年代には、連邦政府および大半の州政府によって、アボリジニに対して平等主義的な考えにもとづく法律が制定された。南オーストラリア州では、労働党政権の下、アボリジニに対し同情的な態度を示していたドン・ダンスタン（Don Dunstan）がアボリジニ問題省大臣に就任すると、アボリジニ政策における重要な改革が行われた。ダンスタンは、オーストラリア全土でアボリジニの同化が一般的に支持される中、仮にアボリジニがオーストラリア主流社会の一員となることを選んだ場合でも、独自の文化的アイデンティティや生活様式を維持する権利を認められるべきであると主張し、アボリジニの「統合」に向けた政策の重要性を訴えたのである。そして彼は一九六六年に、アボリジニ土地信託法[11]、差別禁止法[12]、アボリジニ関連法改正法を導入するに至った。これらの法は、オーストラリア主流社会へのアボリジニの統合のみならず、アボリジニの自律をも視野に入れた先駆的な内容を含んでいた（Parkin and Patience 1981）。南オーストラリア州におけるこのようなアボリジニ政策をめぐる革新的な姿勢が他州政府や連邦政府から受け入れられるようになったのは、一〇年後の一九七〇年代半ば頃であった。

オーストラリア全土でアボリジニをめぐる状況が徐々に改善する中で、一九六七年の国民投票によって、アボリジニの政策に関する決定権が州政府から連邦政府の管轄下に移され、アボリジニが国勢調査に含まれることが決定された。そしてこの時に、国勢調査におけるアボリジニの定義が大きく変化したことに注意すべきである。

一九六七年以前、国勢調査においてアボリジニは「純血（full-blood）」と「混血（half-caste / part-Aboriginal）」に分けられ[13]、「純血」のアボリジニは国勢調査から除外されていた。また、これを決定する権限は州政府にあったため、アボリジニの定義は州ごとに異なっていた。たとえば、西オーストラリアでは一九三六年以降、先住民には「ネイティブ（native）」というカテゴリーが用いられていたが、「ネイティブ」には、先住民出自を有する純血の人が含まれ、先住民の血の割合が二五％以下の人や、国内や国外で兵役を務め、退役した人は含まれなかった。また、一九六六年に同州で行われた国勢調査では、アボリジニの血を五〇％以上引く人々はすべて「ネイティブ」であるとみなされたが、同時期に北部準州では、純血のアボリジニ以外はすべて「白人」として分類されていた（Taz 1979 : 83-84 ; Schapper 1970 : 157）。そのため、人々は時代や地域によって「白人」にも「アボリジニ」にもなり得たのである。このように一九六七年以前、アボリジニであるかどうかは、どの程度アボリジニの血を引いているかという「血の構成率」の観点から決定され、その定義は一貫性を欠くものであった[14]。

しかし、アボリジニが市民権を獲得した後の一九七一年の国勢調査からは、混血の度合いに関する質問はなくなり、先住民であるか否かは自己申告制によることになった。そして、「アボリジニあるいはトレス海峡島嶼民とは、当人がその子孫であることを認識し、かつ、居住する周囲の人びとにも、そう受け入れられている人びとをさす」という連邦政府による定義[15]が一般的に受け入れられるようになった（Department of Aboriginal Affairs 1981: 1）。こうした国勢調査におけるアボリジニの定義の変化は、第四章で詳述するように、アボリジニであると自己同定する人々の増加をもたらし、個々人のアイデンティティを大きく変化させる契機となったといえる。

四　自主決定・自主管理政策時代

一九七二年に労働党政権が誕生すると、連邦政府はそれまでの同化主義的な政策を改め、自主決定政策を発表した。この政策は、アボリジニが自らの問題を自らの手で解決し、自分達で将来を決定することを奨励し、政府はその選択について積極的に支援するというものであった。こうした自主決定への動きは、同政権が特に力を入れていたアボリジニの土地権問題と深く関連していた。

アボリジニの土地権の主張は、一九六〇年代から北部準州のアボリジニを中心に活発化していた。たとえば、一九六六年には北部準州のグリンジの牧夫たちが給料と労働条件の改善を要求して、牧場労働を拒否し、ストライキを行い、一九六八年には北東部アーネムランドのヨルングの人々が、政府が彼らとの交渉を経ずに鉱山開発を許可したとし、鉱山開発を行っていた会社を相手どり訴訟を起こした。この訴訟において裁判所はアボリジニの土地権を否定し、結局アボリジニ側の敗訴に終わったが、このような運動は政府や主流社会に土地権問題の重要性を認識させる重要な契機となった。

ウィットラム政権は、一九七〇年代前半にアボリジニの土地権に関する調査を行う王立委員会を組織し、その代表に指名されたウッドワード判事はアボリジニの土地に関する伝統的な権利を認めるための適切な手段に関する報告書を作成した。彼が提出した報告書では、アボリジニ保護区の土地管理局への信託、鉱物採掘についてのアボリジニの拒否権、伝統に基づく土地権要求のための調査委員会の設立、アボリジニの土地購入を可能にするような団体の設立、という四つの柱からなる提言がなされた。これを受けて、同年にウィットラムに代わって政権を握ったフレーザー自由党政権は、翌年にアボリジニ土地権（ノーザンテリトリー）法（Aboriginal Land Rights (NT) Act 1976）を可決した。その内容は、ウィットラム労働政権による法案よりは弱いものであったが、最終的には北部準州におけるアボリジニの土地権の主張を満たすものであった（窪田 二〇〇五：三四、Broome 1982 : 185-190）。

こうした中、一九九二年には、最高裁判所でアボリジニの先住権（native title rights）主張を認めるマボ（Mabo）判決が出された。これは、それまでの白人による入植が始まった時点でオーストラリアは

「無主地」であったという判断を否定し、アボリジニの「先住権原（native title）[16]」を認める画期的なものであった。これを受けて翌年には、先住権原法が成立する。

　北部準州における土地権闘争は、南オーストラリア州における先住民の土地権への関心を高めることになった。特に南オーストラリア州北部の砂漠地帯に居住するアボリジニは、州南部のアボリジニの場合とは異なり、一八七〇年代まで白人との本格的な接触がなく、土地との紐帯を維持していたために、土地権を主張する十分な根拠があった。[17]一九七〇年代前半まで、州北部の地域集団、ピチャンチャチャラやヤクンチャチャラが居住する地域のアボリジニ・コミュニティは、教会または政府組織によって管理され、両集団は共通の神話や儀礼、土地とのつながりを有するものの、政治的主張を行うための統一された組織を有していなかった。

　しかし先述のウィットラム政権による土地権に関する王立委員会の設置を機に、ピチャンチャチャラの中にはコミュニティの評議会を通して土地権に関する政治的運動に関わる者があらわれはじめた。特に彼らは、北部準州、西オーストラリア州との州境、アマタ（Amata）の土地権に関心を示し、アマタ・コミュニティ評議会は実際に隣接地域の代表者を招き、互いの利益について話し合う機会を設けた。後に同評議会にはピチャンチャチャラ評議会が組み入れられ、政府への土地権請求に乗り出した。そして政府、牧畜業者、鉱物会社等の関係者との交渉の末、一九八一年三月にピチャンチャチャラ土地権法案が南オーストラリア議会において可決され、一九八一年十一月には、約一〇万二〇〇〇平方キロメートルの土地への自由保有権（freehold title）がピチャンチャチャラおよびヤクンチャチャラの代表に譲渡されることになったのである（Mattingley 1992 : 79-83）。

一方、都市のアボリジニの間では、こうした自主決定の流れの中で、アボリジニの自治を求める運動が盛んになる。特に、一九七二年のオーストラリア・デイにアボリジニの活動家がキャンベラの旧国会議事堂の外に「アボリジニ大使館」なるテントを設置し、土地権回復のための計画を発表したことは、アボリジニによる自治を代表する出来事であった。それはまた一九七〇年代に生じつつあった、全てのアボリジニは遠隔地出身または都市出身にかかわらず、同じアボリジニとしての帰属意識を有するという汎アボリジニとしての意識を反映するものでもあった。この頃アボリジニの活動家達は、これからの抵抗運動は、なるべく白人の力を借りずにアボリジニのみで行うことの重要性を強調し始めた。これを受けて、一九七八年には先述のアボリジニおよびトレス海峡島嶼民の地位向上のための連邦評議会（Federal Council for the Advancement of Aborigines and Torres Strait Islanders：ＦＣＡＡＴＳＩ）はその名称を国家アボリジニおよびトレス海峡島嶼民解放運動（National Aboriginal and Islander Liberation Movement: ＮＡＩＬＭ）に変え、その主導権をアボリジニおよびトレス海峡島嶼民のみが握ることが取り決められた（Burgmann 1989 : 36 ; Broome 1982 : 184）。

また、アボリジニの自治への願望はアウトステーション運動という形でも表れていた。アウトステーション運動では、都市のアボリジニが伝統的な土地に戻り、土地を占有することによって自治を取り戻そうとした。この運動はアボリジニの誇りを取り戻すと同時に、アウトステーション・コミュニティでの経済活動を通して人々に自主決定の機会を与えるものであった。さらに、アボリジニとしての文化やアイデンティティを守ろうとする動きは、オーストラリアの博物館等に保管されたアボリジニの遺品や遺骨の返還を求める運動にもつながった（Burgmann 1989 : 37）。

その後も、アボリジニの自主決定・自主管理を促進するための政策が続いた。一九八九年には、連邦政府の組織としてアボリジニ・トレス諸島民委員会（Aboriginal and Torres Strait Islander Commission: ATSIC）が設置された。ＡＴＳＩＣは、先住民の出自をもつ二〇人のメンバーからなり、そのうち一七人はオーストラリア全土の六〇の地域評議会（regional council）からの一二〇〇人の評議員によって選出され、残りの三人には政府によって任命された議長が含まれていた。ＡＴＳＩＣはアボリジニ関連の予算を決定し、政策を立案、実行する権限を与えられた。しかしＡＴＳＩＣの設立をめぐっては、ホーク政権によってその案が打ち出された当初から、アボリジニ内部で賛否両論があった。アボリジニ・コミュニティの中には、ＡＴＳＩＣの設置は過去の政府における白人の官僚主義を改善し、最終的にアボリジニに自らの生活に関わる諸問題について決定する機会を与えるものであるとし、提案に賛成するコミュニティもあれば、この提案に懐疑的なコミュニティもあった。たとえば、北部準州土地評議会は、それは土地評議会の権力に脅しをかけることによってアボリジニの統治権を妥協させるものであるとして、ＡＴＳＩＣの選挙へのボイコットを考えたという。その他にも、ＡＴＳＩＣはアボリジニの自主決定を本来の目的としたものではなく、アボリジニをオーストラリア政府の中に取り込むことによって政府の管理下に置くことを狙った新たな官僚主義であるとして、提案を懸念する声もあった（Burgmann 1989 : 40-43）。

またこの時期には、南オーストラリア州においても、国家政策に対応する形で、アボリジニの自律を奨励するための様々な法整備が行われた。新たに制定された法律は、土地や野生生物をはじめとする自然資源の保護・管理に関する法、アボリジニの少年犯罪等に関する刑法、養子縁組や子供の保護など福祉に関する法、アボリジニの文化遺産を保護するアボリジニ遺産法、先述の土地権法など複数の分野に及んでいた。これらの法律では、各分野の問題を担当する政府機関や委員会にアボリジニの代表を組み入れ、それぞれの問題に対する助言を得ることにより、文化的に適切な対処をすることが要求された。しかしながら、アボリジニの代表はアボリジニ・コミュニティではなく政府によって選出されたため、真の意味での自主決定が実現されたわけではなかった（Kourakis QC 2007）。

さらに、同化政策から自主決定政策への大転換は、アボリジニの定義にも変化をもたらすことになった。自主決定政策の下で、「アボリジニとは誰か」についてアボリジニ自身が決定する権限が付与されると、アデレードのアボリジニの間では、他称である「アボリジニ」の代わりに、「ヌンガ」や、出身地域集団としてのンガリンジェリ、ナーランガ、コカタを名乗ることによって自律性を表わす動きがみられるようになった。このような名乗りは、いずれも政府によって規定された国勢調査のカテゴリーに対応するものではなく、彼ら独自の意味世界の中に自己を位置づける実践であった（Jordan 1985 : 34）。都市のアボリジニは、歴史的に主流社会によって押しつけられた否定的なアイデンティティに代わる肯定的なアイデンティティの構築も試みた。今日アボリジニの間で聞かれる「私はアボリジニであることを誇りに思う（I am proud to be an Aboriginal）」という決まり文句もこのような社会状況の中で生み出されたものである。

しかし一方で、アボリジニであるか否かが自己申告制になると、それまでの国勢調査や政策に見られた定義における曖昧さが問題となり、アボリジニ内部で「本物の」アボリジニとは誰かをめぐって意見が分かれるようになった。たとえば、アボリジニの中でも政府関係の職に就き、自らを白人社会の一員として位置付けている人々は「偽のホワイト（pseudo-whites）」と呼ばれた。一方で、同化政策時代には白人社会に同化し、白人として生きてきたにもかかわらず、一九七〇年代に優遇政策が開始されて以降、アボリジニであると名乗るようになった人々は、「偽のブラック（pseudo-blacks）」[18]または、外見は茶色いが内面は白いという意味で「ココナッツ」と呼ばれ、アボリジニとしての真のアイデンティティを持っていないとして非難されることになったのである（Gilbert 1977 : 205-211）。

自主決定政策の下では、アボリジニ自身による自己規定が可能となったが、それは実際には全ての状況において認められたわけではなかった。政府によるアボリジニの定義付けはそれまでとは異なる形で行われ続けたのである。たとえば、優先政策や福祉サービスが導入されると、政府は、支援に直接関わる政府職員にアボリジニについての理解を深めさせるために、彼らを対象にオーストラリアの全てのアボリジニによって共有される文化的指標なるものを教授しようとした。クームスらによって挙げられたアボリジニの文化的特徴（第一章を参照）はその代表的なものであったが、それらは「伝統」文化が強く維持されている遠隔地のアボリジニの社会をモデルに抽出されたものであり、都市のアボリジニがこれらすべての条件を満たしていることは考えられなかった。

遠隔地の先住民の間で現在でも維持されている「伝統的な」文化を「正統」なものとみなす姿勢は、一九七〇年代以降活発化した先住民による土地権回復運動への政府の対応に既に表れていた。一九七六年の北部準州のアボリジニ土地権法では、アボリジニとしての出自に加え、「アボリジニの伝統（aboriginal traditions）」を保持する者のみが土地権を主張する資格があるとされた。「アボリジニの伝統」とは「アボリジニ一般またはアボリジニのコミュニティや集団がもつ伝統の根幹である儀礼、慣習、信仰」とされ、土地権の回復請求にあたって、慣習法の継続に加え、白人の入植以前の法や土地との精神的つながりを証明することが求められたのである。それは同時に、現在に生きるアボリジニをヨーロッパ人による入植以前の過去へと封じ込めてしまうことを意味していた（Povinelli 2002 : 51-52）。このように、一九七〇年代以降、アボリジニであることは混血の度合いではなく、「伝統」文化の維持の度合いを基準に判断されるようになったのである。

五　多文化・和解政策時代

対アボリジニ政策としての自主決定政策が打ち出されたのとほぼ同時期である一九七〇年代前半に、オーストラリア政府は、それまでの白豪主義を廃止し、それに代わる新たな国民統合政策として、多文化政策を採用するようになった。多文化政策は本来、移民や難民等のエスニック集団を対象としたものであり、当初先住民はその中には含まれていなかった。また先住民の側も、彼らこそが太古からオーストラリア大陸に歴史を刻み、その侵略された土地では彼らの文化こそが正統性をもつという考えから、様々なエスニック集団の一つであるとみなされることを拒否していた（窪田 一九九三：一一二、鎌田 二〇〇二：一三五）。それにもかかわらず、一九七〇年代から今日までの多文化政策の動向は先住民政策のそれと連動しているため、以下では多文化政策の変遷を先住民との関わりで概観する。

多文化政策が打ち出された背景には、当時オーストラリアで増加しつつあった非英語系移民が言語的・文化的差異によって主流社会に適応できず社会において不利な立場におかれているという問題があった。そのため、多文化政策の目的は、様々なエスニック集団の言語、文化を積極的に維持すると同時に、言語、文化、宗教の違いから生じる構造的不平等を是正することによって、各集団の社会参加を促進することにあった。そして具体的な多文化主義の柱として、(1)異文化・異言語の維持と発展、(2)移民・難民・マイノリティの社会・政治参加の推進、(3)受け入れ(ホスト)国民への啓蒙宣伝が挙げられた(関根 二〇〇〇：四一―四四)。

その後多文化政策はいくつかの段階を経て徐々に変化していく。多文化政策が採用されて間もない一九七〇年代後半頃は、エスニック・コミュニティの存在が、移民のオーストラリア主流社会への適応において効果的な役割を果たすものとして肯定的に捉えられ、エスニック組織による福祉サービスの実施などの「自助(self-help)」の重要性が強調された。一方、先述したように、この時期に政治領域においてアボリジニの存在が高まりつつあったが、多文化政策においてアボリジニが関心の対象となることはなく、土地権等のアボリジニに関する諸問題は、エスニック集団とは別の領域で扱われていた。しかし、先住民政策における自主決定・自主管理と、移民政策の「自助」の理念は、エスニック・マイノリティをオーストラリア社会における社会的・政治的実体として認めるという点で共通の概念を基礎としていた(Kamada 2002 : 55-56)。

しかし一九八〇年代に入り、非英語系移民の文化がオーストラリア社会においてより可視的になるにつれて、多文化主義は伝統的な英国的価値観に基づく国家の結束にとって脅威となり得るものとしてその正当性が疑われるようになる。したがって、この時期の多文化政策では、いかにして国家の結束を維持しながら非英語系移民をオーストラリアに組み込むかという点が重要な課題とされた（Kamada 2002 : 56）。たとえば、一九八九年に発表された「多文化国家オーストラリアのための全国計画（The National Agenda for Multicultural Australia）」では、言語や宗教等の文化的遺産の表現や共有をはじめとする「文化的アイデンティティ」は、あくまでも西洋社会のリベラルで民主主義的な価値観に基づく国家的統一と矛盾しない範囲内で保証されるものであるとされ、統合主義的な側面が強調された（Office of Multicultural Affairs 1989）。しかし政府は、多文化主義を脅威とみなす一方でそれを容易に放棄することはできなかった。その背景としては、ちょうど同じ時期にオーストラリアが独自のナショナル・アイデンティティを模索する中で[19]、政府はそのナショナル・アイデンティティの拠り所を「多文化主義」の理念に求めようとしていたことが考えられる。

ナショナル・アイデンティティとしての多文化主義の下では、「多様性の中の統一（unity-in-diversity）」が強調され（Stratton and Ien 1988 : 155-156）、多様性の中に歴史的にオーストラリア政府と対峙してきた先住民を包摂する必要があった。しかし、先住民の側は、彼ら独自の文化が、移民等のエスニック集団の文化からなる多文化の一つとして組み込まれ、オーストラリア独自の文化として国内外に提示されることを拒んだ。彼らはまず、オーストラリア政府との「和解」を望んだのである。政府の側も、「多様性の中の統一」を実現するためには、まず、先住民との過去の苦い歴史に端を発する諸問題を避けて通ることはできないと考え（National Multicultural Advisory Council 1999 : 49-50）、先住民との和解実現に向けて動き始める。

先住民との和解は、一九九一年のアボリジニとの和解評議会（The Council for Aboriginal Reconciliation :

CAR）の設立を皮切りに本格的に行われるようになる。一九九四年に連邦政府は、和解評議会と先住民委員会それぞれに、先住民の社会的正義の向上のための諸策に関する政府への提案書を提出させた。そして一九九六年に同評議会によって「先住民の社会正義へ向けての前進（Going Forward-Social Justice for the First Australians）[20]」と呼ばれる報告書が発表される。同報告書では、非先住民との比較における先住民の寿命の低さ、幼児の死亡率の高さ、失業率の高さ、拘置・逮捕率の高さ等の問題が挙げられ、今日社会において先住民が被っている様々な不利益の根源は、政府がそれまで先住民に対し市民権を与えてこなかったことにあるとし、オーストラリアの国家形成の過程にあった侵略の歴史に光が当てられた（Council for Aboriginal Reconciliation 1999 : 1-2）。

アボリジニとの和解評議会は、一〇年間にわたる和解のための文書の起草作業の結果、「オーストラリア宣言――和解に向けて」を発表した。またこの時期には、政治の場だけでなく市民生活の場においても、過去の親子強制隔離政策によって実の親から引き離された「盗まれた世代」や監獄死などアボリジニに関する諸問題についての議論が行われるようになる。特に、一九八七年から一九九〇年に行われたアボリジニの監獄死についての調査では、アボリジニの拘留率が非アボリジニのそれよりも二〇倍高いことが報告されている。さらに、監獄死に至ったアボリジニの多くが幼い頃に両親のもとから引き離されていたことが明らかになり、これを受けて「盗まれた世代」の本格的な証拠収集が行われるようになった（Griffiths 2006 : 168-169）。

一方で、先住民の権利に関する議論は、一九七〇年代から国連などの国際組織においてもはじまっていた。この時期には、先住民の権利の確立を求めて、世界各地の先住民族組織やＮＰＯなどの非政府組織などの支援組織が積極的な活動を展開していた。国連では、世界各地の先住民の実情を把握し、先住民の人権に関する国際基準を作りだすという目的のもと、一九八二年に、先住民に関する作業部会が結成され、一九九三年に最終草案が確定し、一九九四年には人権委員会に送付された（窪田 二〇〇五：一一五、窪田 二〇〇八：四〇一、鎌田 二〇〇二：一四二―一四六）[21]。こうして国際的にも先住民としての権利主張を行う場が確立されつつあった。

このように一九九〇年代は、先住民との歴史を見直し、現在先住民が抱える諸問題の解決に向けた動きが活発となっていた。しかしその一方で、この時期にオーストラリアでは極右政党であるワン・ネイション党（One Nation Party）が台頭していた。ワン・ネイション党は、多文化主義が英国的価値観を損ない、国民を分裂させるものであるとし、先住民への保護政策の撤廃、アジア系移民の制限を訴え、大きな反響を引き起こした。同党は、国民から多くの支持を得ることはなかったが、一部の国民から同情的な支持を得たことは、一般国民の間では英国的価値観の喪失への恐れが依然として強いことを顕著に表していた（塩原 二〇〇五：一〇八―一〇九；Kamada 2002 : 58）。

そして一九九六 年にハワード保守党連立政権が誕生すると、移民政策や先住民政策は大きな転換を図ることになる。ハワード政権の下では、自助努力や個人主義をはじめとする新自由主義的な価値観が強調される中で、先述の「多文化国家オーストラリアのための全国計画」に代表される多文化政策の見直しが行われ、一九九九年には国家多文化諮問委員会の最終報告書、「多文化オーストラリアに向けての新計画（A New Agenda for Multicultural Australia）」が発表された（Commonwealth of Australia 1999）。同報告書では、新たな多文化主義の理念として「包摂」的多文化主義が唱えられ、諸「エスニック」

集団の文化的境界を越えたオーストラリアのナショナル・アイデンティティの涵養が目指された。すなわち、集団としてのエスニシティに否定的な意味づけを与えることでその解体を促し、文化的に多様な個人からなる集合体としての国民統合の強化が目指されるようになったのである（塩原 二〇〇五：一四七）。

多文化主義の理念をめぐるこのような変化の影響を受けて、先住民政策でも先住民を個人として主流社会へ包摂することを目的とした先住民の主流化の動きが顕著となった。ハワード政権は先住民問題に関する機関への予算を削減し、先住権原法に制限をつけ、その権利申請を限定し、「盗まれた世代」に対する政府としての公式謝罪を拒否したのである。そして、二〇〇〇年頃からＡＴＳＩＣは最高幹部による公的資金の不正利用や運営の非効率性などの問題が指摘される中で、政府は二〇〇五年には同委員会を廃止するに至った（Griffith 2006:180-181）。

さらに、ハワード政権は、先住民との和解政策において「実践的和解（practical reconciliation）」を推し進める中で、先住民の生活水準の向上および機会の拡大を目標に掲げ、主に健康、教育、住宅、雇用における先住民の不利な状況を改善するための実践的な措置を講じた（Howard 2000）。しかしながら、ここでも新自由主義的価値観の下、先住民に機会の平等を与える一方で、先住民による責任の遂行が重視された。とりわけ、北部準州をはじめとする遠隔地の先住民に対する福祉政策の見直しが行われた結果、最終的に彼らを主流社会の市場経済（リアル・エコノミー）へと参入させることが新たな先住民政策の目標とされたのである（Altman and Johns 2008: 16; Altman 2010: 262）。

そして、ハワード政権下の先住民政策で最も議論を呼んだのが、二〇〇七年に施行された北部準州緊急措置法（介入政策）であった。同法は、二〇〇六年にオーストラリア国営放送の番組で、北部準州のアボリジニ・コミュニティにおいて飲酒、家庭内暴力等の負のサイクルがはびこり、少女への性的虐待が行われていることが報じられたのを機に作成された、北部準州の先住民コミュニティにおける児童虐待に関する報告書『子供たちは天からの授かりもの（Little Children are Sacred）』を受けて成立したものであり、アボリジニが福祉補助金を飲酒や賭博などに使用しているとしたうえで、すべての飲酒とポルノを禁止し、政府がアボリジニの収入を管理しようとする内容であった。特に、収入管理は、後に他州にも拡大適用され、南オーストラリア州では二〇一二年に州北部（アナング／ピチャンチャチャラ／ヤクンチャチャチャラ居住地）が、二〇一四年にはセドゥーナ周辺がその対象となった。この措置は、先住民の自律や自己管理能力を否定する家父長的性格を強く帯びたものであり、同化主義への逆戻りであるとして非難されている（Dodson 2007: 22-24; Sanders 2006; Altman 2010; Maddison 2011: 75-79；窪田 二〇〇九、飯嶋 二〇一〇）。

ハワード自由党・国民党保守連合政権の下で先住民政策が後退する中で、二〇〇八年二月労働党ラッド首相による「盗まれた世代」への公式謝罪は、先住民との「和解」を推し進める重要な第一歩となった。しかしながら、ラッド労働党政権下での先住民政策も、依然として新自由主義的価値観を継承したものであった。ラッド政権は、主に健康、教育、雇用面での先住民と非先住民の格差是正に向けた措置を取った。しかし、この格差是正政策では、先住民と非先住民の統計上の平等が過度に強調されるあまり、先住民の歴史や生きられた現実が無視されるなど、多様で複雑な先住民固有の存在のあり方が否定されるといった問題が指摘されている（Altman 2009, 2010）。

小括

以上、南オーストラリア州におけるアボリジニ政策の歴史を国家政策との関連で概観してきた。南オーストラリア州南部のアボリジニは、州北部や北部準州等の遠隔地のアボリジニよりも早い時期から白人と接触する中で、地域集団独自の社会構造や文化体系の崩壊を経験してきた。また、他の地域集団出身者との通婚や、白人との混血の増加は、本来各地域集団を基盤としたアイデンティティに揺らぎをもたらしてきた。特に混血のアボリジニは、政府によるご都合主義的なアボリジニ政策におけるアボリジニの定義に振り回されることになった。とりわけ二十世紀初頭に施行されたアボリジニ法の改正によって盛り込まれた免除規定は、アボリジニ保護官からの監視を逃れるために免除規定を受けた人と受けなかった人の間に分裂をもたらし、アボリジニとしてのアイデンティティを根幹から揺るがす要因となったといえる。このような過去の政策は、第四章で述べるように、現在のアボリジニ・コミュニティにおける社会関係にも依然として影響を及ぼし続けている。

白人との混血が進む中で、アボリジニはいずれオーストラリア主流社会に吸収されるという政府の想定にもかかわらず、アボリジニの都市化が進んだ後も、彼らの社会経済的状況に大きな変化はなく、主流社会への同化は容易には起こらなかった。その背景には、過去の隔離保護政策の影響があった。リザーブでの隔離生活の中で、市場での経済活動の機会や西洋の生活様式および価値観の習得の機会を奪われた彼らは、都市においても社会経済的に排除され続け、主流社会の周縁に置かれた。アボリジニに市民権が付与された一九七〇年代以降は、先住民政策の大転換に伴い、表向きにはアボリジニによる自主決定の下、アボリジニ自身による自己規定が可能になった。しかしながら、政府によるアボリジニの管理は形を変えて継続されている。多文化政策、和解政策といった人道主義的な響きを伴う政策において、アボリジニとその文化はオーストラリアの重要な国家遺産と位置づけられるものの、アボリジニとしての差異は、国家が許容する範囲で承認されたに過ぎなかった。その意味でこれらの政策は、アボリジニを管理するための新たな支配装置であったといえる。

それにもかかわらず、同化政策から自主決定政策への大転換は、少なくともそれまで主流社会から構造的に排除されてきた先住民をオーストラリア市民の一員として社会に包摂しようとする政府の意図の表れであった。このような政策レベルでの変化は、現在のアボリジニの生活にどのような影響を及ぼしたのであろうか。次章では、主に現在のアデレードのアボリジニの社会経済的状況について検討する。

1　ガーナ（Kaurna）という名称は、本来ガーナの隣接集団、ラミンジェリ（Ramindjeri）またはンガリンジェリ語の kornar（人という意味）に由来すると考えられている。すなわち、ガーナとは、アデレード平原のアボリジニによる自称ではなく、隣接集団が彼らを指す場合に用いた呼称であった。この名称は、一九二〇年代に当時の南オーストラリア博物館の人類学者、ノーマン・ティンデール（Norman Tindale）によって広められ、現在ではアデレード平原のアボリジニ自身によっても自称として広く用いられている（Amery 2000 : 3）。

2　南オーストラリア州南部のその他の地域集団も独自の呼び名を有していた。たとえば、ンガリンジェリは白人のことをグリンカリ（grinkari）と呼び、それはンガリンジェリ語で「皮膚が剥がれ、桃色をした死体」を意味していた

(Mattingley 1992 : 4)。

3　一九七二年にマレー川下流域の地域集団、ンガリンジェリ(Ngarrindjeri)がこの地域の自治を回復して以来、ラウカンに改名された。ラウカンとはンガリンジェリ語で「古くからのやり方(ancient way)」を意味し、「部族」の集会所としての領域を表わしている。

4　当初ミッションは一八〇ヘクタールしかなく、それは後に二〇〇人にまで増加することになるコミュニティには小さすぎた。一八七二年にミッションは六八八ヘクタールに拡大されるが、それでもヨーロッパ人の一家族が運営する農場よりも少し大きい程度であった(Broome 1994 : 75)。

5　憲法や法における「アボリジナル・ネイティブ」という概念は、オーストラリア先住民に限定されずに、場合によっては、アジア、アフリカ、太平洋諸島の人々を含み込むこともあった(上橋　二〇〇四 : 三七〇)。

6　北部準州では、一九三三年と一九三六年に、西オーストラリア州では一九三六年に、クィーンズランド州では一九三四年と一九三九年に改正法が施行された。

7　一九五〇年代に本格化するアボリジニの都市移動の背景には、農村から都市への一般的な人口移動の影響に加えて、農村における単純労働者の雇用機会の減少や、リザーブやミッションにおける外婚制の維持の困難さなど様々な要因があった。

8　植民地からの独立を達成した国連統治下の新興国民国家は、オーストラリアでは依然として政府がアボリジニの管理を行っていることを懸念し、オーストラリア政府の側も国内のアボリジニの問題について国際的非難を浴びることについて神経をとがらせていた(Broome 1982 : 173)。

9　たとえば、一九五八年に結成された連邦アボリジニ前進評議会(Federal Council for the Advancement of Aborigines : FCAA)の初期メンバーは四〇人であったが、そのうちアボリジニのメンバーは三人のみであり、代表者はヨーロッパ人であった。しかし一九六〇年の会合からは、アボリジニのメンバーが一時間を「アボリジニのみの」会合のセッションとして設けることを要請した。そして一九六一年には初のアボリジニの代表者が誕生した(Broome 1982 : 175)。

10　たとえば、この地方町では、公共のプール、クラブやパブからアボリジニが排除されていた。

11　この法律によって、未所有のリザーブはアボリジニのみのメンバーからなる土地信託（Aboriginal Lands Trust）に移譲された（Mattingley 1992 : 79）。

12　オーストラリアで最初の反差別法。この法の下では、商品やサービスの提供における人種、出身地、膚の色に基づく差別行為は犯罪であるとして罰金の対象とされた（Parkin and Patience 1981 : 116）。

13　たとえば、一九六一年の国勢調査では、純血のアボリジニとは、アボリジニの父と非ヨーロッパ人の母を持つ人とされ、混血のアボリジニとは、アボリジニの親とヨーロッパ人の親を持つ人とされた（Rowley 1970 : 344）。

14　国勢調査とアボリジニに関する歴史の詳細については、松山（二〇〇一）や上橋（二〇〇四）を参照されたい。

15　この定義の基礎となったのは、一九六八年にアボリジニ問題担当大臣による、アボリジニとは「完全なまたは部分的なアボリジニの出自を有し、自らがアボリジニであると主張し、コミュニティからもそのように受け入れられている人」という定義であった（Department of Aboriginal Affairs 1981 : 1-8）。

16　先住民としての権利が発生する原因、また、その権利の正当性を立証する根拠のこと（細川　一九九四：四二）。

17　ピチャンチャチャラおよびヤクンチャチャラは、西オーストラリア州および北部準州との州境にあたる南オーストラリア北西部の広大な土地を所有し、白人による入植は一八七三年に始まる。その後牧畜業者による開拓が進むと、牧畜業者とアボリジニの間に諸問題が生じるようになり、アボリジニを保護する目的で、一九三七年に長老派教会によって、アーナベラ・ミッションが設立された。アーナベラ・ミッションは、白人入植地とアボリジニ・リザーブの緩衝地帯として機能し、ピチャンチャチャラの多くが、白人入植者によって提供される食料に依存していた。しかしミッションの方針により、白人入植者による伝統文化への干渉は最小限に抑えられ、言語や土地との繋がりの維持が奨励されたため、ピチャンチャチャラは州南部のアボリジニが受けたような文化の剥奪を経験することがなかった（Mattingley 1992 : 80）。

18　オーストラリアにおいて一般的に、「ブラック（black）」とはアボリジニのことを指し、それは本来白人によって「劣っている」、「汚い」、「怠惰である」という否定的な意味と結びつけられていた。しかし現在、「ブラック」というカテゴリーは、アボリジニ自身によってもアボリジニとしてのアイデンティティを確認するものとして肯定的な意味で用いられることがある（Carter 1988）。

19 オーストラリアは植民地として形成されて以来、政治的にも経済的にも英国の庇護のもと、国民国家としての地位を確立してきた。また、英国系移民を大量に受け入れながら発展してきたため、オーストラリア連邦形成以降も英国の属国的な性格を色濃く残していた。結果として、そのナショナリズムは、非英国的なものにオーストラリアの独自性を追求しつつも、一方で、英国との一体化を温存するといった二重構造を持っていた。しかし、第二次世界大戦後、英国がその弱体化とともに、アジア・太平洋地域から撤退し、一九七三年にＥＣに加盟したこと、オーストラリアの国内政治と経済がアジア・太平洋地域と相互関係を強めたこと、さらに共和国運動の発生を機に、オーストラリアは新たなナショナル・アイデンティティを模索し始めた（鎌田　一九九六：一二九―一三〇）。

20 この報告書では、アボリジニおよびトレス海峡島嶼民が、オーストラリア大陸およびトレス海峡島嶼部のファースト・ピープル（first peoples）と位置づけられ、彼らが土地との関わりに根差した慣習、社会・経済的組織を含む生活様式から生じる独自の権利を有していることが明示された（Council for Aboriginal Reconciliation 1999 : 2）。

21 この宣言案をめぐっては、一九九三年の「世界の先住民の国際年」、一九九五年から二〇〇四年の「世界の先住民の国際の十年」をつうじて議論が続けられたが、採択にはいたらず、二〇〇七年にようやく、先住民の権利に関する国連宣言が採択された（窪田　二〇〇五：一―五、窪田　二〇〇八：四〇一）。

第三章　アデレードのアボリジニの概況

本章では、アデレードのアボリジニをめぐる現在の概況について、特に人口、居住地域、社会経済的状況、家族状況という観点から論じる。アデレードのアボリジニに関する調査は、主に一九六〇年代と一九八〇年代に、地理学者のゲールらによって行われた。ゲールらは、リザーブからアデレードに移住して間もないアボリジニの生活実態について、当時アボリジニ人口が最も集中していた北西部郊外のポート・アデレードに居住する約一〇〇のアボリジニ世帯を対象に聞き取り調査を行った。以下では、適宜当時の調査結果を参照しながら、二〇〇〇年代の国勢調査の統計を用いて、彼らの社会経済的状況がいかに変化したのか、その大まかな動向について分析する。

一　人口

アボリジニのリザーブからアデレードへの移動は第二次世界大戦頃から徐々に見られるようにな

る。その背景には、第二次世界大戦中にアデレードにおける労働力不足を補うために、政府が主に工場、波止場、鉄道でのアボリジニの労働を奨励したことが挙げられる。しかし、他州の都市と同様に、アデレードでも第二次世界大戦後に白人が帰還し、労働力が満たされるようになると、アボリジニはすぐに解雇されることになるが、彼らはリザーブに戻ることを拒み、都市に留まった（Berndt and Berndt 1951 : 238; Rowley 1972 : 373）。

戦時中のアボリジニによる都市移動は散発的なものに過ぎず、それが本格化するのは一九五〇年代半ば以降であった。一九五四年に、南オーストラリアのアボリジニ問題省（当時のアボリジニ保護局）が、同化政策の下、当時人口過密状態にあったリザーブのアボリジニを移住させることにより、アボリジニの主流社会への同化を促そうとしたのである。さらに、一九六二年に施行されたアボリジニ関連法の下で、政府が都市への移住を希望するアボリジニのための本格的な支援を開始し、後にアボリジニ専用の住宅を用意し始めると、アデレードのアボリジニ人口は増大する。ゲールによると、一九六二年から一九六六年の間に、アデレードに六カ月以上居住していたアボリジニの数は二〇三九人であった（Gale1972 : 73）。

その後も、アデレードにおけるアボリジニ人口は引き続き増加傾向にある。二〇一一年の国勢調査では、その数は約一万五〇〇〇人に上り、アデレード総人口の一・三%を占めるに至っている（Australian Bureau of Statistics 2011）。このようなアボリジニ人口の増加は、全国レベルでもみられた。一九六六年の国勢調査においてオーストラリア全土の先住民人口は一〇万一九七八人であると推定されたが、その後の国勢調査においてその数は一九八一年に一五万九八九七人、二〇一一年には五四万八三七〇人と大幅に増加している（Hugo 2003 : 4 ; Australian Bureau of Statistics 2011）。

このような人口増加を示す統計結果の背景には、出生率の高さによる自然増や地方町や遠隔地からの移住者の増加に加えて、国勢調査におけるアボリジニの定義の変化があった。一九六〇年代の国勢調査では、アボリジニとはアボリジニの血を五〇％以上ひいている人と定義されていたのに対し、アボリジニが市民権を獲得した後の一九七〇年代以降の国勢調査からは、アボリジニまたはトレス海峡島嶼民であるかどうかは自己申告制になったのである（Hugo 2003 : 25）。すなわち、アボリジニであることによって社会的不利益を受ける機会が減り、むしろ社会保障サービス等を受けやすいなどの利点がでてきたため、アボリジニであると自己申告する人々の数が増加したと考えられる。

二　居住地域

第二次世界大戦後、都市に移住してきたばかりのアボリジニの多くは低所得者であったため、彼らの多くは、州政府の管轄下にある南オーストラリア住宅信託（South Australian Housing Trust：以下ＳＡＨＴ）が斡旋するアボリジニのための公営住宅に居住していた。アボリジニのための公営住宅は、アデレード市内全体に分散して建設されることになっていた。これは一九七〇年代から実施されていたアボリジニ住宅分散政策によるものであり、住宅分散政策では、アボリジニの住宅を市内全域に分散させることがアボリジニの主流社会への同化を促進することにつながると考えられたのである。

しかしながら、アボリジニの住宅をはじめとする低所得者層のための公営住宅は、地価の安いアデレード北西部、北部郊外に多く建設される傾向があった。そのため、一九六〇年代から一九八〇年代にかけて、これらの郊外ではアボリジニの人口率が相対的に高くなった。この状況は現在も大きくは変わっていない。後述するように、現在でもアデレードのアボリジニの大半は、低所得者層に属し、政府の社会福祉サービスに依存している状況にあるため、公営住宅または私営の賃貸住宅にかかわらず、比較的家賃の安い住宅に居住するケースが多い。二〇〇六年の政府統計では、先住民人口の割合が最も高い地域としてソールズベリー（Salisbury）、エリザベス（Elizabeth）、スミスフィールド（Smithfield）等の北部郊外、ポート・アデレード（Port Adelaide）、オズボーン（Osborne）、タペルー（Taperoo）等の北西部郊外、エンフィールド（Enfield）、ウッドビル（Woodville）等の西部郊外が挙げられているが（Australian Bureau of Statistics 2008 : 18）、このことは、アボリジニが依然として社会経済的に不利な立場におかれていることを反映している。

しかし一方で、近年では、アデレード北東部郊外および南部郊外においてもアボリジニ人口の割合が増加し、一九七〇年代や一九八〇年代頃と比較すると、徐々にではあるが、アボリジニの居住地域が分散化しつつあることが指摘されている（Hugo 2003 : 31）。また、二〇一一年の政府統計でも、南オーストラリア州における先住民の持ち家率は約三九％であり（Community Profile: Citiy of Port Adelaide and Enfield）、それはゲールらが報告した一九八〇年の五・四％から大幅に増加している。このような住宅購入者の増加に伴い、居住地域の選択肢も広がるため、今後は居住地域にもさらなるばらつきが生じる可能性があると思われる。

三　出身地域

アデレードのアボリジニの出身地域は多様である。ゲールらは一九六六年、移住者の主な出身地を南オーストラリア州北部の砂漠地帯、エアー半島のウエスト・コースト（クーナバ・ミッション）、ヨーク半島（ポイント・ピアス・リザーブ）、マレー川上流域、マレー川下流域（ポイント・マクレイ（ラウカン）・リザーブ）、南オーストラリア州南東部、北部準州、他州の八つに区分し、調査を行った。その結果、移住者の主な出身地域はポイント・ピアス・リザーブの位置するヨーク半島およびマレー川下流域のポイント・マクレイ（ラウカン）・リザーブであり、これら二つの地域の出身者が、アデレード移住者の約半数を占めていたことがわかった。同様の傾向は一九八〇年の調査においても確認されている（図1のD、Fに該当）。

また、一九六六年の時点で、マレー川下流域およびヨーク半島に次いで多くの移住者を輩出していた地域は北部準州であり、北部準州出身の移住者は、アデレードのアボリジニ全体の約二〇％を占めていた。北部準州出身者の割合が相対的に高い理由として、同州では一九五〇年代初頭に採用された同化政策の下で、アボリジニの子供たちがリザーブから他州の大都市における白人里親家庭やキリスト教施設へと移住させられ、中でもアデレードはかなりの割合の子供たちを受け入れたことが挙げられる。[1] しかし、ゲールらによる一九八〇年の調査では、アデレードのアボリジニ全体に占める北部準州出身者の割合は約二％に減少し、[2] ビクトリア州やニューサウスウェールズ州出身者の数が北部準州

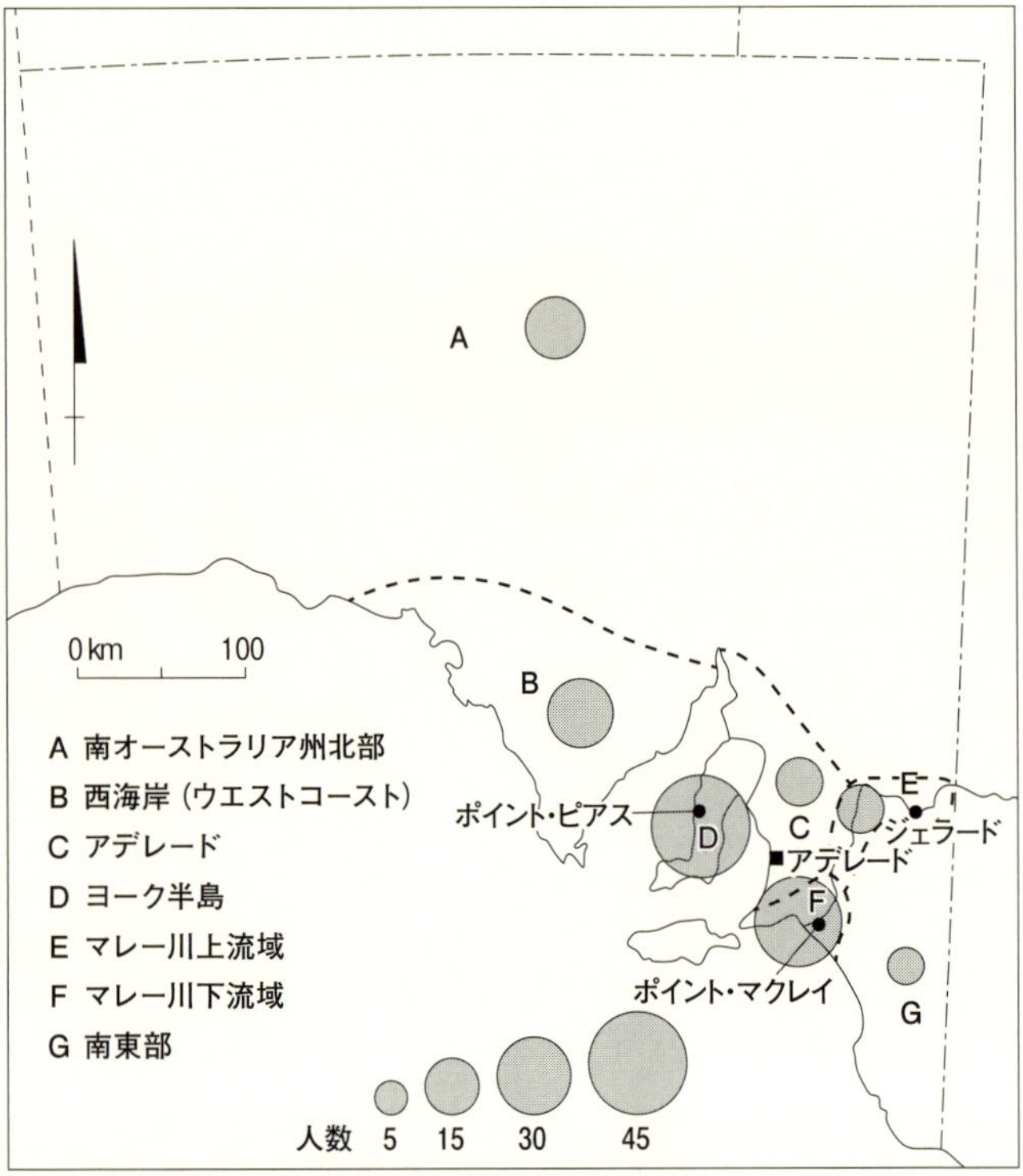

図1　都市移住者の出身地域集団ごとの割合

出典：Gale and Wundersitz (1982: 43) を基に作成

出身者を上回っていたことが報告されている（Gale and Wundersitz 1982 : 42-44）。

一九六〇年代におけるアボリジニのアデレードへの移住の理由としては、アデレードに親族がいるから、単に都市生活への憧れから、雇用や教育の機会を求めて、といったものなど様々であった。ゲールらによる一九八〇年の調査以降、アボリジニの移住が一段落したこともあり、アデレードのアボリジニの出身地域に関する本格的な調査は行われていない。

しかし現在でもアボリジニの出身地域の構成に大きな変化はなく、主な出身集団は、アデレード平原出身のガーナ（Kaurna）をはじめ、ポイント・ピアス出身のナーランガ（Narungga）、ラウカン（ポイント・マクレイ）出身のンガリンジェリ（Ngarrindjeri/Ngarinyeri）、州西部のクーナバ出身のコカタ（Kokata/Gugada）からなる。それに加え、オーストラリア全土からやって来た他州出身者もおり、その文化的背景は多様である。

一方で、アデレードに非自発的にやって来た人々も存在する。彼らの大多数が、政府やその他のボランティア機関によって里親家庭や児童養護施設に連れて来られた子供たちであり、このような子供たちは、一九六六年の時点でアデレードの全アボリジニ人口の約一三％を占めていた。彼らの多くは南オーストラリア州北部の砂漠地帯や北部準州等の北部の出身者であり、その三分の一が、子供の頃に政府によって里親の家や児童養護施設に連れて来られた人々であった。さらに、非自発的な移住の理由としては、医療目的が挙げられる。南オーストラリア州北部または北西部の地方町や遠隔地、さらに、北部準州において専門的な医療サービスを受けることのできる医療施設は限られていたためである。

近年他地域から移住してきた人々を除き、現在アデレードのアボリジニの大半は、アデレード生まれであると思われる。それにもかかわらず、彼らの間では、祖先の出身地域が重要な帰属意識の一部となっている。こうした意識は、初対面のアボリジニ同士が互いの出身地を尋ね合う場面で顕著に表れる。彼らにとっての出身地とは、必ずしも自分の出生地を意味せず、父母や祖父母の出身地を指す場合が多い。たとえば、白人の父とポイント・ピアスのナーランガ出身の母を持つ二十代の男性は、彼自身はアデレード生まれであるにもかかわらず、他のアボリジニから「出身地はどこか」と聞かれ、「ヨーク半島（ポイント・ピアス）出身のナーランガです」と答えていた。また、第二章で述べたように、歴史的に南オーストラリア州南部のアボリジニの間では、異なる地域集団間の通婚が行われてきたため、アデレードの多くのアボリジニにとって、出身地域集団は一つであるとは限らない。たとえば、コカタ出身の父、ンガリンジェリとガーナ出身の母を持つ四十代の女性は、子供時代の大半を母方の家族とともに過ごした。そのため、彼女はンガリンジェリであると同時にガーナであると自己同定していた。このように、出身地域に基づく彼らのアイデンティティは多層的であるといえる。

四　社会経済的状況

都市におけるアボリジニの社会経済的地位の低さは、一九七〇年代から継続的に報告されてきた。一九八〇年の時点で、ポート・アデレードにおける十五歳以上のアボリジニの約二六％が失業中であった。同年のアデレード人口全体の失業率は約五％であり、この頃からアボリジニの失業率の高さは顕著であった。当時のアボリジニの主な収入源は、失業手当、保護者支援金、寡婦扶助金、アボリジニのための職業訓練費（NESA Grants）[3]、アボリジニのための奨学金（Aboriginal Study Grants）であり、彼らの約六〇％が、失業手当や何らかの社会保障金に依存した状態であった（Gale and Wundersitz 1982 : 107-109）。

こうしたアボリジニの社会経済的状況は今日においても大きく変化していない。二〇〇六年の国勢調査によると、南オーストラリア州の主要都市における十五歳以上の先住民の失業率は一七・五％（男性が一九・二％、女性が一五・八％）であるのに対し、非先住民の場合は、五・一％（男性が五・五％、女性が四・八％）であった（Australian Bureau of Statistics 2006）。このことから、先住民の失業率は依然として高く、非先住民との間に大きな隔たりがあることがわかる。

さらに、二〇〇六年の時点で、十五歳以上の先住民の一人一週間あたりの平均収入は三一四ドルであり、そのうち一五〇ドルから二四九ドル、二五〇ドルから三九九ドルの層が多く、それぞれ二一・八％、一七・四％を占めていた。それに対し、非先住民の週当たりの平均収入は四五二ドルであり、そのうち一五〇ドルから二四九ドル、二五〇ドルから三九九ドル、四〇〇ドルから五九九ドルの層がそれぞれ、一六・三％、一五・三％、一五・三％とばらつきがあり、先住民が低所得者層に偏っていることは明らかである。このように、失業率や平均所得において先住民と非先住民の間には大きな格差があり、先住民の多くは依然として低所得者層に属しているといえる。

さらに、二〇〇六年の時点で、南オーストラリア州の主要都市における先住民の労働人口が従事する主な職業は、事務（行政）員（一七・六％）、地域サービス業職員（一五・九％）、専門職（一四・九％）、未熟練労働者（一四・八％）であり、主な業界としては、医療サービスおよび社会扶助（一四・四％）、行政・安全管理（一四・〇％）、製造業（一一・六％）であった（表1、2を参照）。専門職の割合が相対的に高いのは、一九八〇年代後半以降、政府がアボリジニを特に教育機関や政府組織における専門職として積極的に雇用するようになったからである。[4] 業種別にみると、非先住民の場合と比較して、行政・安全管理、さらに教育に占める先住民の割合が高い一方で、小売業、金融業、科学技術サービス

表１　2006年の国勢調査に基づく南オーストラリア州主要都市におけるアボリジニ（15歳以上の就労者）の職業

（%）

職業	先住民（3,132人）	非先住民（495,743人）
経営者	6.3	11.4
専門職	14.9	20.8
技術者および取引業者	13.0	14.1
地域サービス業職員	15.9	9.6
事務（行政）員	17.6	16.0
販売員	8.0	10.2
機械操作者および運転手	7.1	5.9
未熟練労働者	14.8	10.8

出典：Australian Bureau of Statistics, Population Characteristics, Aboriginal and Torres Strait Islander Australians , South Australia 2006 より作成

の部門における先住民の割合が相対的に低い（表2を参照）。やはり、就職における彼らの政府機関への依存度が高いことがわかる。

　また、非先住民と比較した場合、専門職につく先住民の割合は低く、一方で未熟練労働者の割合は高い。それは主に彼らの教育レベルの低さと関係している。南オーストラリア州の主要都市における先住民の最終学歴は、一〇年生（日本の高校一年程度に相当）終了程度が最も多く、全体の約三〇％を占めていたのに対し、非先住民の場合は、高校の最終学年である一二年生終了程度が最も多く、全体の約四五％を占めていた（Australian Bureau of Statistics 2006）。また、学士以上の学位をもつ人々の割合や専門的な職業資格をもつ人々の割合も、先住民と非先住民との間では隔たりがある。このことが両者における雇用状況や平均収入をはじめとする社会経済的格差を生み出す主な要因であると考えられる。

　また、非先住民との比較による先住民の雇用率の低さに関しては、主流社会における差別の問題も指摘されてきた（Schwab 1991；鈴木 一九九五：五六—五七）。第四章で詳述する、アデレードのアボリジニ・コミュニティ・カレッジの職員の話では、就職時に起こり得る差別をめぐる状況は、業種によっ

て大きく異なる。たとえば、アボリジニへのサービスを提供する政府系または非政府系の組織では、アボリジニの視点に立ったサービスの提供が求められるため、地元出身のアボリジニの応募者が積極的に採用される傾向がある。しかし一方で、民間企業などでは、現在でも「アボリジニは仕事よりも親族関係の行事を優先する」、「アボリジニは時間や約束を守らない」等の偏見が根強く存在し、アボリジニの採用を躊躇する雇用主もいる。小売業や金融業へのアボリジニの就職率の低さの背景には、このような主流社会における差別や偏見の問題も関与していると考えられる。

表 2　2006 年の国勢調査に基づく南オーストラリア州主要都市におけるアボリジニの業種

（%）

業　界	先住民（3,090 人）	非先住民（494,067 人）
農業	0.5	0.7
鉱業	0.4	0.5
製造業	11.6	13.0
電気	0.4	1.0
建設	5.7	6.7
卸売業	2.8	4.0
小売業	8.8	12.1
宿泊・飲食業	6.5	5.8
運送	4.4	4.2
情報メディア・通信	1.7	1.8
金融	1.5	3.8
不動産業	1.4	1.5
科学技術サービス	3.0	6.2
行政サービス	4.5	3.4
行政・安全管理	14.0	7.1
教育・訓練	10.8	7.9
医療サービス・社会扶助	14.4	13.4
芸術・娯楽	1.8	1.3

出典：Australian Bureau of Statistics, Population Characteristics, Aboriginal and Torres Strait Islander Australians, South Australia 2006 より作成

五　家族構成

オーストラリア主流社会では一般的に、「アボリジニは大家族で暮らしている」という固定観念が浸透している。ゲールらの調査によると、一九八〇年の時点でアボリジニの一世帯あたりの平均構成員数は四・七人であり、一九七六年の国勢調査におけるアデレード全体の持ち家世帯あたりの平均構成員数、二・九六人と比べると、やはりその数が多いことがわかる。特に、世帯の構成員数は、民間の賃貸住宅や持ち家よりも公営住宅に居住する世帯の方が高いとされた。こうしたアボリジニ世帯の平均構成員数の多さの背景には、調査対象となったアボリジニ世帯に、都市に移住して間もない親族等が一時的に居候しているケースが含まれていたことが考えられる（Gale and Wundersitz 1982 : 62-64）。

世帯構造については、一九八〇年の時点で、ポート・アデレードにおける九四のアボリジニ世帯のうち、単一の家族の世帯が六四・八％、複数の家族を含む世帯が三五・二％を占めていた。家族の構成としては、一一二の家族単位のうち五〇％が一人親家族であり、その大多数が母子家庭であった。一方で、両親のいる核家族（事実婚を含む）の割合は四五・五％であった。さらに、両親のいる核家族の場合、その世帯主は、男女にかかわらず非アボリジニであることが多く、その六四・七％が、両親のいずれかが非アボリジニであると報告された（Gale and Wundersitz 1982 : 69-73）。

二〇〇六年の国勢調査によると、南オーストラリア州の主要都市における先住民の場合、一世帯あたりの平均構成員数は、一九八〇年時よりもさらに減少して三・二人であり、非先住民の場合（二・

五人）よりもわずかに多い程度である。また、世帯の過密度と公営住宅への居住率の相互関係をめぐるゲールの説に従うと、一九八〇年当時と比べて、現在の先住民の持ち家率が五・四％から一九・八％へと増加し、さらに政府住宅信託を通した公営の賃貸住宅への居住率が八四・六％から四七・二％に減少したことが過密度の低下につながっていると考えることができる（Australian Bureau of Statistics 2006）。

家族構成については、先住民の場合、単一の家族の世帯が七三・七％を占め、非先住民の場合（六七・二％）をわずかに上回っている（表3を参照）。このことから、現在では先住民の大半が核家族型の家族構成をとっていることがわかる。しかし、単一家族世帯のうち子供を扶養している一人親家族の割合は、先住民の場合二七・九％であるのに対し、非先住民の場合は七・一％である点に注意すべきである（Australian Bureau of Statistics 2006）。このことは、先住民の一人親家族の割合が依然として高く、それが先住民の経済的地位の低さをもたらす一因となっていることを暗示して

表3　2006年の国勢調査に基づく世帯構成
南オーストラリア州主要都市の場合

（%）

世帯のタイプ	先住民（5,507世帯）	非先住民（422,843世帯）
単一家族世帯		
子供を扶養している夫婦	22.9	23.2
子供を扶養している一人親家族	27.9	7.1
子供を扶養していない家族	22.8	36.8
単一家族世帯の合計	73.7	67.2
複数家族の世帯	2.8	0.7
グループの世帯	6.0	3.6
単身世帯	17.3	28.3
平均的な世帯規模	3.2（人）	2.5（人）
分類不可能な世帯	11（世帯）	12,990（世帯）

出典：Australian Bureau of Statistics, Population Characteristics, Aboriginal and Torres Strait Islander Australians , South Australia 2006 より作成

いる。

六　結婚

アデレードのアボリジニの結婚に関しては、その婚姻率の低さが指摘されてきた。一九八〇年の時点で、ポート・アデレードのアボリジニのうち、法的な結婚および事実婚の双方を含む婚姻関係にある人々の割合は一七・四％であったのに対し、ほぼ同時期における同地域の非アボリジニの婚姻率は四五・六％であったことからも、その低さは歴然としている。ゲールらの調査によると、婚姻率の低さは特に男性に顕著にみられ、一五歳以上のアボリジニのうち、結婚歴がなく、子供のいない人の割合は、女性の場合二七・八％であったのに対し、男性は五一・一％であった。そして、このような男女間の婚姻率の差をもたらす一つの要因として、アボリジニの女性と非アボリジニ男性との通婚の増加が挙げられた（Gale and Wundersitz 1982 : 29-32 ; Gale 1972 : 154）[5]。

アボリジニ女性と非アボリジニ男性との通婚は、アボリジニのアデレードへの移動が始まった当初からみられる現象であった。たとえば、一九四〇年代後半頃にはすでに、アデレードのアボリジニの間では、白人との結婚によって形質的に白人に近づくことが、社会経済的地位の向上につながり、結果として彼らの白人主流社会への同化を容易にするものであると一般的に考えられていた（Berndt and Berndt 1951 : 256）。このように非アボリジニとの通婚を志向する傾向は、ニューサウスウェールズ州をはじめとする他州においても報告されている（Fink 1957 ; Reay and Stiltington 1948）。

ゲールらの調査によると、婚姻関係または事実婚の関係にあるアボリジニ、七一人のパートナーとして、五二・一％がアボリジニ、四七・九％が非アボリジニであった。通婚の割合を男女別にみると、非アボリジニのパートナーをもつ男性は四〇％であるのに対し、女性は五三・七％であることから、男性よりも女性の方がその割合が高かったことがわかる（Gale and Wundersitz 1982 : 37）。

非アボリジニとの通婚の割合は、一九八〇年代以降増加傾向にある。ピーターソンらによると、一九八六年の国勢調査では、オーストラリア全土のアボリジニの非アボリジニとの通婚の割合は四六％であり、一九九六年にはその割合は六四％、二〇〇一年には六九％に増加している。また、その割合は都市部ほど高く、二〇〇一年の時点で、シドニーおよびメルボルンにおける通婚の割合は、ともに九一・二％であり、アデレードでは八六・一％であった。また通婚の男女差も徐々に縮小しつつあり、たとえば一九九六年のニューサウスウェールズ州西部のアボリジニの場合、非アボリジニとの通婚のうち四一％が、アボリジニの男性と非アボリジニの女性であった（Peterson and Taylor 2003 : 111-113）。

なお、筆者がアデレード北西部および北部郊外において既婚者（事実婚を含む）と離婚経験者五〇人を対象に行った調査によると、アボリジニ以外のパートナーをもつ人は三二人（六四％）であった。そのうちアボリジニの夫と非アボリジニの妻というケースが一三人（二六％）、非アボリジニの夫とアボリジニの妻のケースが一九人（三八％）であり、通婚の傾向は女性の間に強くみられた。さらに非アボリジニとの通婚の三二件のうち、パートナーがイギリス人やアイルランド人等のアングロ・ケルト系の白人である場合が二八人であり、その他は、イタリア人、マルタ人、マレーシア人、フィジー人であった。

七　家族形態と親族呼称

今日のアデレードにおけるアボリジニの家族形態は多様である。彼らの中には、アボリジニの家族とともに育った人々もいれば、白人や他のアボリジニの里親家庭のもとで育てられた人々、キリスト教会や政府が運営する施設で育った人々などもおり、親族との関わり方も個人によってかなりのばらつきがある。さらに、アボリジニの家族とともに育った場合、その家族形態は、必ずしもオーストラリア主流社会において標準的な核家族のみによって構成されるとは限らない。国勢調査の上では、アボリジニの大半が核家族型の家族構成をとっていることを先に指摘したが、実際にアボリジニの家族構成は固定的なものではなく、その時々の状況に応じて変動することが多い。それには、アボリジニの家族において、子育ての役割は必ずしも生物学上の両親が担うとは限らないことが関連している。そのため、親族のうち誰が子育てを行うかによって子供は複数の家の間を行き来することになる。

たとえば、エリザベス（二十歳、女性、アデレード生まれ）は、ウエスト・コースト出身の両親の間に生まれた。彼女は家庭の事情から、生まれて間もない頃から十五歳までウエスト・コーストのクーナバ・アボリジニ・コミュニティの里親家族のもとで育てられた。その後、アデレードに居住する母親とともに暮らしていたが、母親のパートナーと折り合いが悪かったために、ウエスト・コーストに住む叔母（母親の妹）の家に引っ越し、彼女に面倒をみてもらった。そしてその後もアデレードの母やそのパートナーと仲たがいするたびに、叔母の家に引っ越し、両家を頻繁に行き来していたという。

また、ダニエル（十九歳、男性、リバーランド出身）は、ウエスト・コースト出身の父とリバーランド（マレー川上流域）出身の母の間に生まれ、数年前にアデレードに引っ越すまではリバーランドで家族とともに暮らしていた。彼には、一人の兄と二人の姉妹がおり、リバーランドの実家では一つの家に一三人が暮らしていたという。家が常に過密状態であったために、彼は子供の頃からリバーランドの家族とアデレードで暮らす叔母（母の姉）の家を行き来し、叔母とは母と同じくらいの期間をともに生活してきた。

その他にも、アボリジニの間では、両親が何らかの事情で子供の面倒を十分にみることができない場合、代わりに祖父母が子供を育てるというパターンが一般的である。

そしてこのような家族関係のあり方は、彼らの用いる親族呼称に影響を与えている。白人による入植以前のガーナ社会では、母方の姉妹、父方の兄弟は、それぞれ「母」、「父」と呼ばれ、彼らの子供は「兄弟／姉妹」と呼ばれていた。現在、アデレードのアボリジニの間では、もはやこのような呼称が用いられることは稀であり、彼らの多くが、母親の姉妹や父親の兄弟のことを、「おじさん（uncle）」、「おばさん（auntie）」、またはそのファースト・ネームで呼び、その子供についてもファースト・ネームで呼ぶ。

たとえば、サンドラ（五三歳、女性、アデレード生まれ）は、ポイント・ピアス出身の父とウエスト・コースト出身の母の間に生まれ、アデレードで家族とともに育った。彼女は、母の姉妹や父親の兄弟の呼び方について次のように答えた。

「北部の人達は、今でも mother や father と呼ぶかもしれませんが、私は uncle や auntie と言いますね。また、uncle や auntie は血縁関係のない年上の人に対しても使われます。私のイトコは、敬意を示すために私のことをサンドラおばさん（auntie Sandra）と呼びます。」

しかし、アボリジニの中には、このように英語の親族呼称を用いながらも、母親の姉妹や父親の兄弟は実質的には母親や父親と同等の存在であると答えた人も多く、さらに少数ではあるが場合によっては、母の姉妹や父親の兄弟のことを、mother や father, そしてその子供のことを brother や sister と呼ぶ人もみられた。たとえば、先述のエリザベスは、自分の面倒をみてくれたポートリンカーンの母親の妹のことを auntie の代わりに mum と呼ぶこともあり、彼女の子供のことを brother や sister と呼ぶこともあるという。しかし彼女は、母親の姉妹全員を mum と呼ぶわけではなく、あまり自分の面倒をみてくれなかった別の姉妹のことは auntie と呼んでいる。

先述のダニエルも、かつて自分の面倒をみてくれたアデレードの母の姉のことを mum と呼び、彼女の子供を brother や sister と呼んでいたという。彼は、母の姉のことを auntie, 彼女の子供のことをファースト・ネームで呼ぶことはあっても、彼らは実質的には母親や兄弟姉妹と同じ役割を果たすという。彼はこの点について次のように述べている。

「彼女は母親のようなものです。それはもう一人の母のようなものです。彼女は、自分の娘や息子同然に私の面倒をみます。だから第一イトコも兄弟姉妹のようなもので、とても親しみを感じます。」

また、子供時代をキリスト教の施設で過ごした「盗まれた世代」の人々の間では、血縁関係にかかわらず、互いのことをmother, auntie, sisterと呼ぶこともある。たとえば、アデレードのキリスト教の施設、コールブルーク・ホームで育ったある五十代の女性は、現在でも、幼い頃自分の面倒をみてくれた、血縁関係のない年上のアボリジニの女性のことをファースト・ネームで呼ぶこともあれば、motherと呼ぶこともあると語っていた。

このように、現在アデレードのアボリジニの間で用いられる親族呼称は、表面上は、主流社会における英語の親族呼称と同じであった。しかし、mumに代表されるような呼称は、生物学的な母親のみを意味するわけではなく、そこには母親同然の社会的役割を果たした親族が含まれていた。すなわち、親族呼称の選択にあたっては、生物学的なつながりよりも親族内のある特定の社会的役割を演じているかという点が重要になってくるのである（cf. Macdonald 1998 : 305）[6]。以上から、今日のアボリジニ社会における親族呼称は、白人による入植以前のものから変容し、オーストラリア主流社会の英語の親族呼称を採用しているが、実際に親族内の人間関係やそれぞれのメンバーの果たす社会的役割は、「伝統的な」アボリジニ社会におけるそれと類似の性質を維持しているといえる。

小括

本章では、現在のアデレードのアボリジニの社会状況について、一九八〇年代との比較を通して概観した。現在においても、アデレードのアボリジニは非アボリジニよりも貧困によって社会経済的に排除されているという点で、彼らをめぐる状況は大きく変わっていないといえる。しかしながら、社会状況の諸側面を分析すると、約二〇年の間に、アボリジニ内部でのばらつきが生じていることがわかった。まず、アデレードにおけるアボリジニ人口の増加に伴い、彼らの居住地域および出身地域は一九八〇年代の頃よりも多様化した。特に、居住地域の拡大については、アボリジニ内部における社会経済的状況の格差の拡がりが関連していると思われる。アボリジニの中でも、社会福祉金で生活する人々、または未熟練労働者の場合、その居住地域はアデレード北部および北西部郊外といった低所得者層の多い地域に限定されがちであった。しかし、一九八〇年代以降、専門職につくミドルクラスのアボリジニが出現し、持ち家率が上昇すると、居住地の選択の範囲が広がり、アボリジニの居住地域にばらつきが生じた。

家族構成については、非アボリジニと比較して一人親家庭の割合が高いものの、一九八〇年代に比べて、核家族化や非アボリジニとの通婚がより一層進み、その家族形態は、非アボリジニのそれにますます近づいてきているといえる。このようなアボリジニ内部における社会経済的状況の多様化と生活面における非アボリジニとの境界の曖昧化は、彼らのアボリジニとしてのアイデンティティにいかなる影響を与えているのだろうか。次章では、アボリジニ・コミュニティにおいてアボリジニであることがどのように認識されているかを見ていく。

1 北部準州は、一八六三年から一九一一年にかけて南オーストラリア州の管轄下にあり、それがアデレードにおける子供の受け入れ数の多さの一因であると考えられる。

2 この割合の中には、アデレードでの居住年数が五年以内の北部準州出身者が含まれ、病院での治療や学校教育を受けるために一時的にアデレードにやってきた訪問者は含まれていない。

3 National Employment Strategy for Aborigines の略。職業前訓練のコースを受講するアボリジニを対象に教育省から支給される奨学金。

4 南オーストラリア州では、早くも一九七〇年代から労働党政権の下、州政府の各省に占めるアボリジニの割合を最低一％確保するという政策が採用されている（Mattingley 1992 : 59）。

5 その他の要因として、調査ではホステルや病院、刑務所等の施設に居住する男性が排除されたこと、都市では男性よりも女性の方が結婚や住宅に関してより多くの機会に恵まれること、「ホームレス」の男性はアデレード市内にアボリジニの親族をもつものの、家族との間に緩やかな関係しかもたず、様々な世帯を転々としていたために浮動人口とされていたことなどが挙げられている（Gale and Wundersitz 1982 : 24-26）。

6 たとえば、ニューサウスウェールズ州のウィラジュリ（Wiradjuri）集団の親族関係に関する研究を行ったマクドナルドによると、母親の兄弟とその妻に育てられたウィラジュリの男性は、母親から金銭をせがまれたところ、彼女が母親としての役割を果たしていなかったことを理由に、その要求を断ったという。さらに、彼は、自分のことを育てた母親の兄弟の妻のことを mum と呼ぶものの、生みの母親のことはファースト・ネームか mother と呼ぶのみであったことが報告されている（Macdonald 1998 : 305）。

第四章　アデレードのアボリジニ・コミュニティと曖昧化するアイデンティティ

現在、都市のアボリジニ社会において、アボリジニとは誰のことを指すのかは一大問題となっている。第二章で述べたように、歴史的にアボリジニの範疇は、政策や国勢調査において規定されてきた。その範囲は時代ごとに主流社会の都合に応じて変化し、一貫性を欠くものであったが、誰がアボリジニであるかについての暫定的な指標となっていた。しかし一九七〇年代以降、アボリジニであるかどうかが自己申告制となり、アボリジニのための優遇政策が実施されると、それまで白人として生きてきたにもかかわらず、新たにアボリジニと自己同定する人々が現れた。そこで「本当の」アボリジニとは誰かが問題となったのである。本章ではまず、現在の政府組織およびアデレードのアボリジニ・コミュニティ内の組織において、アボリジニであることの基準がどのように認識されているのかを分析する。そして、組織レベルでの基準が個人レベルでの自己認識との間にいかなる齟齬をもたらすのかを、「盗まれた世代」の人々の人生経験をもとに検討する。それにより、現在のアデレードのアボリジニにとって、アボリジニであることが何を意味するかを明らかにしたい。

一　アボリジニ・コミュニティの実態

第三章で述べたように、アデレードのアボリジニは、住宅分散政策によって、一つの地域に集住することなく、市内全域に分散して居住してきた。しかしながら、このような居住地の分散は必ずしもアボリジニ同士のつながりを分断したわけではなかった。アボリジニを対象とした住宅をはじめとする低所得者層のための公営住宅は、アデレード北西部および北部郊外に比較的集中して建設された。そのため、これらの地域では自然とアボリジニ人口の割合が相対的に高くなったのである。さらに、アボリジニの側も同じリザーブ出身の親族の近隣に居住し、同胞者同士の社会的ネットワークを維持しようとした。こうした傾向は、アデレードへの居住期間が相対的に長いアボリジニの間で顕著にみられ、たとえば、一九八〇年代の時点でアデレードに一〇年以上居住していた十五歳以上のアボリジニ一三四人のうち、約七〇%が親族の居住する家から五キロメートル圏内で生活していた（Gale and Wundersitz 1982 : 77-79）。

一九七〇年代には、彼らの社会的ネットワークは親族レベルを越えて、組織レベルまで拡大された。アデレードへ移住して間もない頃、移住者の多くは、劣悪な住宅環境や雇用、教育の場における差別などの様々な問題に直面していた。当時アデレードには、アボリジニの生活支援を行う政府機関が存在していたが、多くのアボリジニは、政府が提供するサービスが不十分であることや、サービスへのアクセスの困難さなどに不満を覚えていた（Pierson 1977a : 50）。そこで、こうした問題に対処するための自助組織や任意団体が州南部のリザーブ出身者同士で設立されたのである。
その中でも代表的なものは、アボリジニの発展を目指す団体（Aborigines' Progress Association）と南オーストラリア・アボリジニ女性評議会（Council of Aboriginal Women of South Australia）であった。これらの組織は、アデレードのアボリジニが交流する場を提供するとともに、食料、衣類、金銭的な援助など日常的な支援サービスから、アボリジニの土地権問題や主流社会での差別等の問題への取り組みに至るまで、広範囲にわたる支援を行っていた。それは、都市生活への適応を容易にすると同時に、主流社会から疎外されたアボリジニが団結して様々な困難を乗り越えるための精神的紐帯を醸成するなど重要な役割を果たしていた（Pierson 1977a: 52-55; 1977b: 320-321）。

現在、前記の二つの組織はもはや存在せず、そのような自助組織に代わって、アデレードにはアボリジニを対象に住宅、医療、福祉、法律、教育など広範囲のサービスを提供する約四〇の政府系組織がある。[1] これらの政府系組織は、地方自治体から派遣された白人のマネージャーの下で、常勤または非常勤のアボリジニの職員が働くというパターンが大半を占める。各組織において政府に雇われているアボリジニの職員は、その大半がある特定の家族出身者のみで占められるという場合も珍しくなく、「身内びいき」が問題となることもある。

また、政府系組織に加えて、アデレード北部および北西部郊外には、地元のアボリジニを支援するための様々な非政府組織が存在する。たとえば、アデレードのアボリジニ人口の約二〇％が居住する北西部郊外（ポート・アデレード、エンフィールド市）で地元のアボリジニの人々によく知られた組織として、クラ・イェルロ・カウンシル（Kura Yerlo Council）[2] が挙げられる。クラ・イェルロ・カウンシルは、地元のアボリジニ・コミュニティによって運営される組織であり、北西部郊外のアボリジニへのサービスを提供すると同時に、アボリジニが集まる場を提供することを主な目的として一九八〇年代後半に設立された。現在この組織が使用している建物は、二十世紀初頭にセント・ジョセフ教会のシスターによって設立された孤児院であったが、一九八〇年代前半に、コミュニティと教会の間で賃借契約が結ばれて以来、住宅、雇用、教育などの多岐にわたる支援を与えるコミュニティ・センターとして利用されている。

現在、この組織は、運営資金の大部分を州政府からの資金でまかなっている。最高経営責任者（CEO）は、アボリジニの夫を持つ白人女性であり、理事会のメンバーは、アデレード北西部郊外に居住するアボリジニの代表者八人からなる。[3] 職員は、常勤、非常勤を合わせて三八人（うち五％がアボリジニ）であり、さらに一五人のボランティア（うち五〇％がアボリジニ）が働いている。同組織では、アボリジニの子供のための保育サービスや、アボリジニの若者とその家族のための娯楽サービス（たとえばバーベキュー大会、ゲーム大会、スポーツ大会など）、老人向けのサービス（たとえば、美術工芸教室、カラオケ大会など）が提供されている。また、これらのサービスは本来アボリジニのみを対象としたものであったが、近年では希望があれば同じコミュニティ内の非アボリジニもサービスを利用できることになっている。現在、保育所に預けられているアボリジニの子供は約二〇名であり、若者とその家族を対象としたイベントには、多いときで八〇名近くの人々が参加する。

アデレードの北西部郊外に居住するアボリジニが集まるもう一つの場として、アボリジニ・コミュニティ・カレッジ（Tカレッジ）がある。Tカレッジは、アボリジニに職業能力獲得の場を提供し、就職率を向上させることを目的に、一九七三年に設立されたアボリジニのための学校である。Tカレッジは、政府からの財政援助を受けながらも、アボリジニの理事長を筆頭にアボリジニ自身が管理・運営を行うアボリジニ組織である。Tカレッジには、ビジネス、社会奉仕、接客、園芸、ITコースなどがあり、二〇〇八年九月の時点で全校生徒は約一五〇人であった。学生の大半は、アデレード北部または北部郊外に居住し、出身地域集団は、ガーナ、ンガリンジェリ、ナーランガ、コカタや、他州出身者など多様である。理事長、事務員、教員を含む職員は合計三七人であり、うち七人がアボリジニであった。

学生の年齢は、十代後半から七十代に至るまで様々である。そのうち、十代後半から二十代の学生の大半は、Tカレッジで就職に必要な資格を取得後、すぐに就職するか、または主流社会の専門学校（TAFE）や大学等に進学する。若い世代の学生は、数年間でコースを修了した後、カレッジを去っていく傾向があるのに対し、年長の学生の中には、他のアボリジニとの交流や気晴らしを目的に、何年にもわたってカレッジに在籍する人も多い。たとえば、南オーストラリア州西海岸、ウエスト・コースト出身のある六十代の女性は、約七年間Tカレッジに通い続け、パソコンの勉強をしている。彼女は、アデレードの北西部郊外で一人暮らしをしており、日常生活において買い物などでウエスト・コーストのアボリジニの友人に会えば話をするものの、自分の家に訪ねてくる人はほとんどいないという。そのため、彼女にとってTカレッジは他のアボリジニと交流できる唯一の場である。

また、ポイント・ピアス出身の七十代の男性は、一九七〇年代にアデレードに移住して以来、約三〇年間Tカレッジに通い続け、その間園芸コースを受講することもあれば、パートタイムで雑務をこなすこともあった。彼は現在、アデレード北西部郊外で一人暮らしをし、家には週末に別の家で暮らす妻が訪ねてくるくらいである。七十代の彼はもはやアボリジニのための奨学金を受けることができないため、コースは受講していないが、週に数回Tカレッジに来て、テレビを見ては他のアボリジニとの会話を楽しんでいる。

このようにTカレッジは、設立当初から職業訓練のための学校であると同時に、地元のアボリジニが集まり、交流する場を提供するという役割を果たしてきた。そのため、現在でも月に一、二回程度、バーベキュー大会やアボリジニの健康増進を目的としたイベントなどが開催され、イベントには学生とその家族だけでなく、地元に住むアボリジニも参加できるようになっている。たとえば、アボリジニ健康増進週間（Aboriginal health week）に催されたイベントでは、社会奉仕コースの学生が中心となり、酒、タバコ、薬物が健康に与える影響についてのクイズやゲームが行われた後、参加者全員に野菜や果物を中心とする健康的な食事が振る舞われた。このイベントには、約八〇人が参加し、参加者の中にはこのイベントを通して親族や友人と話をするために、アデレードから約二〇〇キロメートル離れたポイント・ピアス・コミュニティから訪ねて来る人もいた。

しかし一方で、一九七〇年代からTカレッジに通い続けている人々の話によると、一九七〇年代から一九八〇年代にかけて、カレッジには現在の二倍の約三〇〇人の学生が通い、現在よりも活気があったという。また当時は、現在のように直接就職に結びつく実践的なコースだけでなく、アボリジニ芸術やアボリジニ文化学習など、文化に関するコースも設けられ、大人から子供まで無償でこれらのコースの受講が可能であった。しかしながら、近年Tカレッジは財政状況が厳しく、就職率の向上

写真１　NAIDOC 週間での先住民の行進（筆者撮影）

に直接結びつきにくいアボリジニ芸術をはじめとする複数のコースが閉鎖され、出席率が低い学生や学費を納めない学生は容赦なく退学処分にされるようになった。そのため学生の数が激減したのである。Tカレッジは、アボリジニ自らが運営する組織であるが、資金の大半を政府からの援助に依存しているため、その運営方針や授業内容に関して政府からの要請を完全には無視できない状況にあるといえる。

上述したように、アボリジニによる自助組織の大半が政府系および非政府系の組織に取って代わったこともあり、現在アデレードのアボリジニが集まり、交流する場は、謝罪の日（Sorry Day）[4]やＮＡＩＤＯＣ（National Aboriginal and Islanders Day Observance Committee）週間[5]等に市内で行われるアボリジニ関連のイベントに限られている。その他には、冠婚葬祭や誕生日パーティーなどに家族ごとに集まる程度である。アデレードに約五十年間住んでいるある七十代のアボリジニ女性は、アボリジニの権利回復運動が盛んであった頃は、ガーナの長老を中心にアデレードのアボリジニはＮＡＩＤＯＣ週間の行進に参加するなど皆団結していたと振り返る。しかし、政府がアボリジニのための様々な福祉給付金を提供するようになって以来、若い世代は給付金に依存し、そのような運動を引き継がなかったために、アボリジニ同士の連帯は弱まっているという。そして現在では、政府資金をめぐって各家族は競合関係にあり、家族間で対立が生じやすい状況にあると語ってくれた。

また、今日のアボリジニ・コミュニティにおける人々の交流の度合いは、出身地域によっても異なる。たとえば、ラウカン（ポイント・マクレイ）リザーブ出身者をはじめとする州南部のリザーブ出身者およびその子孫は、互いに頻繁に会うことはなくても、それぞれの親族がどこに住んでいるかなどをある程度把握している。彼らは町などで会えば挨拶を交わし、互いの近況を報告し合う。

たとえば、アデレード北西部郊外のタペルーに二〇年以上居住するラウカン出身の四十代のアボリジニ女性、マーガレットは同地区に居住し、日常的に会う友人や知り合いのアボリジニを約二〇名挙げ、彼らの家の位置を地図上に印づけることができた（第六章で詳述）。その中には、ラウカン出身のンガリンジェリに加え、ナーランガ、ガーナなど、さまざまな地域集団の出身者が含まれ、初等学校時代から付き合いのある友人も多くいた。マーガレットによると、かつてンガリンジェリの間では「ヌンガ・ライン」と呼ばれる連絡方法があり、それは一人のヌンガに何かを伝えれば、即座にヌンガ全体に広がるという彼ら独自の連絡方法であった。現在では、直接の対面による情報交換に加えて、インターネットのソーシャル・ネットワーキング・サイト、フェイスブックへの書き込みを通して、アデレードのみならず、他州や海外等の遠方に居住する同胞者とのやり取りが行われることもある。フェイスブックの掲示板では、日々の出来事に加え、親族の誕生日、結婚、出産や葬式に関する情報、さらにンガリンジェリの故郷であるラウカンでの記念祭等の行事についての情報が書き込まれ、それに対するコメントが親族や友人から寄せられる。

しかし、フェイスブック上での同胞者とのやりとりが盛んである現在でも、対面による連絡方法としての「ヌンガ・ライン」の重要性が減じられたわけではない。フェイスブックの掲示板では、同胞者の噂話や悪口が書き込まれることもあり、そのような書き込みが原因で、同胞者同士や時には親族同士で実際のけんかが生じるというケースもある。たとえば、先述のマーガレットの友人がフェイスブックに同じラウカン出身の知人の悪口を書き込んだところ、人づてにそのことを知った知人が彼女の家まで怒鳴り込んできたことがあったという。このように、インターネットを通したつながりは、あくまでも対面上のつながりを補足するものとしての役割を果たすに過ぎない。現在、アデレードのアボリジニが「アボリジニ・コミュニティ」と言う場合、それは必ずしも地理的なコミュニティを指すとは限らず、親族関係やアボリジニ組織での活動を通してつながった社会的ネットワークを意味しているのである。

アデレードのアボリジニ・コミュニティにおいて多数派を占めるのは、ラウカンやポイント・ピアスの州南部のリザーブ出身者であり、本書が主に対象とするのはこれらの人々である。しかし一方で、アデレードには、その他にも様々な地域出身の多様な文化的背景をもつ人々が暮らしており、その状況は非常に複雑で錯綜している。州南部のリザーブ出身者以外の人々は主に三つのグループに分類でき、彼らは一般的にアボリジニ・コミュニティの中で周縁に置かれている。一つ目は、南オーストラリア州北部または北西部の砂漠地帯の出身者や北部準州をはじめとする他州出身者である。第三章で述べた通り、一九五〇年代にはアデレードに居住していた北部準州出身者の多くが、同化政策の下で白人里親家庭やキリスト教施設へと非自発的に移住させられた人々であり、その中には「盗まれた世代」も含まれていた。彼らの大半はアデレードに親族をもたなかったため、移住当初から州南部出身者が多数派のアボリジニ・コミュニティの中で孤立していたようである。当時、州南部出身者は、州西部のポート・オーガスタと呼ばれる地方町以北の集団を「北部の人々（northerners）」と呼んでいた。「北部の人々」は州南部出身者との間に親族的・社会的つながりをもたなかったこと、さらに彼らの多くが看護師や学校教師などの専門職に就き、社会生活においてアボリジニよりも白人と接触する機会の方が多かったために、「部外者（outsiders）」として扱われたのである。州南部出身者は一般的に「北部の人々」に対し無関心であり、両者間の社会的接触はほとんどなかったといわれている（Inglis 1961 : 204）。

現在、アデレードには北部出身者の第二世代、第三世代が暮らしているが、彼らの州南部出身者との関わり方や経験には個人差がある。彼らの中には、学校やアボリジニ組織での活動等を通して、南部出身者との間に交友関係を築いた者もいる。たとえば、白人の父親とアボリジニの母親をもつ北部準州、アリススプリングス出身の男性（二十代）は、初等学校の頃から母とともに当時アデレードに住んでいた母方の叔母のもとを訪ね、アリススプリングスとアデレードの間を頻繁に行き来してきた。彼は中等学校の頃に母とともにアデレードに移住し、しばらくの間叔母の家で生活していたが、先述のTカレッジに進学した後は、アボリジニのためのホステルで一人暮らしをしている。一時期アデレードの初等学校に通っていたこともあり、その間にできた南部出身のアボリジニとは現在でも交友関係が続いている。彼は、アデレード出身のアボリジニの中には他州出身者を歓迎しない者も少数いるが、学校やホステルで出会った人々の大半は、彼のことを受け入れてくれたと語っていた。

しかし一方で、同じ北部出身者の中には異なるグループがあり、彼らの多くは南部出身者と日常的に接触する機会が非常に限られている。これが二つ目のグループであり、その一例として、南オーストラリア州北西部の砂漠地帯のピチャンチャチャラ／ヤクンチャチャラ出身者（以下アナング（Anangu））が挙げられる。アナングのアデレードへの本格的な移住は一九九〇年代から二〇〇〇年以降に始まる。彼らの主な移動要因は、アデレードで透析治療をはじめとする医療サービスを受けることであった。エドワーズによると、現在アデレードにおけるアナングの人口は、一時滞在者や放浪者の数を含めると、一五〇人を超える（Edwards 2009 : 7）。

彼らは、南部出身者と同様にアデレード北西部または北部郊外の家賃の安い住宅に居住する傾向が強い。これらの地域には少数ではあるが、遠隔地域出身のアボリジニの生活を支援する組織が存在する。たとえば、北西部郊外にあるアボリジニ・アート・ギャラリー[6]では、白人の最高責任者の下で十数人のアナングが商業用の絵画の制作にあたっている。彼らの大半はほとんど英語を解さないため、アデレードにおけるアボリジニのためのサービスを利用できないなど、都市での生活のあらゆる面で様々な不都合を経験することになる。[7]そのため、同ギャラリーの職員が彼らの生活を全面的に支援している。また、人々は同ギャラリーが開催する行事等で、南部出身者と交流する機会はあるものの、言葉の問題などもあり、彼らとの付き合いは非常に限られている。たとえば、アデレードに移住して三年のワタルー・コミュニティ出身の五十代の女性は、現在アデレード北西部郊外に同じピチャンチャチャラ出身のパートナーと友人、三人で暮らしている。彼女は日常生活においてピチャンチャチャラ出身のアボリジニ以外と交わることはほとんどなく、同ギャラリー以外のアボリジニ組織のサービスも利用したことがないと話していた。

現在でも、南部出身者は一般的に、自分達と親族関係を持たない中央砂漠地帯や北部準州等の遠隔地出身の人々を一括して「伝統的な人たち（traditional people）」と呼び、自らと差異化する。彼らが「伝統的な人たち」に対してもつまなざしは、後者が成人儀礼を受け、神秘的な力を持っているという想定から来る恐れと、独自の言語を話し、狩猟をはじめとする伝統的な生活様式を有していることへの敬意が入り混じったものである（松山 二〇〇六：六三―六四、Schwab 1988 : 91-92）。特に、「伝統的な人たち」への敬意は、一九八〇年代に、州南部出身者によって行われた文化復興運動において、「伝統的な」文化が文化の再構築にあたっての重要な参照点となったことにも表れている（第五章で詳述）。「伝統的な人たち」への恐れは、たとえば、アデレード北部郊外にあるアボリジニ信者の割合の高い教会にアナングのアボリジニが礼拝に訪れ始めると、南部出身者の数が減少したことに顕著に表れている。

一方で、「伝統的な人たち」の側にも、依然として自らがアデレードのアボリジニの中で「よそ者」であることを自覚し、政治的場面などでアデレードのアボリジニを代表して語ることに慎重な人々もいた。こうした考えは、ＮＡＩＤＯＣ週間にアデレード市内中心部で行われたアボリジニの行進において表面化していた。南部出身のアボリジニの団体が「ガーナ」や「ンガリンジェリ」と書かれたプラカードを持って道路の真ん中を行進する一方で、少数の北部準州出身のアボリジニは、団体に入ることなく、そこから距離を置いた道路沿いを行進していたのである。これは、彼らの「内部者(insiders)」に対する敬意や遠慮の表れと捉えることができ、両者の間には依然として精神的距離が保たれていることが窺える。

アボリジニ・コミュニティにおいて周縁に置かれた三つ目のグループとして、かつて出身リザーブとのつながりを有していたが、そのつながりを断つことを選択した人々が挙げられる。彼らは「北部の人々」と並んで、州南部のアボリジニによって「部外者」の範疇に入れられていた。彼らの多くは膚の色が白く、何らかの形で「内部者」との間の接触を維持していない限り、町で他のアボリジニによって容易に見つけられることはなかった。また、見つけられたとしても、彼らはアボリジニと関わることを拒み、次第に誰も食料や宿を求めて彼らを訪ねることはなくなった。こうした人々への州南部出身者の対応は様々であった。ポイント・ピアスおよびラウカン出身者は、白人や他の人種になりすますという決断は、アボリジニの人種的劣等性を認めるものであるとし、彼らに対して強い憤りを覚えていた。一方で、アボリジニとの関係を断った人々の側も、アボリジニをだらしなく、酒飲みで、自立していないとみなしていた。彼らは、成功は個人の決意と努力によって達成されるものと考え、「内部者」と共通の過去を有するものの、彼らと運命をともにしようとは考えなかったのである(Inglis 1961 : 204-205)。しかし次節で述べるように、近年、彼らの中にはアボリジニのための社会福祉サービスを受けるためなど様々な理由で、新たにアボリジニであると自己同定する人々が出現し、それまで一貫してアボリジニとして生きてきた南部出身者との間に緊張関係が生じている。

現在でも、アデレードのアボリジニの中には、アボリジニとしての出自を隠し、非アボリジニになりすます人々がいる。たとえば、筆者が一時期訪問していた州立のW学校（第五章で詳述）の生徒の中には、学校に報告された出自上のカテゴリーには「アボリジニ」と記されていたにもかかわらず、本人がアボリジニであることを拒否した生徒が数人いた。彼らのほとんどが、白人と見分けがつきにくい外見をしており、彼らは白人として、ヨーロッパ系出自の子供たちとともに行動する傾向にあった。学校教育に携わるアボリジニの教員や活動家によると、この背景には、親が子供にアボリジニであることを理由に不当な差別を受けさせたくないという理由から、アボリジニであることを隠すように教えているという事情があった。そして、こうした子供たちの多くは、自分がアボリジニであることを恥じ、「顔を上げて歩くことができない」のである。しかし、白人になりすまして生きていたとしても、アボリジニ・コミュニティの中では、「あの人は本当はアボリジニのくせに」と陰口を叩かれることもある。また、非アボリジニであると偽って生きてきた人々が、アボリジニのための奨学金等の社会福祉金を得るために、自らがアボリジニであると新たに主張し始めた場合、アボリジニ・コミュニティからのさらなる非難に晒されることになる。

以上から、アデレードのアボリジニ・コミュニティは、州南部のリザーブ出身者を中心に、白人里親家庭やキリスト教施設で育てられ、高等教育を受けた「北部の人々」、近年アデレードに移住してきた「伝統的な人たち」、出身リザーブとのつながりを断った人々からなり、アボリジニとしてのアイデンティティは一枚岩ではなく、複合的かつ多層的であることがわかる。それに加えて、アデレードのアボリジニは、オーストラリア主流社会において日常的に非アボリジニとも接触し、そのことが彼らのアイデンティティを一層複雑にしている。次節ではそのような社会状況の下で生じた新たなアイデンティティの問題について論じる。

二　組織レベルでの基準

現在アデレードで、誰がアボリジニの一員であるかをめぐる問題は、アボリジニを対象とした社会福祉サービスの利用申請時に顕在化する。オーストラリアでは、アボリジニのための住宅供給サービスや奨学金（ABSTUDY）[8]の利用を希望する際、アボリジニであることの証明書（アボリジニ証明書）の提出が求められる。その背景には、都市のアボリジニの中に外見上、白人と見分けのつきにくい人々がいることを利用し、アボリジニであると偽ってサービスを受けようとする非アボリジニが存在するという事情がある。政府機関に提出するアボリジニ証明書では、通常以下の三点を表明することが求められる。

一　アボリジニまたはトレス海峡島嶼民の子孫であること
二　アボリジニまたはトレス海峡島嶼民であることを自認していること
三　現在住んでいる、または過去に住んでいたコミュニティによってそのように受け入れられていることこれらは国勢調査における先住民の定義に沿ったものであり、現在では三番目のコミュニティからの承認が最も重視されている。では実際に、これらの基準はアデレードの政府組織およびアボリジニ・コミュニティ内の組織でどのように受け止められているのだろうか。以下では、アボリジニであることの判断の基準とプロセスの具体例として、アボリジニを対象とした住宅サービスを提供する南オーストラリア州政府機関、ハウジングSAと、アボリジニ組織である先述のTカレッジの事例を挙げ、政府機関とアボリジニ組織で採用される判断基準を比較する。

政府機関の事例

ハウジングSAは、南オーストラリア州政府、家族・コミュニティ省（Department for Families and Communities）の統轄下にある政府機関である。ハウジングSAが提供するアボリジニ住宅サービス（Aboriginal Housing Services：以下AHS）は、南オーストラリア州において、アボリジニが住宅、健康、教育面で依然として最も不利な立場にあるという認識の下、地域社会の住宅供給業者と連携して、彼らに安価な賃貸住宅を斡旋することを目的としている。政府職員によると、AHSが提供するアボリジニの賃貸住宅の数は、一般の低所得者層を対象とした公営住宅に比べて非常に限られているにもかかわらず[9]、以前AHSの物件に白人が応募し、実際に彼らに住宅が供給されてしまったケースが数件あったという。そのため、現在では全ての応募者に、住宅申請書、所得証明書、身元証明書に加えて、アボリジニ証明書の提出を義務づけている[10]。職員は、これらの書類をもとに、社会的要因、医療上の問題、文化的要因、財政的要因の四つの観点から、応募者を緊急度の高い順に三つのカテゴリーへと分類することになっている。

アボリジニ証明書には、上述の三つの基準を満たしていることに加え、出身コミュニティ名または言語集団名、さらに「家族の詳細」として両親の祖父母の代までの氏名を記入する欄が設けられている。また、応募者は出身コミュニティの認定組織[11]からアボリジニ証明書を入手し、それに公印を添えてもらわなければならない。応募者が他州出身の場合には、基本的に出身コミュニティまで出向く必要がある。コミュニティの認定組織は、アボリジニやトレス海峡島嶼民によって構成され、最も信憑性が高いため、ハウジングSAでは認定組織の公印があるか否かが応募者のアボリジナリティを判断するうえで最も重視されている。

筆者が聞き取り調査を行ったハウジングSAのアボリジニの男性職員によると、認定組織でのアボリジナリティの判断基準は、先述の三つの要素を基礎とするものの、実際にその基準の厳しさをめぐっては組織間でばらつきがあるということである。具体的には、ある組織では先住民出自を有していれば比較的容易にアボリジニ証明書が発行されるのに対し、別の組織では認定組織のメンバーに知られていなければ発行されないこともある。しかしハウジングSAや多くの認定組織では、アボリジニの中でも過去の親子強制隔離政策によって親元から引き離された「盗まれた世代」の人々の場合、出身コミュニティとのつながりの証明が困難であることを配慮し、応募者が祖父母や曾祖父母の代まで系譜を辿らなくてすむようプロセスの簡素化が進められている。ハウジングSAでは、このような人々に「盗まれた世代」の肉親探しや家族との再会を支援する政府系サービス（リンクアップ・サービス)[12]を紹介している。この男性職員の話では、同サービスを利用すれば大抵は証明書を入手でき、これまで「盗まれた世代」であるという理由で家を獲得できなかったケースは稀であるという。

このように政府機関では、アボリジナリティの判断にあたって、出身コミュニティの認定組織の公印さえあれば十分であるとされ、出身コミュニティとのつながりの証明が難しい人々への配慮が窺えた。さらにこの男性職員は、アボリジニ証明書の目的は、あくまでもアボリジニであると偽る人々を排除することであり、応募者のアボリジナリティ自体を疑うことではないと強調した。

アボリジニ組織の事例

次に、アボリジニ組織におけるアボリジナリティの判断の基準を紹介する。先に述べた通り、アデレード北西部郊外にあるアボリジニ・コミュニティ・カレッジ、Tカレッジは、現在アデレードのアボリジニが集まり、交流できる数少ない場所の一つである。このカレッジの入学資格は、アボリジニであることが必須条件となっている。入学出願時におけるアボリジニ証明書の提出は強制ではないが、入学担当課の職員が出願者のアボリジナリティに疑いを持った場合に提出が求められることがある。

たとえば、入学担当課のある女性職員は、「つい最近になって自分がアボリジニであることを知った」あるいは「私の祖母または曾祖母がアボリジニであった」と言う出願者は、実際に自分の親族関係や出身コミュニティさえも把握していないことが多いため、アボリジニ証明書の提出を求めると話してくれた。彼女は、仮に出願者が「盗まれた世代」や白人里親家庭のもとで育てられた人々など、アボリジニであることの証明が難しい場合でも、あらゆる手段を使って自分の出自を調べる努力をすることが重要であると語った。

アボリジニ証明書の提出を求められた場合、出願者はやはり政府が定めた三つの基準を満たしていることを証明する証明書を認定組織に発行してもらう必要がある。さらに、出願者がTカレッジの常任理事のメンバーに知られてない場合、アデレードのアボリジニ・コミュニティの中で承認されたメンバー、あるいは出身コミュニティのアボリジニ個人からの承認の手紙など、アボリジニであることの裏付けとなる証拠の添付が求められることもある。以上から、制度的な受け入れの基準という点では、政府組織とアボリジニ組織とで大差はないことがわかる。

しかし、Tカレッジでは上記の制度的な受け入れの基準に加えて、個人レベルで出願者のアボリジナリティが判断される場合もある。たとえば、先述の入学担当課の女性職員は、学生がアボリジニであるかどうかを見分けるための独自の方法を二つ挙げてくれた。一つは、彼らの両親の家族名から判断する方法である。彼女は、南オーストラリアにおける大半のアボリジニの家族名[13]を把握しているため、彼女がその家族を知っていれば、アボリジナリティを判断するのに十分であると語った。もう一つの方法は、他の学生からの苦情である。たとえば、ある学生の出身コミュニティと年齢が分かっている場合、他の学生から「もし彼女がそこで生まれたなら、私が知っているはずよ。なぜなら彼女は私と同じ年だから。」というようにクレームがつけられることがある。

その他にも、Tカレッジで学ぶ多くのアボリジニの間では、相手がアボリジニであるかどうかを確認する独自の方法が共有されていた。アボリジニの間では、初対面の者同士が会うと必ず互いの親族的なつながりが確認される。六〇代のある男性は、アボリジニ同士の親族関係の確認方法について以下のように語った。

「二人のアボリジニが初めて会うと、最初に聞くことは、「あなたはどこ出身ですか」ということです。そしてそれは、今あなたがどこに住んでいるのかということではなくて、あなたの祖先の土地はどこかという意味です。あなたが誰と親族関係にあるかということです。それから、親族についての長い会話が始まります。そして、二人の間に共通の親族がいるかどうかを探って親族的つながりを確かめようとします。「～と結婚した～おばさんを知っていますか？」というふうに。そうすると互いの関係、たとえばイトコや叔父叔母の関係が見つかるわけです。」

また、アボリジニとそうでない人を見分ける方法はあるのかという筆者の質問に、五十代の男性S氏は次のように答えた。

「そういった人々はコミュニティの人に知られていません。アボリジニであるためには、膚の色が黒い必要はありませんが、今日ではコミュニティの中で知られていて、そこの人々と関係を維持していて、コミュニティの活動に参加していなければなりません。ある人がやってきて、アボリジニの家を手に入れようとしても、コミュニティの人が誰も彼のことを知らなければ証明書に署名することができません。たとえ彼がアボリジニのように見えたとしてもです。というのも、彼はこのコミュニティの人々と交わっておらず、誰も彼のことを知らないからです。アボリジニであるということは、アボリジニのコミュニティの一員であるということです。そしてなぜ今になってアボリジニ・コミュニティに加わりたいのかということです。なぜアボリジニであることが大変であった時代にここにいて、人々と助け合わなかったのかということです。つまりこういうことです。あなたがアボリジニであってもそうでなくても、二〇年前にあなたは私たちのコミュニティの一員ではないと決めたのですから。」

州南部出身のこの男性は、これまでアボリジニの社会的地位の改善をめざす様々な運動に関わり、アボリジニ・コミュニティのために貢献してきた自分こそが「草の根のアボリジニ（grass-roots Aborigine）」であると言い、最近になってアボリジニであると自己同定し始めた人々を以下のように非難した。

「最近では、アボリジニであればお金を得ることができ、そのお金で子供たちを学校に行かせることができるようになりました。そのためアボリジニの数は急増しました。それに対して私は憤りを覚えます。それは本当のアボリジニ（real Aboriginal）が色々な問題を解決するためのお金でした。お金がもらえるようになる前は、差別を受けないようにするために、アボリジニであることを隠し、否定する人々がいました。特に膚が白い場合、彼らは自分達のことをマオリやスペイン人であると偽っていました。そしてお金がもらえるようになると、突然アボリジニになったのです。それは簡単に得られるお金だったので、そのボートに飛び乗ったのだと思います。」

この男性の考えでは、アボリジニであると新たに自己同定した人が仮にアボリジニの出自を有していたとしても、アボリジニが差別を受け、困窮生活を送っていた時代に、コミュニティの人々と助け合った経験がなければ、「本当の」アボリジニとはみなされないということである。すなわち、アボリジニであることの承認を得るためには、単にアボリジニの出自を有するだけでは不十分であり、実際に同じ出身地域集団の親族ネットワークにおいて顔の見える関係が確認でき、かつコミュニティの人々との社会関係を現在でも維持しているかどうかが重要になるということである。

しかし、上記に挙げた個人的な判断基準によってアボリジニであることに疑義を付された人が、すぐさまアボリジニ・コミュニティから排除されるわけではないということに注意すべきである。たとえば、先述のS氏は、Tカレッジにおいて彼がアボリジニの一員ではないとみなす人々を陰で非難するものの、彼らに対してあからさまに批判的な態度をとることはなかった。代わりに彼は、そのような人々に対し無関心ともいえる態度をとり、彼らに取り立てて関わろうとはしなかった。さらに、誰をアボリジニとみなすかをめぐる基準は、親族ネットワークの維持という要素以外は、学生内部でばらつきが見られた。

これらの条件に加えて、Tカレッジの一部のアボリジニの間で相手が「本当の」アボリジニかどうかを見分けるもう一つの基準がある。それは、アボリジニ英語を用いた独自のコミュニケーション方法や、親族的つながりの強さや気遣いと分かち合いを重んじるアボリジニ独自の価値観や行動様式を共有しているかどうかという点である。こうしたアボリジニの「やり方」は、アボリジニの親族とともに生活する中で自然に身につくものであり、「盗まれた世代」や白人里親家庭で育ったアボリジニが必ずしも習得しているとは限らない（cf. Schwab 1988）[14]。

たとえば、Tカレッジのディレクターを務めるウエスト・コーストの地方町出身のアボリジニ男性は、白人里親家庭のもとで育てられたため、アボリジニ独自の行動様式を身に付けておらず、そのことがしばしば州南部出身の学生からの反感を生む要因となっていた。とりわけ、個人主義や自己責任等の西洋近代的な価値観に基づき、学費を納めない学生や、出席率の低い学生に停学または退学処分を下すという彼の運営方針は学生の間で利益至上主義的であるとされ、それは「私達アボリジニのやり方ではない」として陰で非難されていた。このようにアボリジニの規範を尊重しない彼は、学生の間で「ココナッツ」と呼ばれ、Tカレッジのディレクターでありながらカレッジ内で最も周縁化された位置付けにあったといえる。

以上、政府機関とアボリジニ組織の事例を比較すると、両者とも制度的な受入れのレベルでは先述の三つの基準に従い、とりわけ出身コミュニティからの承認が重視されるという点で一致していた。しかし、アボリジニ組織の場合は、制度的な受け入れの基準を満たした場合でも、それが個人レベルでの受け入れにつながるとは限らなかった。すなわち、単にアボリジニとしての出自の証明だけでは不十分であり、同じ出身地域集団の親族ネットワークによる同定ができ、場合によってはコミュニティの人々との経験やアボリジニ独自の価値観を共有しているかどうかも、アボリジナリティを判断するうえで重要とされた。

併せて、政府機関では「盗まれた世代」に対する配慮が窺えたのに対し、アボリジニ組織では「盗まれた世代」であっても、本人の努力で出自を調べることの重要性が強調されるなど、アボリジニであることの基準は後者の方が若干厳しく、アボリジナリティへのこだわりが強いといえる。ただし、個人レベルでの受け入れの基準は複数存在するため、仮に全ての基準を満たさない場合でも、コミュニティから完全に排除される等の制裁が加えられるわけではなかった。以上から、親族関係の維持を除き、現在アボリジニとして誰が位置付けられるかをめぐってアデレードのアボリジニ・コミュニティ内部で統一された基準は存在しないといえる。

三「盗まれた世代」によるアイデンティティの探求

前節では、現在のアデレードのアボリジニ・コミュニティにおいて、親族関係やコミュニティの人々との社会関係の維持はアボリジニとして承認されるうえで重要な条件であると認識されていることを明らかにした。では、親族関係や出身コミュニティとのつながりの証明が難しい「盗まれた世代」の人々が、アボリジニであることをどのように認識し、そして実際にアボリジニ・コミュニティの中でいかに位置付けられているのだろうか。

州南部出身者との間に親族的・社会的関係をもたない「盗まれた世代」の多くが、アデレードのアボリジニ・コミュニティにおいて周縁的な立場に置かれてきたことは既に述べた。彼らがアボリジニとしての承認を得るためには、まずは肉親探しを通した親族関係の回復が必要となる。肉親探しは時に精神的苦痛を伴うため、「盗まれた世代」の中には親族との再会を望まない人々もいる。しかし、Tカレッジの女性職員の語りにあるように、周囲からアボリジニとしての承認を得るためには、まず自分の意志で親族を探し出す努力をしてきたかどうかが重要となる。

「盗まれた世代」の人々の中でも、自発的に親族探しをしようという努力すら行っていないと見受けられる人々は、非難の対象となりやすいのである。しかし一方で、仮に親族を探し出したとしても、アボリジニとして、そしてアデレードのアボリジニ・コミュニティの一員として完全に受け入れられるとは限らないという複雑な状況がある。以下では、隔離・保護政策および同化政策時代に南オーストラリア州で運営されていたキリスト教施設、コールブルック・ホームの歴史的背景について述べた後、同ホームで育った二人の女性（ドラとエイビス）の人生経験に焦点を当て、彼女達がいかにアボリジニとしての自己を確立し、それが周囲のアボリジニによってどのように受けとめられてきたのかを分析する。

親子強制隔離政策とコールブルック・ホーム

南オーストラリア州において、隔離・保護政策時代から同化政策時代への移行期に設立された主要なキリスト教施設の一つにコールブルック・ホーム（Colebrook Home）がある。コールブルック・ホームは、一九二〇年代から一九七〇年代にかけて、統一アボリジニ宣教会（The United Aborigines' Mission :

写真2　コールブルーク・ホームの子供たち（撮影者不明、エイビス提供）

以下U・A・M）によって運営された。主流社会では、十九世紀末から混血のアボリジニの増加や彼らの劣悪な生活環境に関する懸念が高まっていたが、U・A・Mは、当時州南部の二つのリザーブ（ポイント・ピアスとポイント・マクレイ）の運営に追われていた政府に代わって、州北部における混血児の「保護」にあたったのである（Hall 1997 : 7 ; Jacobs et al. 1988 : 143）。

コールブルーク・ホームはまず一九二六年に、アデレードから北に約一一一〇キロメートル離れた地方町、オードナダッタに設立され、当時一二人の子供たちが居住していた。一年後に同ホームは、オードナダッタから南に約八〇〇キロメートル離れた地方町クォーンへと移転する。当時アボリジニを白人コミュニティから隔離することで混血問題に対処しようとした政府とは対照的に、U・A・Mは、混血の子供たちを親族から引き離し、白人コミュニティの中で「文明化」すれば、最終的に白人社会への同化が可能であると考えた。そのため、宣教師たちは白人コミュニティからの反発に遭いながらも、子供たちを地元の学校に通わせ、地域で行われる活動に積極的に参加させた（Hall 1997 : 14 ; Jacobs et al. 1988 : 146-151）。

一九四三年にクォーンは深刻な水不足に陥り、ホームはアデレード近郊のエデンヒルズ（Eden Hills）への移動を余儀なくされる。エデンヒルズのホームでは一時期、四〇人から五〇人の子供たちが育てられたが、一九七〇年代に入ると、建物の劣化や受け入れ可能な子供の人数の減少により、一九七三年にホームの管轄はミッションから地域福祉省へと移譲され、ホームは閉鎖された。設立以来、コールブルーク・ホームには、合計三五〇人を超えるアボリジニの子供たちが居住し、彼らの多くは後に看護師や教師、政府関係職などの専門職に就き、今日のアボリジニの指導者となっている（Hall 1997 : 14 ; Jacobs et al. 1988 : 146）。

コールブルーク・ホーム出身者の話によると、ホームでは年長の子供が年少の子供の世話をすることが慣習となり、「面倒を見る／見られる」という関係を通して子供たちの間には「家族」としての紐帯が生まれていったという。それはコールブルーク・ホーム出身者が、現在でも子供の頃に自分の面倒を見てくれた年上の仲間のことを呼ぶ際に mother や auntie 等の親族呼称を用いることに顕著に表れている。ホーム出身者達は、現在でもホームでの思い出を媒介とした「特別なコールブルークのアイデンティティ」を共有し、彼女たちにとってはそれもアボリジナリティの一部をなしているのである。

ホーム出身者の独特なアイデンティティはまた、一九九〇年代後半以降、オーストラリア主流社会との和解という政治的脈絡の中で一層強化された。たとえば、一九九八年にエデンヒルズのコールブルーク・ホーム跡地に、コールブルーク和解公園が設立され、記念碑が建てられた際には、記念式典にホーム出身者や大勢の地元住民が集まり、ホームでの過去の痛ましい出来事への共感を通した和解が模索された。この時期ホーム出身者の中には、和解政策の中で強調された「被害者」としての先住民に関する言説を取り入れ、先住民であるという理由で彼らを家族から引き離した過去の政策は人権侵害であると訴える者も出てきた。親子強制隔離政策に対する「盗まれた世代」の見解は一様ではないが、現在ホーム出身者たちを結びつけているのは、コールブルーク・ホームでの思い出に加え、このような和解政策の中で新たに創出された「被害者」としての先住民アイデンティティなのである。

以下では、コールブルーク・ホームで育ったある女性の人生経験についての語りを通して、コールブルーク・ホーム独自のアイデンティティとアボリジニ・コミュニティにおけるアイデンティティとのせめぎあいについて考察する。

ドラが語った人生経験

ドラは一九三九年に南オーストラリア州東部のリバーランドでアボリジニの両親のもとに二男二女の四女として生まれる。生後間もなく母親が亡くなった後、彼女はアボリジニ保護局によって、クォーンのコールブルーク・ホームに連れて行かれた。十四歳でホームを出た後、リバーランドのジェラード・ミッション(Gerard Mission)で仕事をする中で、彼女は親族とのつながりを取り戻していった。その後、家政婦や幼稚園での保育の仕事を経て、最終的にアデレードでアボリジニ・コミュニティの職員や保育士としての仕事に約二〇年間従事した。調査当時、彼女はアデレード北西部郊外で一人暮らしをしていた(二〇一二年、死去)。

「私は一九三九年にマレー川流域の病院で生まれました。私の両親はリバーランド出身のアボリジニで、母は私が生まれてすぐに病気で亡くなりました。母が亡くなった後、父は四人の子供の面倒をみることができませんでした。そのため、上から二番目の兄と私の二人がクォーンのコールブルーク・ホームへ連れて行かれました。その時私は生後二カ月でした。年長の兄と姉は、父親や祖父母とともに暮らしました。かつて母もコールブルーク・ホームで暮らしていたようです。彼女が結婚する前にです。宣教師達が彼女の面倒をみたそうです。私達をコールブルーク・ホームに預けたのは、彼女の希望だったのだと思います。コールブルーク・ホームには、シスター・ハイドとシスター・ラターがいました。シスター・ハイドはメルボルン、シスター・ラターはイギリスの出身でした。彼女達は互いに協力して、ミッションで四〇年以上働きました。

そして後にクォーンは水不足になったため、シスター達は私達を連れてエデンヒルズに移動しました。そこで私達は学校に行きました。ホームでは私達のために色んなことが行われていました。何もすることがなかったとは言えません。土曜日には、映画を観せてもらいました。それに、月に一度は南オーストラリア警察音楽隊が来ていました。それ以外にもたくさんの人々が訪ねて来てくれて、私達のことを楽しませてくれました。ホームには、とても多くの子供たちがいました。五〇人を超えていたと思います。裁縫の部屋には、女性がやって来てボタンつけをしたり、裁縫をしていました。時には年上の女の子も裁縫をしたりしていました。

私は父から離されましたが、だからといって父に全く会っていなかったわけではありません。というのも、彼はコールブルーク・ホームにいる私達を訪ねてきていたからです。彼はあの頃マウント・バーカーで羊毛刈りをしていましたが、私と弟に会いに来ていました。それから、叔母や叔父も私達に会いに来てくれました。だから私達には訪問者がいたのです。でもその頃自分には何人の家族がいるのかはわかりませんでしたが。

私は七年生で学校を去り、その後はジェラード・ミッションに行き、宣教師の手伝いをしていました。ミッションには寮がありましたが、それ以外にも川のそばに小さな建物があって、そこには多くの人々が暮らしていました。そこで初めて自分の親族に出会いました。何千人という親族がいました。私の父には七人の姉妹と一人の兄弟がいたからです。彼らは皆、ミッションの周辺で暮らしていました。父はいつも私に「川沿いの人とは絶対に結婚するな。彼らはみんなお前と親族関係にあるのだから」と言って聞かせました。ですから結局私は誰とも結婚しませんでした。

その後私は、家政婦として働き始めました。ある家族では、双子の男の子の世話をしました。彼らは生後五カ月くらいでした。それに十歳くらいの女の子がいました。私は三年くらい彼らの面倒をみた後、別の家族のところへ行って、そこにも三年くらいいました。それから私は、家政婦よりももっと良い仕事がしたいと思うようになりました。私は幼稚園組合（kindergarten union）に行き、これまで子供たちや双子の世話をしたことがあるというと、幼稚園の職員にしてもらえました。それから私はポート・アデレード幼稚園で約一〇年間働きました。私は後に、ポート・アデレード幼稚園の理事長からアデレード市内に本部がある保育所で働いてほしいと言われました。それはミッションが設立した保育所でした。ですから私は職員として彼女と一緒にそこに行って働きました。

その頃私は週に一回、夜間学校に通っていました。そして音楽もやっていました。私はアデレードにいる女性のところに音楽を習いに行きました。私は幼い頃コールブルーク・ホームにいたときも、何度かレッスンを受けましたが、彼女は私に音楽の基礎を教えてくれました。あの頃私は、朝の六時から七時まで音楽のレッスンを受け、それから日中はミッションで子供たちとともに働きました。そして夜間学校では英語や文章の書き方を学びました。それは高等教育の基礎です。私は良い成績をもらいました。

その後は、アボリジニ・コミュニティの職員兼保育士として、政府が運営するウッドビル事務所、ポート・アデレード事務所、ハイマーシュ事務所で二三年間働きました。そこではアボリジニの家族と一緒に働きました。私はその仕事が好きでしたが、仕事は簡単ではありませんでした。アボリジニがアボリジニと一緒に働くのは簡単だろうと思われるかもしれませんが、そうではありませんでした。普通よりも一生懸命働かなければなりませんでした。でも当時私はとても幸運でした。私の周りには年上のアボリジニ女性がいました。彼女達には孫がいました。彼女達が子供の世話をするのを手伝ってくれたのです。

それから私はアデレードで、アボリジニの自助組織「スープキッチン（soup kitchen）」をやっていたポイント・マクレイ出身のアボリジニ女性、ベロニカ（第六章で詳述）に出会いました。彼女は色んな事をやっていて、私は彼女と一緒に働きました。私達はよい友達でもあり、イトコでもありました。私達は路頭に迷った子供たちのことを気遣っていました。「スープキッチン」には、ビクトリア・スクウェアからアボリジニがやってきてスープを食べ、カードゲームをやり、ギターを弾いて話をしていました。私達はただほら話をしていました。ただ彼らの話し相手になっていました。彼らはそれを必要としていたのです。誰かと関わりを持ち、話をしたかったのです。多くの人々がただビクトリア・スクウェアのあたりに座って、何もしていませんでした。多分酒を飲んでいたんじゃないでしょうか。ベロニカはかつて大量のスープを作っていました。そしてパン屋さんがパンを運んできてくれていました。でも「スープキッチン」は閉鎖されてしまいました。

その後私は「スープキッチン」の向かいの通りにあった空きの建物を使って、アボリジニが集まって何かをする場所をつくろうと考えていました。でも残念なことにそれは事務所に代わってしまいました。私は子供たちや大人が集まって、ギターを弾いたり、歌を歌ったりできるような場所を探していました。というのも、アボリジニが好きなことの一つは歌うことだったからです。

私は今では、二週間に一度、クラ・イェルロ・カウンシルに行き、会議に参加したり、老人プログラムに参加し、アボリジニの工芸品を作ったり、皆で買い物に行ったりします。そして今でも日曜には教会に行きます。コミュニティのアボリジニが亡くなると、教会での葬式でオルガンを弾くように依頼されることもあります。

私は自分が「盗まれた」とは考えていません。なぜなら、私は父を見つけ、それから義姉妹もみつけたからです。というのも、父はアニャマンナ出身のアボリジニ女性と再婚したからです。それに私にはもう一つの家族があります。それは、一緒に育ったコールブルーク・ホームの仲間です。私は今でも彼女達と連絡を取り合っています。私はミッションで育てられたことに感謝しています。父が亡くなる前に、私は彼をシスター・ハイドのところに連れていきました。彼はその時シスター・ハイドに、彼女が自分の子供たちにしてくれたことと同じことを自分はできなかっただろうと言いました。父のもとに残った兄や姉達は、その後親族の間を転々とし、二人とも寄付金をもらって生活していたようです。彼らはそういった問題を抱えていましたが、私はそうでなかったからです。」

ドラは、コールブルーク・ホームを出た後、リバーランドのミッションで働く中で親族を見つけ出し、さらに近年では、リンクアップ・サービスや、南オーストラリア博物館のアボリジニ家族史調査部[15]の資料を利用して、より詳細な親族に関する情報を入手している。現在彼女は一人暮らしをしているが、多くの親族が住むリバーランドがアデレードから遠く離れていること、さらに兄弟姉妹やイトコの多くが既に亡くなっているため、日常的な付き合いがあるのはコールブルーク・ホーム出身者や長年面識のある地元のアボリジニである。

彼女はクラ・イェルロ・カウンシルやTカレッジで開かれる老人向けプログラムに参加する以外に、年に数回市街地で開催されるアボリジニ関連の行事には必ず参加し、人々と近況報告をし、交流する。彼女はアデレードのアボリジニから auntie と呼ばれ、地元のアボリジニの葬式でオルガン演奏を頼まれることにも表れているように、コミュニティの長老として慕われていた。このようにアボリジニ組織での行事や活動への参加を通して、「盗まれた世代」がコミュニティの一員として徐々に受け入れられるというケースはシドニーのアボリジニに関しても報告されている（Yamanouchi 2010）。

しかし一方で、それは彼女がアボリジニ・コミュニティの一員として完全に受け入れられたことを意味しない。彼女はアデレードに住む数人の遠い親戚を除き、南部出身者との間に直接の親族関係を有していない。そのため、アボリジニ組織での活動やその他の行事などで、しばしば南部出身者の間で行われる親族の噂話に入っていけないのである。さらに、時間厳守や勤勉さをはじめとする西洋的価値観や行動様式を教え込まれてきた彼女は、Tカレッジにおいて時間を守らず、世間話に興じて授業に集中しない一部のアボリジニ学生に対し苛立ちを覚えることもあった。

「自分にはもう一つの家族がある」という彼女の語りからも明らかなように、結局彼女が最も気を許せるのは、コールブルーク・ホームでともに育ち、思い出を共有するアボリジニの仲間やシスター達であった。彼女は現在でも、エデンヒルズで行われるコールブルーク・ホーム和解委員会の会議に出席するほか、遠方に住む同ホーム出身の友人に電話をかけ、彼らとのつながりを保っている。彼女は親族を探し出し、これまで日常生活の多くの時間をアデレードのアボリジニ・コミュニティの人々とともに過ごしてきた。それにもかかわらず、晩年もコミュニティの行事に毎回出席しなければならないのは、彼女が依然としてコミュニティの周縁に置かれていると認識していたからかもしれない。実際に彼女が亡くなった後、アボリジニ・コミュニティで生まれ育った人の中には、「ドラおばさんはアボリジニ・コミュニティのために働いていたけど、彼女は決して私たちの側から物事を見ようとしなかった」と語る者もいた。

一九五二年に二人のシスターが退職してコールブルーク・ホームを去り、政府の総督がその後を引き継ぐと、同ホームをめぐる状況は大きく変化する。シスターの時代とは異なり、総督は子供たちに厳しい規律を押し付けた。また度重なる職員の移動は子供たちを不安にさせた。また、一九五〇年代半ばまでにはホームの老朽化が進み、衛生状態も悪化していた。以下のエイビスの語りは、同ホームでのこうした変化のただ中における経験に基づいている。

エイビスが語った人生経験

エイビスは、ウエスト・コーストの地方町、セドゥーナで白人の父親とアボリジニの母親のもとに生まれ、生後間もなくアボリジニ保護局によってコールブルーク・ホームへ連れて行かれた。彼女はホームにおける職員からの嫌がらせへの抵抗を繰り返した結果、十三歳の頃にホームから追放され、様々な施設を転々とする。その後彼女は、薬物に手を出し、刑務所の出入りを繰り返していたが、ホームで彼女の世話をしていた年長のアボリジニ女性に勧められて専門学校に入学し、保育士および調理師の資格を取得した。現在は、アデレード北東部郊外にある、刑務所から出所して間もないアボリジニの少女を対象とした、政府運営のホステルの管理者を務める傍ら、エデンヒルズのホーム跡地で、学生や地元の人々に同ホームの歴史や自身の人生経験について語っている。

「私は、一九四五年にセドゥーナで生まれました。私は生後七日でアボリジニ保護局によってエデンヒルズのコールブルーク・ホームへ連れて行かれました。そして十三歳になるまでそこにいました。コールブルーク・ホームに関する思い出の多くは、性的虐待など児童虐待がたくさんあったということ、そして彼らが私達に聖書を読ませて洗脳したということです。

たとえば、もし私達が朝の五時半に起きて聖書を読むのをさぼれば、朝食を食べさせてもらえませんでした。もし家に帰ってから聖書を読まなければ、夕食を抜かれました。私は子供の頃、自分の身に起こったことに対して常に怒りを覚えていました。そして八歳の頃、ある日、ホームの周辺で山火事が起こりました。私はホームにあったすべての聖書を盗み、それを破って火の中に投げて燃やしました。そのことが施設の管理人にばれてしまい、私は鞭で叩かれました。そして彼らは私に言いました。「お前のようなネイティブの子供は天国には行けない。お前は地獄（hell）に行くんだ」と。そして彼らは私のひざにHと焼印を押しました。

当時、コールブルーク・ホームには伝統的な（traditional）アボリジニ女性が訪ねて来ていました。彼女は私のためにお菓子やお金を持ってきていました。実はそれは私の母親だったのです。でも私は彼女のことをとても恐れていました。というのも彼女は伝統的でしたので。当時私は金髪で白い膚をした少女でした。そして私は彼女から逃げていました。

私はいつもホームから逃げようとしていました。近所の家に逃げようとしましたが、近所の人達はすべてホームに電話をかけるのです。彼らは私達の言うことを信じませんでした。私達に起こっていたことをです。そうやって彼らはうまく事を隠していました。後に私は病院に入れられました。腕の傷跡は今でもたくさん残っています。そういうことがあったので私は強くなりました。そうやって私は生き延びてきました。

十三歳の頃、私はあまりにも手に負えなかったので、あるカトリックのホームに連れて行かれました。そこでも私は逃亡を繰り返したので、別の下宿用のハウスに入れられました。そこで私は酔っ払い、薬物に手を出したりしました。私は疎外された人間でした。私は白人に対して強い憤りを感じていました。それまで私達子供たちに起こったことを考えると。そしてある日私は白人を殴って、結局刑務所に入れられました。

出所してから、同じホーム出身のマーガレットおばさんが来て、「いい加減落ち着いて、刑務所を出入りするのをやめなさい」と言われました。そして保育のための専門学校に行くことを勧めました。彼女は入学のための志願書を出してくれました。私には専門学校に行くような頭はないと思っていましたが、私は保育のコースに四年間通って、そこで初めて資格をもらいました。私はそれを誇りに思いました。それから、私は別の学校で料理のレッスンを受け、資格を取りました。

その後、私はそろそろ子供がほしいと思うようになり、パブで知り合った白人男性と結婚し、三人の子供をもうけましたが、結婚生活は長くは続きませんでした。それから、私は教育や病院での治療を受けるために遠隔地からアデレードにやって来たアボリジニの子供のためのホステルの運営を任されました。私は喜んで引き受け、その仕事を通して多くのアボリジニの家族と交流することができました。

一九九〇年代にアデレード郊外のエデンヒルズで和解委員会の会議が開かれるようになり、和解委員会はコールブルーク・ホームの跡地に記念碑を建てたいと申し出ました。その後、私はコールブルーク・ホームの跡地で学生たちに自分の体験談を語り始めるようになりました。一九九八年にはアボリジニおよびトレス海峡島嶼民賞受賞者に選ばれました。南オーストラリアのアボリジニ・コミュニティに奉仕したということで賞をもらいました。その時、私は思い切って声を上げ、人生において大きなことを成し遂げたと思いました。

コールブルーク・ホームの仲間とは今でも付き合いがあります。たとえば、エイミーおばさんはよく私を訪ねてきてくれます。彼女は子供時代の大半をクォーンのホームで過ごしましたが、私が幼かった頃、ホームで私の面倒をみてくれました。彼女は南オーストラリアで最初のアボリジニの教師となり、私に勉強を教えてくれていました。今でも私は彼女のことをmother、彼女は私のことをbabyと呼びます。私達にとってはコールブルークの仲間が家族なのです。

落ち着いてから、私は母親を探しにセドゥーナに行きました。そこで私の親族全員に会い、自分の部族がヤラタであることを知りました。それに私には五人の兄弟と四人の姉妹がいることがわかりました。彼らはみんな伝統的で、私だけがかつて言っていたハーフ・カーストでした。私だけが白人の血を引いていたので連れ去られたのです。実は母自身もセドゥーナの親元から連れ去られて、クーナバ・ミッションに連れて行かれたそうです。私は一九七四年に彼女が亡くなるまでしばらく一緒に暮らしました。でもそこに絆はありませんでした。私達はただ一緒の家で暮らしている友人のような感じでした。

今でも私は葬式などがあると、セドゥーナに行き、姪や甥の家を訪ねます。でも、彼らは酒びたりで、彼らの家は窓が割れていて、エアコンもなく、私はそういう環境に慣れていないので、いつもモーテルやキャラバンパークに泊まることにしています。セドゥーナは海のそばにあるので魚がたくさん獲れます。私はアデレードに帰るときはいつも魚を持って帰ります。それに彼らはカンガルー、ウォンバット、トカゲなどを食べます。

私はセドゥーナに行っても数日間くらいしかいません。そこに長期間いようとは思いません。というのも、私があそこに行くと、私はまるで歩く銀行のように思われているからです。親族の若者たちがいつも「おばさん、お金がほしいんだけど」と寄ってきます。だから私は「もしお金が必要なら働きに行きなさい」と言っています。彼らはただ酒や麻薬がほしいだけなのです。それはとても悲しいことです。自分の故郷に帰って、今の若者たちに起こっていることを見るととても憂鬱な気分になります。

私は今では、刑務所から出所して間もないアボリジニの少女達のためのホステルを管理しています。私がアボリジニ・ホステルで働いてきたのは、アボリジニについて知りたいと思い、また彼らを助けたかったからです。私はこの仕事を一八年半やってきて、アボリジニの言語を七つ話せるようになりました。ホステルで働いていると多くのアボリジニに出会います。彼らは私にコカタ、ピチャンチャチャラ、アニャマンナ、ンガリンジェリ、アランタの言葉で話してきます。中には英語が話せない人もいますので、この仕事を通して、言語を学び、彼らと交流することができました。最近では、ドットペインティングを始めました。

私は自分の文化を発見してから、アボリジニであることを誇りに思っています。アボリジナリ

写真3　エイビス（右）とエイミーおばさん（筆者撮影）

ティ、スピリチュアリティ、文化はかつて私から奪われましたが、今すべてそれを取り戻しました。そして今私は、頭を上げて、アボリジニであることに誇りを持っています。そして今では私の孫達との生活を楽しんでいます。」

エイビスにとってコールブルーク・ホームでの経験は辛いものであったが、人生の希望を失い、自暴自棄になっていた頃に彼女を支え、励まし続けてくれた同ホームの仲間こそが彼女にとっての「家族」なのであり、彼らとは現在でも頻繁に連絡を取り合う仲である。彼女は、NAIDOC週間等に市内で行われるアボリジニの行事に参加することもあるが、ほとんどがコールブルーク・ホーム出身の友人と同伴であった。

彼女は親族を探し出し、アボリジニ・ホステルで働く中で他のアボリジニと交流し、言語や絵画を学ぶことを通してアボリジニとしての自己意識を高めていった。さらに、アボリジニおよびトレス海峡島嶼民賞受賞および、コールブルック・ホーム和解委員会の中心的なメンバーとしての活躍が彼女のアボリジナリティを揺るぎないものにしていた。しかし、ドラの場合と同様に、彼女はアデレードのアボリジニ・コミュニティの一員として受け入れられていたわけではなかった。彼女はこれまで頻繁に地元メディアで取り上げられてきたため、アボリジニ・コミュニティの大半の人々が彼女の存在を知っていた。それにもかかわらず、人々の彼女に対する態度は一般的に無関心であった。その主な理由として、彼女自身がこれまでアボリジニ・ホステルの居住者やコールブルック・ホーム出身者以外のアボリジニと十分に関わってこなかったことが考えられる。彼女が働くホステルの周辺地域はアボリジニ人口が相対的に少なく、コールブルック・ホーム出身者以外のアボリジニが彼女を訪ねてくることは稀であった。彼女はまた、筆者がアデレード北西部郊外のアボリジニの家を訪問していることを知ると、「あの辺りに住むアボリジニの中には、薬物中毒の人もいるから気をつけなさいよ」と忠告してくれた。このことからも、彼女自身がアデレードの一般的なアボリジニとは一線を画していることが窺える。

また、彼女にアボリジニとしての誇りをもたらした「アボリジニ文化」とは、伝統的なアボリジニ言語やドットペインティングなど、オーストラリア主流社会で広く流通したアボリジニの文化要素のことを指し、そこにセドゥーナで暮らす彼女の親族が日々実践している文化は含まれていなかった。それは、彼女が葬式等でセドゥーナを訪ねる際に、親族の家ではなく、モーテル等の宿泊施設に滞在することや、親族からの金銭の要求をはっきりと断る彼女の態度に表れていた。やはり自助努力や個人主義を重んじる西洋的価値観を刷り込まれてきた彼女にとって、相互扶助を重視するアボリジニの価値観や行動様式は理解しがたいものであり、彼女は親族の暮らす遠隔地のアボリジニ・コミュニティ、そしてアデレードのアボリジニ・コミュニティのいずれからも距離を置いているように見受けられた。

アボリジニ・コミュニティの人々と疎遠であること、さらにアボリジニ独自の価値観を共有していないことにより、コミュニティの人々の中には彼女が「南オーストラリアのアボリジニ・コミュニティに奉仕した」という理由で、アボリジニおよびトレス海峡島嶼民賞を受賞したことを快く思わない人も見受けられた。彼らの目には、政府運営のアボリジニ・ホステルで働く彼女は政府の職員に過ぎず、アボリジニ・コミュニティの自助組織で働いた経験のある「草の根のアボリジニ」とは程遠い存在として映っていたのである。以上から、自己をアボリジニであるとみなすエイビスの認識と、彼女に対する周囲のアボリジニの見方との間にはズレが見られ、ここでもアボリジニであることの意味をめぐって「盗まれた世代」と一般のアボリジニ・コミュニティとの間には大きな溝があることがわかる。

小括

本章では、現在のアデレードにおいてアボリジニであることの基準が組織レベルおよび個人レベルでそれぞれどのように捉えられているかを検討した。政府組織およびアボリジニ組織での制度的な受け入れの基準では、出身コミュニティとのつながりの証明が最も重視された。一方で個人レベルでの受け入れの基準にはばらつきがあるものの、特に州南部出身者の間では、同じ出身地域集団の親族ネットワークの同定に加え、アデレードのアボリジニ・コミュニティとの社会関係の維持や、アボリジニ独自の価値観や行動様式の共有なども相手のアボリジナリティを判断する上で重要な要素とみなされていた。

このような一部の州南部出身者の間で共有された受け入れの基準は、「盗まれた世代」のアボリジニとしての自己認識との間に齟齬をもたらした。本章で取り上げた二人の「盗まれた世代」の女性は、親族関係を回復し、アデレードのアボリジニ組織で働いた経験を持ちながらも、コールブルーク・ホームにおける思い出を媒介に形成された独自のアボリジナリティを有していた。しかし、そのような独自のアイデンティティは、アボリジニ・コミュニティにおいて容易に受け入れられることはなかったのである。

以上から、現在アデレードのアボリジニ・コミュニティにおいて誰をアボリジニとみなすのかをめぐっては、親族関係の維持を除き、政府組織、アボリジニ組織、アボリジニ個人全てによって共有される絶対的な基準は存在しないことがわかる。そのため、アボリジナリティに疑いをもたれ、アボリジニ・コミュニティの周縁に位置付けられたとしても、すぐさまそこから排斥されるわけではない。このようにアボリジニ・コミュニティの一員として完全に包摂されることもなく、排除されることもないという状況こそが、「盗まれた世代」やアボリジニであると新たに同定した人々のアイデンティティの不安定さを引き起こす要因となっているのである。

1　中でも代表的な組織として、Housing SA（住宅サービス）、アボリジナル・リーガル・ライツ・ムーブメント（法的サービス）、アボリジニ・ホームケア（老人福祉サービス）、アボリジニ禁酒団体（健康や精神保健に関するサービス）、アボリジニ家族支援サービス（里親家族などの家族支援に関するサービス）などが挙げられる（二〇〇九年調査時点）。

2　Kura Yerlo は、ガーナ語で「海のそば（by the sea）」を意味する。

3　理事会のメンバーとして承認されるには、①アデレード北西部郊外に居住するアボリジニであること、②コミュニティ内部でアボリジニであると認められていること、という条件を満たす必要がある。ただし、アボリジニの子供の里親である、またはアボリジニの子供がいる場合、非アボリジニであってもメンバーとなることができる。調査時点における理事会の議長は、クィーンズランド州出身の母と南オーストラリア州北部出身の父を持つ、アデレード生まれのアボリジニの男性であった（二〇〇九年十二月三日の聞き取り調査より）。

4　先住民の子供たちが家族から引き離される結果となった過去の政府の政策に対し、オーストラリア国民が遺憾の意を表する日。毎年五月二十六日。

5　アボリジニおよびトレス海峡島嶼民の歴史、文化、功績を称える週間。毎年七月に一週間にわたって、オーストラリア全土の地方自治体でフェスティバルや催し物が行われる。

6　一九九六年に最高責任者である白人のアーティストが、芸術品輸入の有限会社とアナング・ピチャンチャチャラ・ヤクンチャラ・ランド（Anangu Pitjantjatjara Yankuntjatjara Lands）のアートセンターとの共同事業を開始したのがはじまりである。同有限会社は、インド西北部のカシミール地方からの手工芸品を輸入し、それをアナングのアート作品と混ぜ合わせるといったプロジェクトを手掛けている。アボリジニの芸術家の経済的自立も支援しており、アナングに加え、アデレード在住のアボリジニの芸術家も同ギャラリーに作品を売ることができる仕組みになっている（二〇一〇年年六月十一日の聞き取り調査より）。

7　最高責任者である白人女性はアナングの抱える問題として、アナングの大半が公営住宅を借りているが、英語を解さないために、家に電話や電気をつないでもらえないこと、請求書の支払いが困難であること、車を持たないため、病気になっても病院へ行けないこと、地元の学校が、英語を解さないアボリジニを受け入れないため、家から遠く離れた遠隔地出身のアボリジニのための学校まで通わなければならないことなどを挙げた（二〇一〇年六月十一日の聞き取り調査より）。

8 十四歳以上のアボリジニまたはトレス海峡島嶼民で、主に中等学校や専門学校（TAFE）、大学などの高等教育を受けている学生を対象に支給される奨学金。

9 一般の低所得者層向けの公営住宅については州全体で約四万五〇〇〇件の物件があるのに対し、アボリジニのみを対象とした物件は約二〇〇〇件であり、入手可能な物件の数に大きな差がある（二〇〇八年八月十二日の聞き取り調査より）。

10 他州では同様のサービスを受けようとする際に、黒い膚をしたアボリジニは自動的にアボリジニであると判断され、アボリジニであることの証明が求められないこともあるが（cf. 鈴木 一九九五：一四五—一四八）、AHSでは膚の色に関係なく、この書類の提出が求められる。

11 理事会の全てのメンバーがアボリジニもしくはトレス海峡島嶼民、または双方からなる組織。各コミュニティにおける政府系または非政府系のアボリジニ組織が含まれる。

12 一九九九年から連邦政府と各州政府からの補助金により運営されている組織。リンクアップ・サービスには、親子強制隔離政策によって連れ去られた子供に会いたいという母親からの問い合わせや、自分の母親や出身集団を知りたいという子供からの問い合わせがくる。アボリジニのケース・ワーカーは、クライアント本人が知る限りの家族史をもとに、国立公文書館や州立図書館等の機関を通して情報収集をし、肉親捜しをする。政府は当初このサービスを四年間で終了する予定であったが、毎年クライアントの数が増え続けているため、二〇〇九年の時点でもサービスが継続されていた（二〇〇八年五月十三日の聞き取り調査より）。

13 南オーストラリア州における代表的なアボリジニの家族名として、たとえば、Wilson, Spender, Adams, Goldsmith, Wanganeen, Rankine, Rigney, Kartinyeri, Summer などが挙げられる。

14 アデレードのアボリジニとの間に親族関係を有さない者の中には、アボリジニ独自の言語や振る舞い方等の文化様式を身に付けることにより、コミュニティの一員となろうとする者もいる。しかし、実際にコミュニティの一員として受け入れられるにはかなりの時間を要することもあり、文化様式の習得のみによって容易に承認を得られるわけではない（Schwab 1988 : 92-93）。

15　祖先の記録を求めて来館するアボリジニへの援助を行う部門。本人の家族名（family name）をもとに、人類学者のノーマン・ティンデールが記録した南オーストラリア州のアボリジニの系譜に関する情報を用いて親族関係の特定を行う。

第五章　アボリジナリティの再構築

前章では、アデレードのアボリジニ・コミュニティにおいてアボリジニであることの基準がどのように認識されているのかについて述べた。しかし、仮にアボリジニ・コミュニティ内部でアボリジニの一員として受け入れられたとしても、オーストラリア主流社会から同様の承認を得られるとは限らない。アイデンティティは「我々にとって重要である他者」との相互作用を通じて定義づけられる対話的な性質を持つが（テイラー 一九九六：四七）、都市のアボリジニにとって重要である他者とは、オーストラリア主流社会で圧倒的に優位な地位を占める白人である。そして白人によるアボリジニの定義が歪められたものである場合、アボリジニは現実に害を被り、それは抑圧の一形態となりうるのである（cf. ファノン 一九九八）。

本章ではまず、白人が抱くアボリジニ観を国家レベルおよび個人レベルで分析したうえで、主流社会において要請されるアボリジニらしさを身につけるための実践に着目する。具体的には、アボリジニを対象とした州立の教育機関（アボリジニ・コミュニティ・カレッジおよびガーナ学校）で実施された文化意識向上プログラムや文化学習の実態を記述し、そこで教授される文化や行動様式が、アボリジニにとって普遍的なものとして自然化されていくプロセスを分析する。そして、こうした文化学習へのアボリジニ側の対応に着目することにより、アボリジナリティを再構築する際に、主流社会で要求されるアボリジニらしさとの間で行われる交渉の諸相について考察する。

一　白人が抱くアボリジニ観

これまでオーストラリア主流社会において、アボリジニという範疇には常に否定的な意味付けがなされてきた。特に一九六七年の国民投票以前は、アボリジニについての否定的なイメージが直接膚の色に結び付けられる傾向があった。アボリジニの中でも膚の色が黒い人々には、「不衛生、怠惰、知能が劣っている」等のイメージが付与され、一方で混血が進み膚の色が白い人々は知能が高く、主流社会への同化の可能性が高いと考えられたのである。こうした考えはとりわけ先住民のための教育政策に強く反映されていた。隔離・保護政策時代の先住民に対する教育政策は、主に混血のアボリジニが対象とされ、純血のアボリジニへの教育はそれほど重視されなかった。また、当時アボリジニの教育に携わった一部の教師の間でも、純血の子供よりも混血の子供、さらには混血の子供の中でも白人の血の割合が高いほど学力が高いと想定されていた（Elkin 1937 : 493）。

アボリジニの都市移住が本格化すると、彼らは日常的な白人との相互行為の中で、こうした否定的イメージに基づく差別や偏見に直接晒されることになる。たとえば、ニューサウスウェールズ州のミッションからシドニーに移住したアボリジニの中には、雇用の機会を求め、政府の職業斡旋所から紹介された会社へ出向いたものの、即座に追い払われ、面接の機会すら与えられなかったという経験をもつ者がいた。後に職業斡旋所がその会社に問い合わせると、会社の経営者は「その仕事なら彼らが来る直前に別の人に回った」と説明したという。また、様々な業種の中でも食品製造業者の中には、「アボリジニは不潔である」という理由で、はじめからアボリジニを雇わないという会社も存在した。その他にも、「アボリジニはすぐに仕事を辞めてしまう」、「アボリジニは怠け者だ」といった固定観念が社会一般に蔓延していた（Taz 1975 : 34-35）。

しかし、一九八〇年代後半に多文化政策の下で先住民の文化が国民的遺産として位置づけられると、アボリジニに関する否定的なイメージは、少なくとも国家レベルでは後景に退いた。同時期にオーストラリアでは、建国二〇〇周年を前に、先住民との和解や国民統合をモチーフとした様々なナショナリズムの言説が芸術家、作家、歴史家、牧師等によって生み出されたが、これらの言説においてアボリジナリティはオーストラリアらしさを象徴するものとして肯定的に描かれたのである（Beckett 1988 ; Lattas 1990 ; Russel 2001）。

ラタス（Lattas Andrew）によると、これらのナショナリズム言説ではまず、白人は入植以来、オーストラリアの土地との間に精神的紐帯を欠いているとする疎外感が創り出され、そのうえで自然環境との融合やそれを通した真の自己の発見が必要であるとされた。そして、こうしたオーストラリアの地における白人の疎外感を埋め合わせるものとして注目されたのがアボリジニのスピリチュアリティ（精神性）であった（Lattas 1990 : 51-52）。

たとえば、全国紙「オーストラリアン（The Australian）」やアデレードの地方紙「アドバタイザー（The Advertiser）」におけるアボリジニと土地との精神的紐帯を表現したアボリジニ芸術に関する新聞記事では、アボリジニとその土地に白人が既に「失った」永久性の意味合いが付与された。そこでアボリジニは、創世期における神話の空間に住まう霊的存在としてその純粋さが讃美されると同時に、多民族国家オーストラリアにおける潜在的な民族的・言語的分裂を克服できる一つの神聖な空間を提供する存在として位置付けられた（Lattas 1990 : 58-60）。こうしてアボリジニはそれまでの「野蛮で怠惰な人々」というイメージから一転して、「高貴な野蛮人（noble savage）」として肯定的に描写されるようになったのである。しかし一方で、「高貴な野蛮人」としてのアボリジニのイメージは植民地主義の産物に過ぎず、そこでアボリジニは白人が失ったとされる意味体系の中に押し込められたのである（Lattas 1990 ; Russel 2001）。

ジェームズ（Roberta James）も一九八八年一月の「ウエスト・オーストラリアン（West Australian）」に掲載されたリンゼイによるアボリジニの風刺漫画を例に挙げ、ラタスと同様の指摘をしている。彼は、この風刺漫画でアボリジナリティは二つの異なるカテゴリーに分断されていると述べる。一つは、バンダナや土地権運動の記章、戦闘服を身に付け、権利回復運動に関わる「現代的な」都市のアボリジニであり、彼らには主体性が付与されている。もう一つは、裸で槍とブーメランをもち、砂漠に住む「伝統的な」遠隔地のアボリジニであり、彼らには植民地主義の犠牲者としての地位や受動性が付与されているのである。ジェームズは、こうした「伝統的」および「現代的」というカテゴリーによるアボリジナリティの表象の背後には、「伝統的な」アボリジニこそが非アボリジニからの罪の意識や同情に値する「本物の」アボリジニであるという想定があるとし、「高貴な野蛮人」としてのアボリジニのイメージから現在に生きる都市のアボリジニの存在が排除されていることを指摘した（James 1993 : 209-212）。

アボリジニに付与された原初性および未開性のイメージは同時に、容易に野蛮性や残忍性にも結び付けられた。ナショナリズム言説において、アボリジニは人間が進化の過程で抑圧してきた野蛮性や凶暴さなどの内面を体現する、より自然に近い存在として描かれた。そしてこのようなイメージは、アボリジニは生まれつき凶暴であるとする言説によって一層強化されることになったのである（Lattas 1990 : 65）。特に、アボリジニの土地権運動に反対する採掘会社関係者の間では、土地権を主張するアボリジニを野蛮性と結び付けるレトリックが生み出された。たとえば、鉱山会社の幹部は、シドニー・モーニング・ヘラルド紙において、アボリジニには歴史的に時間の感覚や科学技術分野での功績がないとし、アボリジニ文化を、戦い、食人主義、一夫多妻制、残忍な処罰等の慣習からなるものとして特徴づけた（Beckett 1988 : 209-210）。そしてこうした「野蛮性」や「暴力性」は、アボリジニに対する白人の恐れを掻き立てる要因となった。

アボリジニの「野蛮性」は、時代を問わずマスメディアによって日常的に取り上げられてきた。筆者が調査中の二〇〇七年から二〇一〇年にかけて、新聞やテレビ等で頻繁に取り上げられていた、アデレードのギャング・グループ、「ギャングオブ49（Gang of 49）」は、まさに主流社会におけるアボリジニの「暴力性」や「野蛮性」に対する恐怖を煽るものであった。マスメディアにおいて「ギャングオブ49」とは、主に十代のアボリジニの少年からなる犯罪集団とされ、アデレード市内で窃盗、強盗、危険なカーチェイスを繰り返し、市民の安全を脅かす存在として描写された。

たとえば、「アドバタイザー」に二〇〇七年九月二十五日付で掲載された記事では、盗難車で衝突事故を起こした十七歳のアボリジニの少年が自動的に「ギャングオブ49」の一員とされ、事故の原因が彼の家庭環境の悪さやＩＱの低さと結び付けられたのである（*The Advertiser* 25 September 2007）。「ギャングオブ49」のメンバーには、少数ながら非アボリジニも含まれていたが、テレビの報道や新聞で取り上げられる犯罪は必ずアボリジニの少年によるものであった。「ギャングオブ49」の存在がマスメディアによって本格的に取り上げられて以来、アデレードで起こる犯罪の多くがこの集団と結び付けられるようになった。しかし、二〇一〇年に南オーストラリア警察が「ギャングオブ49」のようなアボリジニの犯罪組織が存在するという証拠はないことを正式に発表し、事態は鎮静化した（*The Advertiser* 12 April 2010）。結局「ギャングオブ49」はマスメディアがつくり出した想像上の敵に過ぎず、「ギャングオブ49」をめぐる騒動は、白人オーストラリア人が「野蛮」で「暴力的」なアボリジニに対して抱く恐れを象徴するものであったといえる。

こうしたマスメディアにおけるアボリジニの描写は、主流社会の人々のアボリジニ観に少なからず影響を与えることになった。特に都市で生活する非アボリジニの大半は、日常生活の中でアボリジニと直接接触する機会が非常に少ない[1]。そのため、彼らが抱くアボリジニ観はマスメディアによって単純化されたアボリジニのイメージに依拠する場合が多い。

自由、平等、民主主義などのリベラルな価値観が深く浸透した現在のオーストラリアの都市社会において、白人が公の場でアボリジニやその他のエスニック・マイノリティについて人種差別的発言をすることは違法であり、「政治的正しさ」という観点からも問題視される。筆者が調査中に関わった白人のうち、外国人である筆者を前に、あからさまにアボリジニについて差別的な発言をする人は見られなかった。むしろ、政府職員や学校教師をはじめとする多くの中産階級の白人は、芸術をはじめとするアボリジニ文化を褒め称えると同時に、彼らの置かれてきた歴史的・社会的状況に対し同情的な態度を示していた。それにもかかわらず、日常生活における白人との何気ない会話の中で、アボリジニに対する本音やアボリジニについてのステレオタイプが垣間見えることもあった。

筆者はアデレード滞在中、一時期ある五十代の白人夫婦の家に滞在していた。この夫婦はともに敬虔なキリスト教徒であり、長年学校教師をしていた。彼らは筆者がアボリジニの研究をしていることを知ると、過去に白人がアボリジニに対していかに残酷な行為をしたかについて語り、現在オーストラリアにおいて「アボリジニ」という呼称は政治的に正しくなく、先住民（Indigenous people）と呼ぶべきだと筆者に忠告してくれたこともあった。また、妻のケリーはカトリック系の初等学校の教師をしていた頃、生徒たちにアボリジニの創世神話を教えた経験があること、自分のクラスにいたアボリジニの少女が非常に優秀であったことなどを語り、自分がレイシスト（人権差別主義者）ではないことを強調していた。

しかしある日、筆者が調査のために「アデレードで最も危険な地域」といわれている北部郊外のE地区にあるアボリジニ学校を訪問することになったことをケリーに告げると、彼女は筆者のことを気遣い、E地区およびそこに居住するアボリジニについて次のように語った。

「気をつけなさいよ。E地区というのはアデレードで一番犯罪率の高い場所で、毎日のように犯罪や事件が起こっているのよ。ギャングオブ49とかもいるんでしょ。あそこは低所得者層の人が多い地域だから、あの周辺の学校に通うアボリジニの子供たちは経済的に恵まれていないから、やんちゃで、色々と問題を抱えているでしょう。かわいそうなことだけど……」

彼女はE地区のアボリジニと直接関わった経験はなく、こうした彼女の見方は、やはり「ギャングオブ49」に代表されるメディアにおける偏ったアボリジニのイメージの影響を強く受けているものと思われる。

以上、白人が抱くアボリジニ観として、主にマスメディアにおけるアボリジニの描写や実社会における白人のアボリジニについての語りを分析してきた。まず、マスメディアにおいて、遠隔地に住む「伝統的な」アボリジニは、純粋さ、神秘性に結び付けられ、非アボリジニからの同情に値する「本当の」アボリジニとしてみなされるのに対し、既に文化を「喪失」した都市の「現代的な」アボリジニは、野蛮性や暴力性と関連付けられ、犯罪などの社会的諸問題の根源として考えられる傾向があった。このようなマスメディアを媒介としたアボリジニのイメージは、日常的にアボリジニと接触する機会の少ない都市の白人のアボリジニ観に大きな影響を与えていた。今日のオーストラリア主流社会における非アボリジニのアボリジニ観は多様であるが、そこには一貫した構図がみられる。すなわち、「伝統的なアボリジニ」対「現代的なアボリジニ」、「本当のアボリジニ」対「そうでないアボリジニ」、社会規範に従う「良いアボリジニ」対「悪いアボリジニ」という二分法に基づいてアボリジニが範疇化され、現実のアボリジニはそのどちらかでしかありえないという形でアボリジニのあり方が規定されるのである。

二　多文化社会における差別と偏見

前節で明らかにしたように、オーストラリア主流社会におけるアボリジニのイメージは、肯定的なものと否定的なものとが混在していた。多民族・多文化都市のアデレードで生活するアボリジニは、非アボリジニから日常的にアボリジニとは何かについての語りや態度に晒される。そして、こうした外部からの規定は、彼らのアイデンティティ形成に少なからず影響を与えることになる。

アボリジニに対するステレオタイプや偏見が顕在化する場の一つとして、多文化社会の縮図ともいえる主流社会の学校が挙げられる。アボリジニの生徒の中には、学校でアボリジニであることを理由に差別されるのを避けるために、自分がアボリジニであることを隠す人もいる。たとえば、十代後半のあるアボリジニの女性は、外見が白人と見分けがつきにくいこともあり、学校では「白人」になりすましてきた。彼女は最近になって自らがアボリジニであると周囲に名乗るようになるまでは、白人を演じ続けなければならなかったために、本来の自分に対して自信や誇りが持てなかったと語っていた。このように、従来主流社会で共有されたアボリジニについての否定的な考えを内面化した場合、本人は白人にもアボリジニにもなりきれないというジレンマに直面することになるのである

さらに、実際の教育現場においてアボリジニの子供は、周囲の生徒やときには教師から「アボリジ

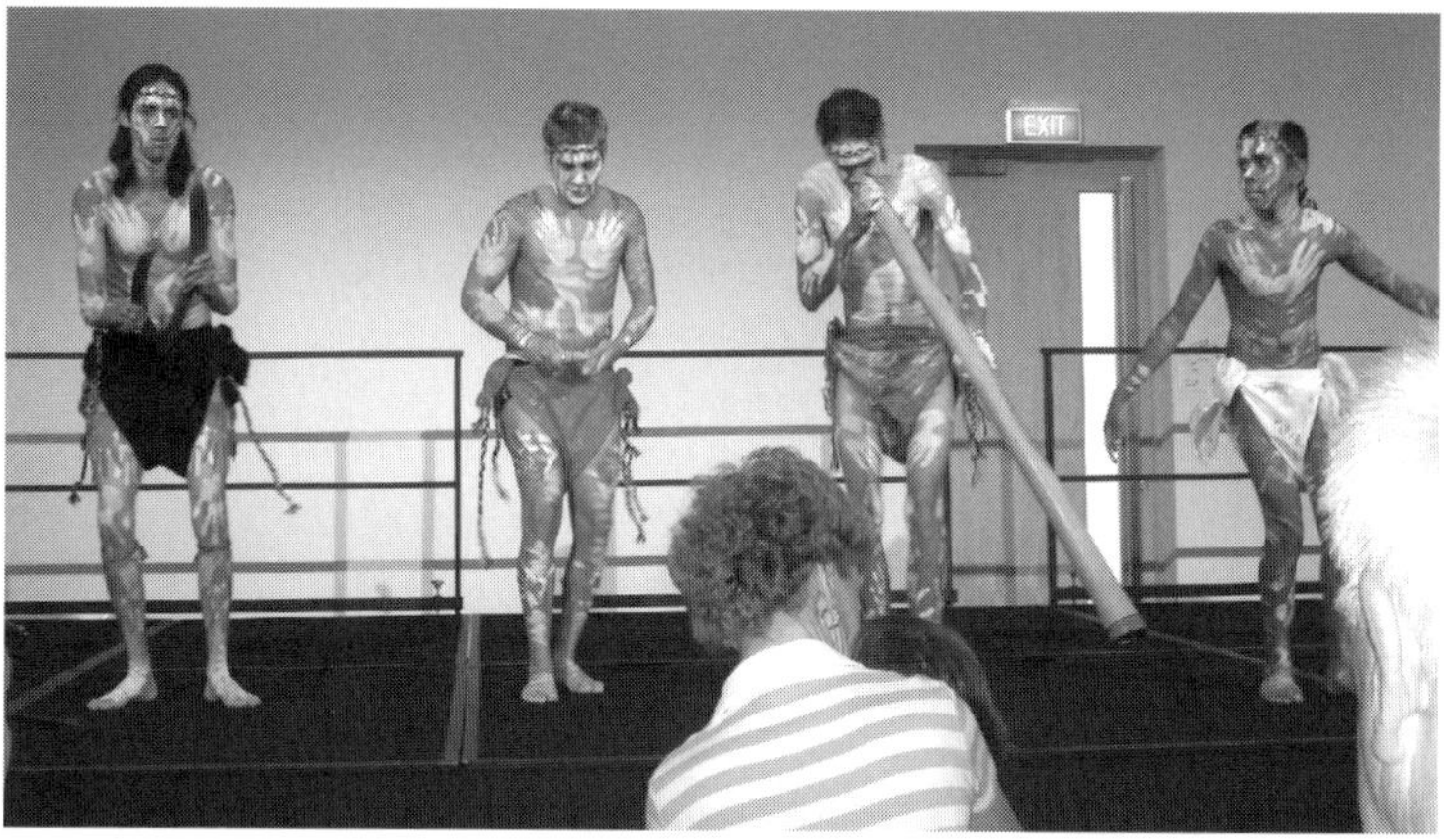

写真4　多文化祭でのアボリジニ・ダンスのパフォーマンス（筆者撮影）

ニとは何か」をめぐるステレオタイプに頻繁に晒され、それが生徒のアイデンティティに否定的な考えを植え付けることもある（Jordan 1988：109-111）。たとえば、主流社会の学校に通う非アボリジニの生徒の中には、「アボリジニの膚の色は黒い」、「アボリジニは未だにブーメランで狩をしている」、「アボリジニは大家族とともに暮らしている」と思い込んでいる子供がいた。

このようなステレオタイプは、アボリジニの文化に対する理解を深めるために公立学校で実施されるアボリジニ学習[2]の教材の情報に負っている場合もある（アボリジニ教育教材センターの職員の語りより）。たとえば、ある主流社会の学校におけるアボリジニ学習の授業では、伝統的なアボリジニの社会構造が取り上げられ、アボリジニは拡大家族とのつながりが強いこと、アボリジニ社会では母親の姉妹のことをmotherと呼び、母親の兄弟をuncleと呼ぶ等の文化的差異が西洋の社会構造との比較を通して教えられた。しかし、このような伝統的なアボリジニ文化に関する情報は、逆にアボリジニについてのステレオタイプを生み出す要因ともなり得るのである。

こうした偏ったアボリジニの文化イメージは、地域社会における多文化祭などでの「伝統的な」アボリジニ・ダンス等の披露を通してさらに強化された。たとえば、二〇〇九年三月にアデレード北部郊外で開催された多文化祭では、アイルランド、ギリシャ、中国、ベトナムなどの各国出身の移民による伝統舞踊に並び、地元のアボリジニのダンス・グループによる「伝統的な」ダンスが披露された。アボリジニのダンサー達は全員裸で腰巻を身につけ、顔や体中にボディ・ペインティングを施し、ディジュリドゥの演奏に合わせて動物の動きを模倣した踊りを披露した。都市のアボリジニが主流社会の人々の前で文化を披露する際に頻繁に選ばれる「伝統的な」ダンスは、可視性が高く、「アボリジニ」としての承認を得やすい。しかしその一方で、主流社会に根強く残る「未開で野蛮なアボリジニ」というイメージを一層強化し、アボリジニに対するステレオタイプを再生産するおそれもあるのである。

アボリジニの子供たちは、こうした情報やイメージに晒される中で、アボリジニであることが何を意味するのかについて意識し始める。そして外部から期待されるアボリジニ像と自分の姿との間に不一致を見出した生徒の中には、主流社会で要請されるアボリジニの文化イメージに沿った知識を身につけようとする者も出てくる。以下では、アボリジニの学生を対象とした公立学校で実施される文化学習を通したアボリジニ文化の習得の実態について見ていく。

三　アボリジニ・コミュニティ・カレッジにおける文化学習

現在アボリジニの中には、アボリジニ・コミュニティだけでなく、主流社会の人々が納得し得るアボリジナリティを獲得するために、州立の教育機関などでアボリジニの文化を体系的に学ぼうとする人々がいる。第四章で述べた、アボリジニ・コミュニティ・カレッジ、Tカレッジや、次節で詳述するガーナ学校は、アボリジニの文化やアボリジナリティが教授される主要な教育機関である。本節ではまず、Tカレッジにおける文化学習の事例を取り上げる。

Tカレッジの学生の入学動機は様々であるが、大半の学生がこれまで主流社会の中で偏見や差別に遭い、周囲からアボリジニであることを容易に受け入れてもらえなかったという経験を共有する中で、アボリジニとしてのアイデンティティを強化することが主な目的として認識されている（学生のライフストーリーについては資料を参照）。彼らにとってTカレッジとはアボリジニに「なる」ことを学ぶ場であるといえる。自分達は既に文化を「失った」と考える学生にとって、Tカレッジでの伝統文化の学習や、他のアボリジニとの交流は、アボリジニとしての帰属意識を高めるうえで重要な意味をもっていた。以下では、筆者が集中的に参与観察を行った社会奉仕コースにおける通常の授業およびアボリジニ文化意識向上プログラムの実態を紹介する中で、学生達がアボリジナリティを再構築するプロセスについて検討する。

社会奉仕コースにおける通常の授業

Tカレッジは教育省認定校であるため、各コースでは政府指定のカリキュラムに沿った授業が行われている。しかしながら、社会奉仕コースの講師によると、学生が将来アボリジニを対象とした社会福祉サービス業に従事することを想定し、授業ではアボリジニ・コミュニティに特有の社会問題などを適宜取り上げるなど、アボリジニの文化的視点が織り込まれているということであった。以下では、授業の参与観察、同コース担当の白人女性講師へのインフォーマルなインタビュー、授業で配布された資料から看取された、社会奉仕コースにおける授業の諸特徴を、筆者なりに（a）から（c）の三点にまとめることにする。

（a）授業全体を通して西洋的価値観が教え込まれる点

社会奉仕コースの授業では一貫して、基本的人権、男女機会均等法、人種差別禁止法など西洋近代的価値観やそれに基づく法などに関する知識の習得が目標とされている。たとえば、筆者が参与観察を行った期間には、アボリジニ・コミュニティにおける家庭内暴力（family violence）[3]をテーマとした一連の授業が行われていた。授業の冒頭で、家庭内暴力とは、身体的な虐待に限らず、文化的および精神的な虐待も含まれると説明され、それは人間としての尊厳や幸福を損なうものとして定義された。そして、人権および機会均等委員会（Human Rights and Equal Opportunity Commission）が発表した先住民コミュニティにおける家庭内暴力と虐待に関する報告書の要約資料を基に、家庭内暴力の問題が、文化的権利、人権、男女平等をはじめとする西洋の概念に関連づけられながら提示された。

学生には、アボリジニ・コミュニティにおける家庭内暴力を予防するための方策や、将来自分達の勧めるアボリジニ・コミュニティで家庭内暴力が生じた場合、オーストラリアの法や制度に則って、被害者を保護するための具体的な方法が教授された。ただし、実際にアボリジニ・コミュニティ内部の問題への対策や解決法を考える際には、単に西洋のやり方を押し付けるのではなく、地元のアボリジニ・コミュニティと協力して、「文化的に適切な（culturally appropriate）」方法を採用しなければならないことが強調された。

たとえば、家庭内暴力の予防策に関して、アボリジニ・コミュニティにおける家庭内暴力はアボリジニ文化に対する敬意の欠如から生まれるものであるため、伝統的な文化規範を再生し、伝統文化への誇りを取り戻すための教育、さらに個人、家族、コミュニティ全体の自尊心の向上を目的としたアイデンティティ・プログラムの実施の重要性が指摘された。さらに、問題の解決法として、アボリジニ・コミュニティで家庭内暴力の被害にあった女性が、西洋の法的手続きに従って同じコミュニティに居住する夫やパートナーを相手取って訴訟を起こした場合、その女性が将来的にコミュニティの中で孤立するおそれがあるため、刑事司法制度を利用する前に、問題となるコミュニティとの間で「文化的に適切な」解決方法について交渉しなければならないとされた。

（b）アボリジニ・コミュニティが抱える社会問題が白人の視点から分析される点

社会奉仕コースでは、オーストラリア全土のアボリジニ・コミュニティが一般的に抱える社会問題として、たとえば、アボリジニ・コミュニティにおける「暴力」の問題、アボリジニの就学率や就職率の低さの問題、健康問題、アボリジニの若者にみられる非行の問題などが頻繁に取り上げられた。授業では、白人講師によるこれらのテーマについての講義の内容に基づき議論が行われ、最終的に学生達は与えられたトピックについて小論文を書くことが義務付けられている。白人講師は、長年北部準州や中央砂漠等の遠隔地のアボリジニ・コミュニティにおいて、女性や子供を対象とした教育の仕事に従事していたため、授業では遠隔地の「伝統的な」アボリジニ・コミュニティにおける彼女の体験談が盛り込まれることもあった。

たとえば、アボリジニ・コミュニティにおける「暴力」に関する授業では、北部準州のアボリジニ・コミュニティにおける家庭内暴力および児童虐待の問題が取り上げられた。白人講師は、これまでの自らの経験を踏まえ、遠隔地のアボリジニ・コミュニティではインターネットやコンビニエンス・ストアを通して入手可能なポルノグラフィーが蔓延していること、遠隔地のコミュニティにおける住宅状況は劣悪であり、アボリジニの家は壁が壊され、部屋が仕切られておらず、プライバシーがないために、性的虐待が起こりやすいこと、小さなコミュニティでは、たとえ子供や女性をシェルターに入れて保護したとしても、すぐに親族がシェルターの場所を見つけ出し、彼女達を連れ戻しに来ることなどの問題を挙げた。

そして児童虐待の問題は、同時期に連邦政府が北部準州に対して発した緊急措置宣言（または「介入措置」）をめぐる動きに結び付けられ、講師は「介入措置」の内容として、児童虐待の加害者の起訴、飲酒禁止区域の設定、センターリンク[4]からの収入の管理、タクシー運転手や工芸品のバイヤーなどの外部者の立ち入り許可基準の厳格化、子供の健康診断の実施などが含まれていることを説明した。そしてクラス全体で「介入措置」の長所と短所についての議論が行われた。特に、政府による収入の管理では、コミュニティ全体を対象に、センターリンクから支給される生活保護の半分は現金で人々に渡され、残りの半分は家賃のための引換券またスーパーマーケットでの買い物券として渡されるという点に関し、学生の間では次々と反対意見が出された。学生達は、彼らが普段の授業の中で学んだ西洋的価値観に基づき、「政府による収入管理をコミュニティの全ての人々に適用するのは不公平であり、人権侵害である」、または「それはアボリジニに対する人種差別だ」等の意見を出した。これに対し、白人講師は、「それは重要な点である」としながらも、収入管理によって、男性がギャンブルに使っていたお金を食費にまわすようになったとし、「介入措置」の長所についても付け加えた。

ここで明らかなのは、授業にはアボリジニの文化的視点が組み込まれているとされながらも、実際には「伝統的な」アボリジニ社会に見られる様々な事象が白人の文化的フィルターを通して問題化され、分析されているという点である。たとえば、「家庭内暴力」や「児童虐待」に相当すると考えられる行為が、アボリジニ社会の中でもつ文化的意味についての考察がないがしろにされたまま、それが深刻な「社会問題」として捉えられているのである[5]。

さらに、授業では、講師がアボリジニ・コミュニティでの自分自身の経験に基づき、それが「伝統的な」アボリジニ社会における一般的な現象として語られる傾向があった。そしてそれはマスメディアにおける「伝統的な」アボリジニ・コミュニティの表象のされ方と類似していた。すなわち、白人社会にみられる「家庭内暴力」や「児童虐待」の問題は、個々の家庭の問題として捉えられるのに対し、アボリジニの場合、遠隔地の一部のコミュニティでみられる現象が、あたかも全てのアボリジニによって共有されているかように扱われているのである。この白人講師は、Tカレッジの他の白人講師とは異なり、長年アボリジニ・コミュニティで働いた経験があるため、学生の間では「アボリジニのやり方をわきまえている」として好評であった。しかし一方で、こうして授業で伝達された遠隔地のコミュニティに関する偏った情報は、実際に遠隔地を訪ねたことのない学生に、主流社会の多くの白人が「伝統的な」アボリジニ・コミュニティに対して抱くのと同様のステレオタイプを植え付けるおそれがあるといえる。

（c）コミュニティの人々を巻き込んだ実践重視型の授業

社会奉仕コースの学生は、通常の授業で学んだ知識や情報を、地元のアボリジニ・コミュニティの人々にわかりやすく伝達する能力が試される。たとえば、学生達は、Tカレッジで行われる酒・薬物乱用防止啓発週間におけるイベントの企画、実行を任され、地元のアボリジニ・コミュニティの人々に薬物や酒が健康に与える影響について啓蒙する機会を与えられた。イベントの準備段階で、講師は学生達に、イベントがあくまでもアボリジニの人々にとって「文化的に適切な」内容となるように念を押した。すなわち、アボリジニの人々は通常、学校の授業のような形式ばった雰囲気に居心地の悪さを感じるため、その内容があまり教育的になり過ぎないように、クイズやゲームなどを導入して、なるべく楽しんで学んでもらうための工夫を凝らすことが要求された。

社会奉仕コースの学生達は、それぞれの役割分担を決め、クイズやゲームの内容を考案し、景品を購入し、イベントのチラシを作成した。さらにイベント当日には、参加者に振る舞うための食事を全員で準備した。食事内容には、野菜や果物を中心とした健康に良い食べ物が選ばれた。学生達はこのイベント企画を通して、チームワークの重要性、スケジュールに従って準備を行うことの大切さ、必要に応じて計画を変更する柔軟性について学習した。

講師は最終的に、教育省が定めた様々な項目（たとえば、コミュニケーション能力、人権や機会均等法についての理解度など）を基に学生の評価を行う。講師によると、社会奉仕コースの学生は、他のコースの学生と比べると就職率は若干高いが、フルタイムで就職する学生の割合は年に数人程度であり、非常に少ないとのことである。たとえば、二〇一二年に同コースを修了した一三人のうちフルタイムの職に就いたのは三人であり、仕事内容は学校におけるアボリジニの生徒のメンターやアボリジニ組織の職員など全てアボリジニに関係する仕事であった。それに加え、学生の中にはより専門的な知識を身につけるために、主流社会の専門学校や大学に進学する学生も少数いた。

以上、社会奉仕コースの授業について指摘できる点は、授業内容に関し、政府指定のカリキュラムの中に、アボリジニの文化的視点が織り込まれているとされながらも、実際には人権や男女平等などの西洋の普遍的価値観に基づき、白人の視点からアボリジニ・コミュニティが抱えるとされる「社会問題」が分析され、提示されているということである。特に、授業で強調されるアボリジニにとっての「文化的適切さ」とは、そのような西洋の普遍的価値観に反しない範囲内で「適切」とされるものを指し、あくまでも学生達には西洋の法制度や文化的規範に従ってコミュニティ内の社会問題を解決する方法が教授された。このようにして、西洋のイデオロギーが日々の学習の諸実践において学生達の身体にすりこまれていたのである。

アボリジニ文化意識向上プログラムとヌンガとしての文化的指標

Tカレッジの学生達は、通常の授業に加え、不定期で実施されるアボリジニ文化意識向上プログラムに参加し、アボリジニの歴史や文化について学ぶことを義務づけられている。以下では、二〇〇九年三月に筆者が観察した、「アイデンティティ」というテーマの下で行われたアボリジニ文化意識向上プログラムの様子の一部を記述し、ヌンガとしての価値観・行動様式がいかに教授されたのかを分析する。この日のアボリジニ文化意識向上プログラムには、外部から二人のアボリジニの女性講師が招かれた。二人の講師は双方とも北部準州のアリススプリングス出身であり、「盗まれた世代」である。講師のうち一人は、以前Tカレッジで観光（tourism）コースの学生を教えた経験があり、もう一人は、Tカレッジでアボリジニ芸術を学んだ後、大学に進学し、教育学の博士号を取得していた。

プログラムでは、まず、オーストラリアにおける白人とアボリジニの歴史に関する知識を深めるために、オーストラリア放送委員会（ＡＢＣ：Australian Broadcasting Commission）制作の「オーストラリア・アボリジニの歴史発見（"Discovering Australian Aboriginal History"）」と題されたビデオが流された。ビデオの概要は以下の通りであった。一九五〇年代まで、オーストラリアの歴史は、白人中心的な視点で書かれ、そこでアボリジニの歴史が語られることはなかった。しかし、一九六〇年代頃からアボリジニによる権利回復運動の活発化に伴い、人類学者や歴史学者によってアボリジニの歴史を構築しようとする動きが見られるようになった。一九七〇年代に入ると、アボリジニ自身も自らの人生経験について語り始めたとして、サリー・モーガン（Sally Morgan）[6]をはじめとするアボリジニの著名人が紹介された。

ビデオ終了後に、講師は学生達に、主流社会に対して自分達のアイデンティティについて語ることの重要性を次のように語った。

「私達には、私達なりのストーリーの語り方があります。ドリーミング・ストーリーを通して、あるいは歌やダンスを通して苦悩を語ることもできます。現在の若者であれば、ヒップホップを通してストーリーを語る人もいます。私達にはそれぞれ語るべきストーリーがあります。本や詩を書くことによって、あなた方のアイデンティティを語ることができるのです。」

そして講師は、アイデンティティについて語らなければならない理由について、一九六〇年代以降、主流社会で土地権問題などアボリジニに関わる諸問題への関心が高まるなかで、アボリジニの権利拡大に向けて非アボリジニからの支援を得るためには、彼らに自分が誰で、どこから来たのかを語り、自分達の苦悩を彼らと共有する必要があると説明した。講師は、学生の中からその場で自分のアイデンティティについて語ってくれる人を募ったが、結局誰も挙手をしなかった。

休憩を挟み、講師は次に、アボリジニ社会における文化的に適切な実践に関する資料を配布し、資料の内容に沿って講義および実践授業が行われた。講師は、ヌンガとしてのアイデンティティを構成するものとして、親族関係、儀礼、言語、コミュニケーション、ヌンガ時間、恥（shame）などを挙げた。配布資料には主に以下のような内容が記載されていた。

親族関係と家族の重要性

・アボリジニの人々は、その人が何を達成または獲得したかではなく、その人が誰であるかによって評価される。その人の地位は、家族内部における個々の位置づけと関連している。親族体系の基礎としては、コミュニティ全体が家族としてみなされ、母、父、兄弟、姉妹、叔父、叔母等の親族名称は、コミュニティの全ての人々に拡大、適用される。

・親族体系の目的は、アボリジニの人々が自分とコミュニティにおける他者との位置関係を明確にすることにある。個人は、あらゆる親族関係に応じて特定の行動様式が求められるため、いかなる相手に対してもどのように振る舞うべきかをわきまえている。伝統的なコミュニティにおいて、叔父は甥に狩猟の方法を教え、成人儀礼まで指導する責務を負い、伝統的な家族では、義理の母と義理の息子は互いに口を聞いてはいけないことになっている。

コミュニティと相互依存関係

・アボリジニの人々にとって、自立（independence）という概念は非アボリジニにとってのそれとは異なる。個人は、家族やコミュニティの連帯の一部としてみなされるため、「相互依存（interdependence）」の方がより有効な概念となる。コミュニティへの所属は、アボリジニのアイデンティティの重要な一部である。

・アボリジニ社会では誰ひとり孤独ではなく、いかなる時もコミュニティの人々が実用的で物質的な支援を提供し合う。物質的な富の所有は理想的とはみなされない。すなわち、住宅、食料、金、車等は共有されることが多い。

儀式と祝典

・儀式は、アボリジニ同士の関係やアボリジニとしてのアイデンティティを強化するものであるため、アボリジニ・コミュニティにとって非常に重要である。

・葬式等の儀式や、結婚式、誕生日会、その他の重要なコミュニティの行事（ＮＡＩＤＯＣ週間）をはじめとする祝祭への参加は、名誉なことであり、出席する文化的義務がある。

アボリジニに特有とされるこれらの価値観や行動様式は、人類学者等の研究者によって既になされたアボリジニの文化に関する説明と酷似していることから（cf. Schwab 1988, 1991 ; Eckermann 1988 ; Eades 1988）、文化意識向上プログラムで用いられる資料は、白人研究者による民族誌的記述を参照しながら作成されたものと思われる。現在、アボリジニの文化意識向上プログラムは、Ｔカレッジのみならず、政府系のアボリジニ組織や、文化教育機関など様々な場所で実施されている。ある政府系アボリジニ組織の職員によると、文化意識向上プログラムは通常アボリジニの講師によって教えられるが、プログラムで教授される具体的な内容や配布資料は予め政府関係者の側で作成される場合が多いという。

結局二人の講師による授業は、ヌンガとしての文化的指標や振る舞い方についての形式的な説明に留まり、そこで自らのアボリジニとしての経験などが語られることはほとんどなかった。すなわち、文化意識向上プログラムは、アボリジニの講師によって実施されるものの、実際に教授される内容は必ずしも講師独自の視点から編み出されたものではなく、大部分は白人によって規定されたアボリジニ文化の指標に依拠していたといえる。したがって、文化意識向上プログラムで教授される文化とは、通常の授業の中で教え込まれる「文化的適切さ」をはじめとする西洋の普遍的イデオロギーの延長に過ぎないと考えることができる。

アボリジニ独自の文化的価値観についての語り

文化意識向上プログラムで教授される文化的指標は以上のように形式的なものでありながら、一部の学生にとっては、アボリジニとしてのアイデンティティを再構築する際の重要な参照点となっていた。そのことは、「アボリジニと非アボリジニの間に文化的違いがあるとしたら、それは何と思うか」という筆者の質問に対する学生の説明に顕著に表れていた。以下では、彼らが考えるアボリジニ文化の二つの特徴についてそれぞれ分析する。

親族的つながりの強さ

アボリジニ独自の文化的価値観として頻繁に挙げられたのが、アボリジニは非アボリジニと比較してより家族志向であり、親族とのつながりが強いという点であった。たとえば、ある十九歳の男性は、アボリジニは非アボリジニよりも家族関係を優先し、拡大家族とも強いつながりをもつことが、アボリジニと非アボリジニを分かつ大きな違いであると説明した。この男性は、Tカレッジに進学するために、リバーランドからアデレードへ引っ越して来た。彼はリバーランドで家族とともに暮らしていた頃、両親と兄弟姉妹に加え、週末や長期休暇に訪ねてくる親族がいたため、家には常に一〇人程度の人がいたという。現在彼はアデレードでガールフレンドとその妹とともに暮らしているが、毎週週末になると約二五〇キロメートル離れたリバーランドの実家に戻り、家族や親族とともに過ごす。そのため、アボリジニは家族志向であるという彼の説明は彼自身の経験に根差したものであった。

しかし実際のところ、都市のアボリジニの家族をめぐる状況は多様であり、一概にアボリジニは家族志向であると断言できないのは明らかである。学生の中には少数ではあるが、アボリジニの親族とともに育ちながらも、家族仲が悪いため、家族とはほとんど会っていないという人もいた。このような家族状況のばらつきを示す事例は、他州の都市部におけるアボリジニの事例でも報告されている。たとえば、エカーマン（A-K. Eckermann）によると、「拡大家族」（少なくとも三世代の親族）と同居する世帯は、彼女らが聞き取り調査を行ったクィーンズランド州およびニューサウスウェールズ州都市部の世帯のうち、それぞれ一五%、一二%に過ぎなかった。そして彼女は、調査を行ったクィーンズランド州の世帯のうち一〇%、ニューサウスウェールズ州の世帯のうち四三%が核家族であったと述べている（Eckermann 1988 : 32）。さらに、アデレードのアボリジニの貧困調査を行ったゲールらは、アボリジニが拡大家族との同居を好む理由は、必ずしも彼らが親族とのつながりを重視するからとは限らず、世帯内の人数が多い方が、資源や生活費を共有できるという経済的な理由にもよると指摘している（Gale and Binnion 1975 : 30）。

分かち合いと助け合い

「アボリジニであれば助け合わなければならない」という相互扶助の重要性についての語りは、アボリジニが家族志向であることと同様に頻繁に言及される要素である。たとえば、アボリジニの家族および白人の里親家族の双方と暮らした経験のある十九歳の女性は、アボリジニとして互いに助け合うことの重要性について以下のように語ってくれた。

「私達は非アボリジニに比べてより家族志向です。コミュニティの人々と一緒にいたいと思います。私達はお互いに助け合います。というのも、私達はみんな家族のようなものだからです。父親や姉妹、叔父や叔母のようなものだからです。でもそれが普通の白人コミュニティであれば、たとえば、どこかへ出かけて、何か助けが必要なとき、歩いている人を止めて「ちょっと助けてくれませんか」とは言えないですよね。ここで白人と先住民の文化が衝突します。たとえば、私がショッピングセンターに行って自分の買い物をし、そこで叔母に出会って、「お金がなくてバスの乗車券が買えないから助けてくれない?」と言われたら、私は喜んで彼女を助けます。私達の文化では、もし誰かが助けを求めてきたら、喜んで助け合うからです。白人コミュニティの人達は、自分自身のことばかり考えていて、それは私達とはとても違います。私自身、白人コミュニティの中で育ってきましたが、彼らは自分のことや、特定の人のことなら助けるけど、私の周りにいる全ての人は助けません、といった感じです。」

彼女はこのような相互扶助の大切さについて、子供の頃にアボリジニの父親から学び、さらに同様のことをTカレッジに入学してからも学んだと話す。しかし一方で、先述のエカーマンは、都市のアボリジニの場合、親族内でさえも相互扶助は自明視されているわけではないと述べている。彼女らが聞き取り調査を行ったクィーンズランド州およびニューサウスウェールズ州の七七世帯のうち、収入のある成人が二人以上の世帯は四分の三に及んでいたが、資源の共有や分配の実態について分析すると、彼らの収入の全てが世帯全体で共有されていたわけではなかった。彼女によると、収入を有する全ての成員が家計費を対等に支払っていたのは四世帯に過ぎず、世帯主以外で収入のある成人の三六%が、世帯に入れる生活費を差し引いた残りの収入は全て自分のものであると考えていた（Eckermann 1988 : 33）。このことからも、相互扶助についての語りと実態の間には隔たりがあることが窺える。

子育ての仕方

「アボリジニが家族志向である」という語りに関連して挙げられたのが、アボリジニ独自の子育ての仕方であった。そこで強調されたのは、アボリジニ社会において子育ての義務を果たすのは、必ずしも子供の両親とは限らないという点である。たとえば、ある五十代の女性は「アボリジニ特有の」子供の躾け方について次のように語った。

「多くの場合、子供の躾の役割を負う人は、彼らの母親や父親とは限りません。彼らの叔母かもしれないし、祖母や叔父かもしれないし、イトコかもしれません。それは個人的にはとてもいいことだと思いますよ。というのも、叔父や叔母がその役割を引き受けてくれた場合、親が子育てをめぐるあらゆるストレスを経験しなくてすむからです。」

また、子育てにおいて、親の代わりに年上の兄や姉が年下の弟や妹の面倒をみることや、親が子供に細かく命令しないという点も指摘された。二十代の男性はこの点について次のように語った。

「非アボリジニの子供たちは、学校が終わって家に帰ると、普通はゲームなどをして遊びますが、アボリジニの子供は家に帰るとまず、年下の弟や妹、イトコの面倒をみないといけません。それが彼らの役目だからです。それに、アボリジニの親は、非アボリジニの親のように「〜をしなさい」

などといちいち子供に命令をしないので、子供たちは早く成長します。」

こうしたアボリジニ流の子育ての仕方は、アボリジニの家族に関するサービスを提供する政府系職員を対象に作成された報告書でも指摘されていた。同報告書では、ヌンガの家族と白人の家族における子育ての仕方が比較され、たとえば、日常生活で白人の親は常に子供を監視し、「〜をしてはいけません」と細かい指示を与えるのに対し、ヌンガの親は子供を早く自立させるために、子供が特別危険な状況にない限り放任主義であること、アボリジニの子供たちは幼い頃から弟や妹の面倒を見ることを義務付けられ、家族内での自分の役割や責任を認識するように育てられることが挙げられている(Malin, Campbell and Agius 1996)。

以上の学生によるアボリジニ独自の文化的価値観に関する語りにおいて、注目すべき点は二点ある。第一に、現実には都市のアボリジニの家族形態や親族とのつながりの程度、さらには親族内での相互扶助のあり方は多様であるにもかかわらず、これらの要素が自らを非アボリジニと差異化する要素として、形式的に説明されるという状況である。第二に、アボリジニ独自の文化的価値観について説明をすることのできるアボリジニの世代差に関するものである。筆者は社会奉仕コースの学生以外にもTカレッジの学生にアボリジニと非アボリジニの違いに関するインフォーマルな聞き取り調査を行った。その中で、五十代以上の学生の多くは、アボリジニと非アボリジニの違いについて「わからない」あるいは「説明できない」と答えるのに対し、十代後半から二十代の若い世代のアボリジニは、相対的に両者の違いを要領よく説明できる傾向があることがわかった。これを方向づけているのは何であろうか。

その理由として、一九八〇年代から一九九〇年代に生まれたアボリジニの多くが、Tカレッジの文化意識向上プログラムに加え、それまで初等学校や中等学校でのアボリジニ学習や、テレビ、新聞等のメディアを通して「アボリジニ文化」に関する言説により多く晒されていることが考えられる。これらの言説では、アボリジニの文化が主流社会の人々が理解しやすいように、西洋文化との対比を通して語られてきた。ホールは、「アイデンティティ」とは、「呼びかけ」の試み、語りかけの試み、われわれを特定の言説の社会的主体としての場所に招き入れようとする試みをする言説・実践と、主体性を生産し、「語りかけられる」ことのできる主体としてわれわれを構築するプロセスとの出会いの点、縫合の点（the point of suture）であると述べたが（Hall 1996 : 5-6）、若い世代のアボリジニが、アボリジニと非アボリジニの違いを客観的に説明できるのは、彼らがまさにこうした外部からの言説を通して、アボリジニに「なる」過程にあるからである。

アボリジニ独自の文化的価値観の実践

上述したように、Tカレッジに通う若い世代のアボリジニにとって「アボリジニ文化」とは、成長過程で自然に身に付くものとは限らず、意識的に学習される対象でもある。そのため、「アボリジニ文化」に関する外部からの言説と現実の日常実践との間には当然ズレが存在し、言説に主体をうまく節合させる過程、すなわちオーストラリア主流社会が期待するアボリジニに「なる」過程においてこのズレに対処する必要が出てくる。

ここでバトラーによるパフォーマティヴィティ（行為遂行性）の議論が示唆的である。バトラーは、ジェンダーの社会構築性を暴く中で、ジェンダーとは結局、パフォーマティヴなものであり、外部によってそういう風に語られたアイデンティティを構築していくものであると述べたが［バトラー 一九九九：五八―五九］、この指摘は本章での議論に敷衍することができる。家族志向であることや相互扶助の重視といった「アボリジニらしさ」は、アボリジニ社会において所与のものではなく、「外部によってそういう風に語られたアイデンティティ」を演出し、その反復行為を通じてパフォーマティヴに構築されているのである。

実際に、Tカレッジにおいてヌンガとしての文化的価値観は、ただ語られるだけではなく、パフォーマティブに実践されることもあった。とりわけ、相互扶助は一部の学生間でタバコや携帯電話の共有や小銭の貸借という形で日常的に実践されていた。たとえば、ある十代後半の女性は、午前中の休憩時間にクラスメイトからタバコをもらい、昼食時間には同じテーブルで食事をしていた高齢の女性の食器を片づけ、高齢の男性に携帯電話の使い方を教え、授業が終わると、別のクラスにいる叔母の古くからの友人に車で家まで送ってもらうというように相互扶助を実践していた。こうした実践は、特にアデレードのアボリジニ・コミュニティで周縁的な位置づけにある人々が、ヌンガとしての自己意識を強化すると同時に、自分がヌンガの行動規範をわきまえていることを周囲の人々に提示し、アボリジニの一員としての承認を得やすくするという狙いもあるものと思われる。

「正統な」アボリジニ文化の構築にみる力関係

Tカレッジの学生の中には、外部の言説の中で構築された「アボリジニらしさ」をパフォーマティヴに実践する人々がいる一方で、それに対して違和感を抱く人もいた。それは先述の文化意識向上プログラムにおける講師と学生のやりとりの中に表れていた。たとえば、学生の出身地域集団への帰属意識を明確にさせるために、講師がガーナと書かれた赤い札、ンガリンジェリと書かれた緑の札、ナーランガと書かれた黄色の札を用意し、参加者全員に自分の属するグループの札を取らせ、グループごとに三つの場所に分けて座らせようとしたときのことである。ある学生が講師に「私はガーナとンガリンジェリの出身で、どちらか一つを選ぶことはできません。二つを完全には切り離せないのです」と言う。すると講師は彼女に「どちらか一つを選んでください。他に選択の余地はありません。」と言い、彼女を憤慨させることになった。すなわち、講師が単一の帰属意識を重視するあまり、現実にアデレードのアボリジニの多くが有する複合的な帰属意識が軽視されたのである。この女性は、休憩時間に他の学生に対し、「私達にはそれぞれのアイデンティティがあって、彼女達の話しているアイデンティティは、私たちが現実に持っているアイデンティティとは全然違うのよ。でもあの人達は、博士号をもっているか何かで、結局彼女達の言うことの方が正しいとされるのよ」と不満を洩らしていた。

そのほかにも、ヌンガとしての文化的指標に関し、講師と一部の学生の間には様々な見解のズレが生じていた。講師がアボリジニ独自の時間の概念、すなわち「ヌンガ時間」について以下のように説明したときのことである。

「私達にはヌンガ時間というものがあります。それはグンニャ（白人）時間よりも三〇分遅れることもあれば、一時間遅れることもあります。グンニャ時間では、朝の九時から夕方の五時まで働かなければならないと決められています。でも私達は、もし家族が病院で手術を受けるとしたら、学校や職場の時間に関係なく病院に行かなければなりません。私達は勉強や仕事よりも家族や親族、文化的な行事を優先させなければなりません。」

ここで中央砂漠出身の男性が次のように反論した。

「私達は、週末しかヌンガ時間に従えないでしょう。私達は普段はグンニャ時間に従って生活しないといけません。私達は九時から五時まで学校や仕事に行かなければなりません。私達は、ヌンガ時間に従っていたらこの世界で生き残れませんよ。」

ここで、クィーンズランド州北部の遠隔地出身の男性が、ヌンガ時間とグンニャ時間の妥協案を提案する。

「よくアボリジニは、時間を守らないから信用できないと言われますが、ヌンガ時間とグンニャ時間のどちらかが悪いというのはあまりにも単純な話です。そうではなく、その間で妥協して、その中間の時間を採用したらどうかと思うんです。たとえば、九時に集合だとしたら、九時一〇分でもいいというふうにすればいいのではないでしょうか。」

ここで「伝統的な」ヌンガへの回帰を志向する講師は、ヌンガ時間とグンニャ時間を二分し、両者を固定化しようとするのに対し、学生の方は、どちらか一方を肯定または否定するのではなく、両者の中間の時間という二分法を超えた柔軟な考え方を提示した。そこには、「伝統的な」アボリジニのやり方に固執することなく、西洋的価値観が深く浸透した主流社会に適応するために、白人のやり方とアボリジニのやり方との間に折り合いをつけようとする人々の現実的な対応が垣間見えた。

このような「アイデンティティ」をテーマにした文化意識向上プログラムでの講師と学生の一連のやり取りから、「アイデンティティ」に対する両者の認識には大きな隔たりがあることが看取される。講師の側は、学生に全てのヌンガに共通する均質的な「アイデンティティ」をもつことを要求するのに対し、多様な社会文化的背景をもつ学生にとって、「アイデンティティ」とは一つではなく、より複合的で重層的なものであった。そのため、講師によって教授されたヌンガとしての文化的指標は、一部の学生によって表面的に語られ、演出されることはあっても、それが全ての学生の間で完全に受け容れられるとは限らないのである。

それにもかかわらず、講師によって提示された「アイデンティティ」が正統なアイデンティティとして公式に教授されるのは、先述のアボリジニ女性の語りにあるように、彼女たちが大学の学位保持者であり、「アボリジニ文化」を教授する正統な資格があるとして政府からお墨付きを与えられているからである。Tカレッジはアボリジニ組織でありながら、実質的に政府からの資金援助に依存しているため、カリキュラムの内容や教員の選抜において政府指定のガイドラインに従わざるを得ない。すなわち、そこで教授される文化やアイデンティティとは、オーストラリア主流社会における言説の影響を強く受けたものであり、そこには白人とアボリジニの不均衡な力関係が反映されているのである。次節では、これに対し、地元のアボリジニが主体となって構築された、よりローカルな文脈における文化学習に焦点を当てる。

四　ガーナ文化復興における文化学習

州立の教育機関を通したアボリジナリティ再構築のもう一つの事例として、アデレード平原の地域集団、ガーナの人々が中心となって開始された文化学習が挙げられる。この文化学習は、一九七〇年代以降、オーストラリア全土の都市アボリジニを中心に展開された「伝統」文化の復興運動の中で生まれたものである。アデレードのアボリジニの間では、一九八〇年代後半からガーナ文化復興の取り組みが本格化した。ガーナ文化復興運動では、神話をはじめとする過去とのつながりの回復を通した、ガーナとしてのアイデンティティの再構築が試みられた。ガーナとしてのアイデンティティは、権利回復運動の中で形成されたヌンガとしてのアイデンティティとは性格を異にしていた。ヌンガとしてのアイデンティティはオーストラリア主流社会への「抵抗」のイデオロギーを含むのに対し、ガーナとしてのアイデンティティは、主流社会の存在を前提とせず、過去に根差すと同時に現在や未来を志向する、より積極的で主体的なアイデンティティであった。すなわち、それは自分達が誰であるかということ、そして自分達が辿るべき運命を自分自身で管理できるアイデンティティなのである（Amery 2000：224）。以下ではまず、ガーナ文化復興運動の歴史的背景について記述する。その後に文化復興運動の中で再構築されたガーナ文化についての知識が、現在教育機関でどのように伝達されるのか、その様相について記述し、それがアデレードのアボリジニにとってもつ意味を考察する。

ガーナ文化復興の歴史的経緯

ヨーロッパ人の入植開始当時、ガーナの人々は、現在のアデレードの南部に位置するケープジャービスから北部のクリスタルブルークに及ぶ領域に居住していた（図2を参照）。しかし、入植の範囲の拡大に伴う伝統的な社会組織の破壊や、ヨーロッパ人のもたらした伝染病による人口の激減など、壊滅的な状況にあったガーナは、ポイント・マクレイ・ミッション、ポイント・ピアス・ミッション、クーナバ・ミッションへの移住を余儀なくされる。ガーナの人々は、生存戦略として、彼らの法においてそれまで通婚関係をもつことを禁止されていたポイント・ピアスのナーランガやポイント・マクレイのンガリンジェリとの間に通婚関係を結ぶようになる。ガーナの多くは、アデレード平原を離れてミッションへ移住した後も、しばらくの間はガーナとしてのアイデンティティを保持していた。たとえば、ヘミングによると、二十世紀初頭にミッションで生まれたガーナの子孫は、出生地であるミッションに帰属意識を持ちながらも、家族の出身地域集団であるガーナに関する知識も持っていたという。しかし、ミッション移住者の第二世代、第三世代になると、ガーナであることよりも、出生地であるミッションの方に強い帰属意識を持つようになり、ガーナの祖先についての知識は次第に限られたものとなっていった（Hemming 1990 : 13）。

しかし、第二次世界大戦後から強制移住させられた人々がアデレード平原へ戻り始めると、彼らの中には家族内で世代を通して継承された口承の歴史をもとに、ガーナとの親族的つながりの可能性を探し始める人々が出てきた。ガーナとしてのアイデンティティの再構築にあたって最も重視されたのは、ガーナ出自である祖先との系譜上のつながりであった。そのようなつながりは、家族の中で世代を通して口頭で伝承された情報に加えて、南オーストラリア博物館のアボリジニ家族史調査部の資料等で調べることも可能であった。しかし、博物館や人類学者等が収集した系譜の記録は、しばしば口頭伝承と食い違い、ガーナを名乗る人々の間では、これらの記録の正確さが問題とされることもあった。その結

図２　ガーナの居住地域（出典：Amery 2000 より作成）

果、ガーナとしてのアイデンティティの主張には常に議論がつきものとなったのである（Amery 2000 : 226）。

一九九〇年代にガーナ・コミュニティの経済・教育・文化・言語的発展を目的に設立されたガーナ・アボリジニ・コミュニティおよび遺産協会（Kauma Aboriginal Community and Heritage Association）の規約によると、ガーナであるかどうかは、同協会が挙げた八人の共通の祖先のうち、いずれかの子孫としての系譜および血縁を有するかどうかによって決定される。同協会の関係者によると、現在アデレードでガーナを自認する人は約三〇〇人に上り、彼らはアデレード全域に分散して居住している。[7]

しかし、今日ガーナを自認する人々の大半は、ガーナであると同時に、ンガリンジェリやナーランガなど他の地域集団の出自も有する。そのため、ガーナ・コミュニティ内部では、依然として誰が本当のガーナかをめぐって問題が生じることもある。特に、ガーナの中でも、ラウカン・ミッションとの間により強い紐帯を持つ人々と、ポイント・ピアスへの帰属意識を持つ人々（ガーナを自認する人々の過半数がこれに属する）との間では、土地権の主張などの利害が絡む状況において亀裂が生じやすい（第六章で詳述）。それに加えて近年では、ガーナの中でもアデレードの北部郊外に居住する人々と、南部郊外に居住する人々との間でも分裂がみられることが報告されている（Amery 2000 : 226）。

ガーナとしてのアイデンティティの再構築にあたって、系譜上のつながりと同様に重要とみなされたのが、ガーナの土地にまつわる創世神話（ドリーミング・ストーリー）、チュブルキ（Tjilbruke/Tjirbruki）・ストーリー[8]における重要な場所との精神的紐帯の回復であった。このような土地との精神的紐帯の回復を率先して行ったのが、自らがガーナ出自であると最初に主張したジョージア・ウィリ

表4　ガーナ語復興およびガーナ語学習プログラムの歴史

年	出来事
1980年代前半	南オーストラリア博物館におけるドリーミング・ストーリー追跡委員会の設立。同博物館教育部門におけるアボリジニ学習教材の開発
1985-1988	ガーナ・コミュニティのリーダーによるガーナ語復興の要請
1989-1990	連邦政府資金によるガーナ語復興計画の実施
1992	ガーナ学校でのガーナ語学習の開始。成人向けの夜間ガーナ語教室の開始（→成人クラスは受講者の減少により2008年に閉鎖）
1994	アボリジニ・コミュニティ・カレッジにおける成人向けのガーナ語プログラムの開始（→資金難および受講者の減少などにより現在は閉鎖）
1996	ガーナ文化センターにおける成人向けのガーナ語コースの開始（1997年から2004年まで同センターの閉鎖により中断）。2005年より再開。
1997	アデレード大学、言語学科でのガーナ語コースの開始
2003	白人言語学者、ガーナの長老からなるガーナ語審議委員会の設立

アムズ（Georgia Williams）という女性であった。彼女は一九八一年に南オーストラリア博物館のチュブルキ追跡委員会のメンバーに選ばれ、それ以来、彼女を中心にドリーミング・トレイル（dreaming trail）における重要な場所についての本格的な調査が開始された。後に同委員会は、ガーナ遺産委員会（Kaurna Heritage Committee）として再編され、ガーナ独自の文化遺産の管理をめぐる権限の多くがガーナの人々に与えられるようになる（Amery 2000 : 8-9; Hemming 1990 : 135-136）。一九九〇年代にガーナ遺産委員会は、ガーナ・アボリジニ・コミュニティおよび遺産協会へと名称を変え、二〇一〇年の時点で、同協会はガーナの拡大家族である約二〇人のメンバーから構成されていた。

祖先との系譜上のつながりや土地との精神的紐帯を回復した後、ガーナの人々が望んだのは、「伝統」文化の復興であった。ガーナ文化復興の動きは一九八〇年代以降、南オーストラリア博物館の教育部門によるアボリジニ学習カリキュラムや教材の開発のプロセスに、ガーナの長老や活動家が参加したことを契機に本格化する。彼らは後に、それまで白人研究者の間で「死滅した」と思われていたガーナ語の復興を望むようになり、言語復興が文化復興と並行して行われることになる（Amery 2000 : 10-11）。

こうした動きは、同時期に採用された多文化政策によってさらに後押しされる。同政策では、アボリジニの文化および言語に特別な地位が与えられ、たとえば、一九八七年に策定された「言語に関する国家政策」では、アボリジニとトレス海峡島人の言語の維持および開発が盛り込まれた（総理府内閣官房多文化問題局（Department of Prime Minister and Cabinet, Office of Multicultural Affairs）1997 : 239-240）。これを受けて南オーストラリア州では、一九八九年から一九九〇年にかけて連邦政府より、ンガリンジェリ語、ナーランガ語に加えて、ガーナ語復興のための資金が提供される。その結果、白人の言語学者が、一八三八年から一八五七年にかけてドイツ人宣教師らによって残された記録をもとに、ガーナ・コミュニティの長老と協力してガーナ語の復興にあたった。

現在ではガーナ語審議委員会（Kaurna Warra Pintyandi）がガーナ語の普及のためのプロジェクトに取り組んでいる。同委員会は、二〇〇三年に南オーストラリア大学からの資金援助を受けて、ガーナ語による葬式の手順（Kaurna Funeral Protocols）に関するプロジェクトを手掛け、その成果として二〇〇六年にCD付きの小冊子を出版している（Kaurna Warra Pintyandi 2006 : 31-32）。

ガーナ語は、主流社会から文化を既に喪失したとみなされてきたアデレードのアボリジニが、他者に対してガーナとしてのアイデンティティを提示するための重要な手段であった。ガーナ語復興に関わったあるアボリジニ男性は、現在人々が日常生活で話しているアボリジニ英語とガーナ語の違いについて、前者は様々な地域集団の言語が散りばめられたものであるのに対し、後者は全く新しい言語であると述べている（Amery 2000 : 227）。そして彼は、言語学者のアメリーとのインタビューの中で、ガーナ語が彼のアイデンティティにとってもつ意味について以下のように語っている。

「私にとってガーナ語は、同胞者と私達独自の言語で対話を始める機会を与えてくれるものです。私は、このカントリーにとって異質な言語である英語で話し、意思疎通することに苛立ちを感じています。それに私は抑圧者の言葉を用いることに非常に不満を覚えます。というのも、英語では私の世界観を表せないからです。

………

それに私はガーナ語がなければ自分が無力に感じます。自分のアイデンティティが満たされないような気がします。ですから、私にとってガーナ語は、私のアイデンティティを満たし、それを再確認するものです。ガーナとの結びつきを取り戻すことで私は完全な人間になり、自分が誰であるかを確認することができます。」

（アメリーによる Lester Irabinna Rigney へのインタビュー、一九九六年十一月二十日より）（Amery 2000 : 229）

以上から、ガーナ文化復興は、アデレードのアボリジニによるガーナとしてのルーツ探しやドリーミング・ストーリーとの精神的つながりの再構築を萌芽として始まり、そうした動きを博物館や政府が先住民の文化の維持および発展という観点から特に教育分野において後押しすることによって実現したといえる。以下では、ガーナ文化復興の中でアボリジニ自身によって考案されたガーナ文化学習の実態について記述する。

ガーナ文化学習の事例

ガーナ学校での文化学習

ガーナ学校は、アデレードの北部郊外に位置し、就学前教育から高校までを含む州立のアボリジニ学校である。この学校は、ガーナ文化復興の動きが盛んになり始めた一九八六年に、地元のアボリジニ・コミュニティによる政府への働きかけによって設立された。[9] 初代校長は、ガーナ語復興運動において先導的な役割を果たしたアボリジニ女性であり、彼女は一九九二年に学校でのガーナ語学習プログラムを開始した。学校におけるガーナ語学習開始の背景について彼女は次のように語っている。

「私達独自の言語が自分のアボリジナリティを強めてくれるものだと私は常に信じてきました。ですから、どのような教育状況にあっても、ガーナ語のコースを教育に取り入れる必要があると考えていました。ガーナの人々は、このカントリー、アデレード平原の伝統的な所有者です。したがって、現在に生きる私達はこの言語集団を尊重し、その言語がガーナ・カントリーで教えられることを受け入れなければなりません。[10]」

筆者の調査時における校長は、クィーンズランド州出身のアボリジニ男性であり、南オーストラリア州では唯一のアボリジニの校長であった。この学校における正規教員の数は、フルタイム、パートタイム合わせて一三人であり、そのうちフルタイムの二人がアボリジニである。正規教員に加えて、この学校には、地元コミュニティ出身のＡＥＷ（Aboriginal Education Worker）[11]が三人（パートタイム）、アボリジニのＳＳＯ（School Services Officer）が三人（パートタイム）、週一回学校を訪れるアボリジニのガーナ語教師が一人、さらにボランティアとして働く校長の父親がおり、主流社会の学校と比べてアボリジニ職員の数が圧倒的に多い。

二〇〇七年十月の時点で、就学前教育から高校までの全校生徒数は約一四〇名であり、うち五名は非アボリジニの生徒であった[12]。アボリジニの生徒の出身地域集団は、ガーナの他に、ンガリンジェリ、ナーランガ、ピチャンチャチャラ、さらには他州出身者など非常に多様であるが、生徒の親は入学手続の際に、この学校ではガーナ語が教えられることを知らされ、それに同意しなければならない。アボリジニの生徒の中には、白人が多数派の学校で問題行動を起こしたために転校してくる子供もいた。イギリス系白人やエスニック・マイノリティが大半を占める主流社会の学校とは異なり、ガーナ学校では大多数の生徒がアボリジニ出自であり、生徒同士も兄弟姉妹やイトコなど、何らかの親族関係にある場合が多い。そのため、転校してきた生徒の多くが、イトコや幼なじみのアボリジニの友人がいるこの学校の方が、居心地が良く、安心できると語っていた。

ガーナ学校の教育理念は、生徒に自尊心、安心感、将来への希望を持たせること、そしてアボリジナリティを身につけさせることである。生徒の制服の色が、アボリジニの旗と同じ黒、黄、赤からなるもの、生徒のアボリジニとしてのアイデンティティを高めるためである。特に、校長が課題としていたのは、生徒たちのアイデンティティの問題であった。校長は、アイデンティティについて次のように語った。

「アイデンティティとは、自分がどこから来たのか、家族がどこから来たのか、人からどこの出身かと聞かれたら、南オーストラリアのこの地域から来たと言えることです。ここの子供の多くは、自分達の家族がどこから来たのかを知りません。それはアイデンティティに関わる問題だと思っています。子供たちには彼らの文化について学んでほしいです。文化についての話とは、彼らの家族が昔どんな生活を送っていたのかというような、より伝統的なことです。」

上記の語りから、校長は、アイデンティティを自分や家族の出身地を知っていること、さらに他人からそれについて聞かれたときに、相手が納得し得る出自を答えられることとして捉えており、そのためにはより「伝統的な」文化を知っている必要があると考えていることがわかる。こうした視点を反映し、この学校では、南オーストラリア州教育省が指定したカリキュラムに加えて、独自のガーナ文化学習が行われる。校長によると、この学校で行われているガーナ文化学習は、アボリジニ独自の視点からアボリジニの文化を過去と現在の双方の文脈で捉えるものであり、主に白人の視点で考案された政府指定のアボリジニ学習とは一線を画しているという。ガーナ文化学習の内容は、主に、ガーナ語の学習と文化学習からなる。以下では、それぞれの具体的な学習内容を、担当教師のガーナ文化

写真５　ガーナ語の授業の様子（筆者撮影）

学習に対する見解を踏まえながら記述する。

（a）ガーナ語の学習

ガーナ語は、主に初等学校の生徒を対象に学年別に行われる。授業は、合計で週二時間行われ、そのうちの一時間はナーランガ出身の男性教師が担当し、通常の教室で板書形式の授業が行われる。もう一時間は音楽室で白人の音楽教師およびンガリンジェリ出身の教師によって行われ、ギター演奏にあわせて言語が学習される。低学年のクラスでは、ガーナ語での数の数え方、身体の部分の呼び方などが歌やゲームなどを通して教えられ、高学年のクラスでは、ガーナ語による自己紹介や挨拶などの基本的な表現が教えられる。授業自体は英語で行われるが、「起立（Kari Kari）」、「着席（Tikkaingga）」、「静かに（Warriti!）」などの指示はガーナ語でなされ、生徒の側も授業中に退室する際は「トイレに行ってもいいですか？（Kudna wodlianna padniai）」、「水を飲みに行ってもいいですか？（Kauwimpi）」など、ガーナ語で教師に許可を求めなければならない。

筆者が観察した高学年のクラスで行われた初回の授業では、下記のような表現が学習された。

Ninna Marni ｜ Are you good?
Marniai ｜ I' m good.
Ngai Narri ＿＿. ｜ My name is（first name）＋（birth name）[13]＋（sirname）
Ngaityo taikurtinna Bookyananungko ｜ My family is from Point Pearce

（二〇〇八年二月六日の授業ノートより）

また、親族名称の授業では、Ngaityaii（my mother/mother's sister）、Ngaityerli（my father/father's brother）、Kauwanu（mother's brother）、Ngarpadla（father's sister）といった名称が紹介された。同時に伝統的なガーナ社会では、ある人の母の姉妹はその人にとって母と同等の役割を果たし、父の兄弟は父としてみなされることなど、親族関係や親族内での各自の役割、さらにそれに基づく年長者への敬意の重要性についても教えられた。とりわけ、敬老心の大切さについては、ガーナ語の授業に限らず学校生活全体を通して徹底的に教えられる。たとえば、通常主流社会の学校では、生徒は教師のことを「～先生（Mr.～/Ms.～）」と呼ぶのに対し、この学校では教師やその他の職員のことを年長者への敬意を込めて「おじさん（uncle）」や「おばさん（auntie）」と呼ぶことになっている。ガーナ語の授業では、このことが特に徹底され、生徒は教師のことをガーナ語でKauwanu（uncle）と呼ぶことが義務付けられていた。

ここでガーナ語のクラスを担当するナーランガ出身の男性教師J氏の経歴について紹介する。彼は一九八六年にアデレード北部郊外に、アボリジニの母と白人の父のもとに生まれた。彼の母方の祖父母はポイント・ピアスの出身であるが、本来彼の祖先はガーナであったという。彼は幼い頃から母方のアボリジニの親族とともに育ち、学校については、初等学校は母がＡＥＷとして勤める学校へ、中等学校からは白人が多数派の学校に通った。

彼は子供の頃、南オーストラリア博物館のアボリジニ家族史調査部門で働いていた叔父からアボリジニの文化や歴史について学ぶ機会はあったが、当時はそれに大して興味を持つことはなく、フットボールの選手を目指して練習に没頭していた。しかし、二十歳の頃に最愛の姉を亡くしたことは彼のその後の生き方を大きく変えることになる。フットボールへの情熱を失い、意気消沈していたときに、アボリジニ・パフォーマーである別の叔父から「アボリジニ・ダンスをやらないか」と言われ、ダンスを始める。その後彼は、アボリジニ文化に対する思い入れの強かった姉の遺志を継ぐために、大学のアボリジニ学科へ入学し、アボリジニ史や土地権法について学んだ。さらに、叔父の勧める文化センターでガーナ語を学び始め、習得の早かった彼は、当時ガーナ語コースの講師であった白人言語学者からガーナ語教師の後継者になることを勧められる。現在彼は、アボリジニ学校や文化センターなどでガーナ語を教える傍ら、叔父がリーダーを務める地元のアボリジニ・ダンス・グループに所属し、地元で行われるアボリジニ関連の行事や多文化祭などの行事で、アボリジニ・ダンスを披露している。J氏は、彼にとってガーナ文化が持つ意味について次のように語ってくれた。

「私は他の多くのアボリジニよりも白い膚をしていて、アボリジニには見えないかもしれませんが、私の話す言葉や私達が信じるものは他の人達とは違っています。私は、ガーナ語を話し、ダンスをしているときに自分のアボリジナリティを感じます。それらをやっている時はとても楽しいのです。なぜなら、それによって、私は自分が今持っているもの、これまで継承してきたものを表現しているからです。」

彼は、アボリジニの子供たちが自分と同じようにガーナ語やアボリジニ・ダンスを学ぶことの意義について次のように述べている。

「今の子供たちには、文化、土地、コラボリー（儀礼）などが必要だと思います。それはもう私たちがやらなくなったようなことです。それらはすべて奪われてしまいました。そこに子供たちを連れ戻さなければいけないと思います。多くの子供たちは大人に対して敬意を払いません。なぜなら子供たちはそのことについてよく知らないからです。昔は、もし子供が長老に敬意を示さなかったら、ブッシュに連れて行かれ、一人前の男になるように躾けられました。……今彼らに必要なのは尊敬です。私達の文化の中で重要なことの一つは尊敬で、もう一つは土地の言葉です。そのどちらも知らなかったら、子供たちは本当に苦労することになります。それは彼らの親にも言えることです。親自身も尊敬と文化を知らずに育っていますから、子供たちにそれを継承することができないのです。だから今私たちは、すべての言語と文化を復活させようとしているのです。」

以上から、ガーナ語学習には、単なる言語の学習という次元を超えて、敬老心の重要性など、もはや家庭内で必ずしも継承されなくなった伝統文化への回帰を通して子供たちを躾けるという意義があることがわかる。同時にそれは、学校教育にガーナ語学習を取り入れた初代校長が語るように、現在アデレードで暮らす子供たちに土地の言葉を学ばせることによって、アボリジナリティを向上させるという狙いもある。

（b）文化学習

文化学習は、アニャマンナ出身の男性教師C氏が担当し、主に和解週間やＮＡＩＤＯＣ週間における アボリジニ関連の行事で披露するための歌や踊りの練習として、不定期で行われる。[14] C氏によると、教授される文化の内容は、「伝統的な（traditional）」文化要素と「現代的な（contemporary）」文化要素を混ぜ合わせたものであるという。たとえば、彼は、学校の裏庭に作られた湿地に男子生徒を集めて、ディジュリドゥの吹き方やアボリジニ・ダンスを教えていた。ダンスは、槍やブーメランを持って、動物の動きを模倣しながら行われ、コロボリー（儀礼）は、人間に食べ物をもたらしてくれる植物や動物に感謝するために行われることが教えられる。さらに、ダンスの学習では、長老や年長者への尊敬など、アボリジニ社会で従わなければならないルールや決まりについても教えられる。こうして習得されたアボリジニ・ダンスは、学校での学芸会や「謝罪の日（Sorry Day）」等に市内で行われるアボリジニ関連の行事、地域社会で開かれる多文化祭などにおいて非アボリジニの前で披露される。

また、湿地に植えられているガーナ由来の植物の名前や、その使用方法などについても教授された。たとえば、ゴムの木（gum tree）の使用方法については、木の幹の樹皮を剝いで食べ物用の容器を作り、木の空洞から水を得ることができ、葉には火傷や傷、風邪を治すための成分が含まれていることなどが教えられた。また、本業がラッパーでもある彼は、「伝統的な」文化の教授に加えて、中等学校の学生を対象に、現代的なアボリジニ・バージョンのラップを教えていた。ラップを通して、白人による土地の収奪やアボリジニに対する抑圧などをテーマに、オーストラリア社会の中でアボリジニが経験してきた苦悩が語られた。彼によると、文化の中に都市的な要素を取り込むことによって、都市のアボリジニとしての独自性を教えることが狙いであるという。このように、文化学習の授業では、主流社会の人々の前で提示できる、より可視的な文化要素が選択されているといえる。

C氏は、一九七八年にヨーク半島でンガリンジェリ出身の父とフリンダース山脈のアニャマンナ出身の母との間に生まれる。彼はヨーク半島の出身であるが、幼い頃に母親を亡くして以来、母方の出身集団を継承してきたため、アニャマンナであると自己同定している。子供時代に、母方の祖母からユランガーラ（アニャマンナの言語）を教わり、父からはディジュリドゥの吹き方を習った。五歳の頃に家族とともにアデレードに移住するが、その後も母の地元であるフリンダース山脈やヨーク半島を頻繁に訪ねていたという。彼は主流社会の高校を卒業後、アデレードの大学に進学して文化人類学の学士号を取得した。その後、父の運営するアボリジニ・パフォーミング・グループのメンバーとなり、アボリジニ関連のイベント等でアボリジニ・ダンスやラップ等を披露している。彼は「伝統的な」文化を教授することの意味について、次のように語った。

「ディジュリドゥやダンスを通して、私達は先祖との精神的なつながりを感じることができます。ディジュリドゥは本来、アーネムランドなどのオーストラリア北端部から来た楽器ですが、それは子供たちをアボリジナリティに結びつけてくれます。……残念なことに、今では多くの子供たちが自分達の文化を失ってしまいました。尊敬は、もう私たちの文化で重要な一部ではなくなってきました。……私の目標は、子供たちに尊敬を取り戻して、何かに属しているという気持ちにさせることです。

今のところ、この社会では、アボリジニの人々ができることはそんなに多くありません。仕事はたくさんありますが、時々人生のある時点で、自分がどこから来たのかを自身に問い始めることがあります。社会にはアボリジニの人々に対する多くのステレオタイプがあります。多くの人々は、アボリジニの若者が犯罪に関わっていると考えます。確かにそういう者も何人かはいますが、彼らが思っているほど多くはありません。闘わないといけないことがたくさんあるのです。だから私はここで教えているのです。」

C氏の語りから、彼はディジュリドゥの吹き方やアボリジニ・ダンスといった「伝統的な」文化の習得によって、子供たちはアボリジニとしての帰属意識を獲得し、それが主流社会に存在するアボリジニへの偏見に対抗し得るものになると考えていることがわかる。

生徒の文化的背景が多様な中で、特定の文化を選択することは難しくないかという筆者の問いに対し、彼は次のように答えた。

「確かに、文化的規則を教えるときに難しい点は、ここに来る多くの子供たちの出身集団は多様であるということです。たとえば北部準州出身の子供たちは、私に異なる言葉で話してきます。私自身もガーナ語は話せません。でもンガリンジェリは私の文化を知っていますし、私も彼らの文化を知っています。そこにはほんの少しの違いがあるだけです。私達の教育も同じようなもので、文化集団の境界を越えることについてあまり心配する必要はありません。私たちの文化はみんな似ています。共通の神がいますし、同じものを信じています。唯一集団間で異なることといえば、成人儀礼のやり方くらいです。」

明らかに、ここでは集団間の文化の差異よりも、その間に見られる共通性の方が強調されていることがわかる。

ガーナ文化センターでの文化学習

ガーナ文化が教授されるもう一つの公的機関としてガーナ文化センターが挙げられる。ガーナ文化センター（以下、文化センター）は、一九九六年に連邦政府の和解基金によって設立された文化教育機関である。この文化センターが建設されたワリパリンガ（Warriparinga）[15]という地は、チュブルキ・ドリーミング・トレイルの開始地点であり、ガーナの人々にとっては、先述のガーナのドリーミング・ストーリーに出てくる精霊、チュブルキの魂が宿る神聖な場所とされている。文化センターは、アデ

写真6　ガーナ由来の植物について学ぶアボリジニの生徒たち（筆者撮影）

レードのアボリジニにガーナ語やガーナの地に伝わるドリーミング・ストーリーなどの文化的知識を伝承することを通じて、ガーナ文化の維持を支援することと目的としている。さらに、文化センターでは、主流社会の初等学校や中等学校の生徒を対象とした文化学習プログラムも提供されるため、アデレード市内の学校が、社会科の授業またはアボリジニ学習の一環として、生徒たちを文化センターに連れて行き、文化学習の授業を受けさせることもある。調査の時点で、文化センターには市議会から派遣された非アボリジニ（白人）のマネージャーをはじめとして、文化教育を担当するアボリジニのガイドが二人、受付のアボリジニ職員一人が雇われていた。文化センターでは、学生向けの文化学習プログラムに加え、週に一度、アボリジニおよび非アボリジニの成人を対象とした夜間のガーナ語教室が開かれる。

文化学習では特に、ドリーミング・トレイルにおける神聖な場所やガーナ由来の植物についての知識が教授される。筆者が参与観察を行った中等学校の生徒向けの文化学習には、普段白人が多数派の中等学校に通うアボリジニの生徒約三〇名と引率の教師が参加した。授業の中で、生徒たちは、チュブルキ・ドリーミング・ストーリーを朗読し、その内容を確認した後、ドリーミング・トレイルである野外の湿地帯へ行き、そこに植えられた植物のガーナ語名や、その使用方法、どの植物を食べることができ、どれを食べることができないのかについて学習した。たとえば、イグサ（Nilti）は、水に浸して乾燥させた後、マットや籠を織る際に使用することができ、ルビー・ソルトブッシュ（Ruby salt bush）の赤い果実は食べることができるが、カンガルー・アップル（Kangaroo Apple）は未熟なうちに食べると有毒であることなどが教えられた。

また、別の日に行われた初等学校の生徒向けの文化学習には、近隣の初等学校からの生徒とその保護者、さらに引率の教師が参加した。ガイドは、まず参加者たちをドリーミング・トレイルの入り口に集め、アボリジニの文化は世界で最古の文化であることや、アデレード市内のビクトリア・スクエア[16]は、ガーナの盾の形を模倣して設計されたこと、アデレードの全ての川は、ドリーミング・ストーリーに出てくる精霊のチュブルキの涙によって創られたことなどが説明された。次に、ビクトリア州出身のアボリジニのガイドがディジュリドゥで動物の鳴き声を模倣し、ディジュリドゥの仕組みや吹き方を教える。それから参加者は儀礼用の円形の広場に行き、ナーランガ出身のガイドに倣い、みんなで円になって、エミューやカンガルー等の動物の動作や鳴き声の真似をしながらディジュリドゥに合わせて踊った。その後、西オーストラリア州のヤマジー出身の女性によって西部砂漠に伝わるドットペインティングの描き方が教えられた。子供時代を伝統的なアボリジニ・コミュニティで過ごし、現在アボリジニ画家として活躍する彼女は、伝統的なアボリジニ社会では、絵画を通して物語が伝えられたため、あらゆるアボリジニ絵画には物語が含まれていることを強調し、絵画に出てくるシンボルの意味について説明した。

文化センターを訪ねて来るアボリジニの生徒たちは、初等学校、中等学校を問わず、学校では常にマイノリティであり、学校ではイタリア語や中国語を学ぶ機会はあっても、アボリジニの言語や文化について学習することはほとんどない。また、家庭の中でも親族が「盗まれた世代」であるか、あるいは生徒自身が現在白人の里親家庭に育てられている場合、自分の出身集団の文化や言語について知る機会はほとんどないといってよい。こうした状況にあるアボリジニの子供たちに、ナーランガ出身のガイド、S氏が必ずかける言葉がある。それは「自分の文化と歴史について知らない者は、根のない木のようなものだ」という黒人指導者、マーカス・ガーベイの言葉である。この言葉は、彼自身のアボリジニとしての人生経験に基づいている。

S氏は一九五七年にヨーク半島のワラルー（ポイント・ピアス・ミッション）で、ンガリンジェリの父とナーランガの母のもとに生まれる。幼少時代に家族とともにアデレードに引っ越すが、間もなく父親が亡くなり、母親は白人男性と再婚した。その後家庭の経済的事情により、八歳の頃から約七年間メルボルンの白人里親家庭のもとで育てられ、その間アボリジニと接する機会はほとんどなかった。メルボルンでは、里親家庭や周りの白人から差別的な扱いを受け、アボリジニであることについて否定的なことを言われ続けた。
　彼は十五歳の頃にアデレードに戻り、実の家族と再会するが、メルボルンで暮らしていた間にアボリジニの親族との付き合いが途切れしまったために、自分とポイント・ピアスの人々がどのような親族関係にあるのかを忘れてしまっていた。そして自分が誰でどこから来たのかについて悩んだ。彼は、ポイント・ピアスのコミュニティを訪ね、叔母の家族と一緒に暮らす中で、自分のルーツや家族について学び、叔父、叔母、イトコやコミュニティとの結びつきを取り戻した。
　しかし、二十代前半でアデレードへ戻った後、彼のアイデンティティは再び揺らぐことになる。彼はそのことについて次のように語ってくれた。

「アデレードに戻った後も、常に自分には何かが欠けていると思っていました。明らかに、自分がアボリジニであると知っていましたし、周りにいる人々も皆アボリジニでした。でも私はアボリジニであることが何を意味するのかがわかりませんでした。ある日白人から「アボリジニであれば、ディジュリドゥを吹けるだろう?」などと言われ、「ノー」と答えるしかありませんでした。私はこんな膚の色をしているにもかかわらず、自分の文化について知らなかったからです。私はそのことを恥ずかしく思うと同時に、怒りを感じていました。」

　その後彼は、中央砂漠地帯のアボリジニと交流のあったイトコから、ディジュリドゥやダンス、ドリーミング・ストーリーをはじめとする「伝統的な」文化を学び始め、一時期中央砂漠におけるアボリジニの家族のもとに滞在し、「伝統的な」生活を体験した。同時に、彼はアボリジニの権利回復運動にも加わり、これまで主流社会の人々やエスニック・マイノリティを対象にアボリジニと非アボリジニの歴史や人種差別の問題についての講義を行ってきた。

文化学習においてアボリジニおよび非アボリジニの生徒の前で、必ずディジェリデゥの演奏を披露する彼は、ディジュリドゥを吹くことの重要性について次のように語っている。

「私はイトコからディジュリドゥの吹き方を学びました。ディジュリドゥはアデレードに由来するものではないことは知っていますが、私達の文化はすでにここから奪われてしまったので、私達は先住民の文化を反映するあらゆるものを探さなければなりません。私はかつて白人から、「ブーメランを投げることができますか？」と聞かれて「ノー」と答え、「ディジュリドゥを吹けますか？」と聞かれて「ノー」と答えていました。私はそれを知らなかったので恥ずかしい思いをしました。でも自分の文化について学んだ今、人に私の文化について聞かれたら、落ち着いて誇りを持ってそれに答えることができます。私たちが誰で、どこのカントリーに住んでいるかについての知識は、人生においてつらい時期に私達を支え続けてくれます。子供たちには、社会に出て人種差別や偏見に遭ったとしても、自分に自信を持って「私はヌンガです」と言えるようになってほしいです。」

このように、S氏自身、文化学習の中でアボリジニ文化として教授されるディジュリドゥが、ガーナに由来する楽器ではないことを認識していた。それにもかかわらず彼は、かつて自分が晒された、アボリジニに関する主流社会の人々からのステレオタイプに敢えて従うことによって、周囲から自らがアボリジニであることの承認を得やすくしようとしていることが窺える。彼が文化学習を通して外部社会に提示しようとするアボリジナリティは、一九七〇年代に都市のアボリジニを中心とした主流社会への抵抗運動の中で創出された汎アボリジニ・アイデンティティ（アボリジナリティ）と同様の性質を帯びたものであった。そこではアボリジニ内部の文化的多様性よりも、すべてのアボリジニによって共有される文化要素が強調されたのである（Jones and Hill-Burnett 1972）。そして彼は、そのような共通のアイデンティティこそが、主流社会が期待する「アボリジニ文化」を必ずしも継承してこなかったアボリジニの子供たちに自信を与え、最終的に主流社会に出て人種差別や偏見等の問題に直面してもそれにうまく対処するための原動力につながると考えていたのである。それは、主流社会に適応するための戦略的本質主義ともよべる対応である。

さらにS氏は、アボリジニだけでなく、イギリス系白人やエスニック・マイノリティにもアボリジニ文化を啓蒙することの重要性についても語った。

「現在、オーストラリアの様々な所にたくさんのアジア人がいますが、彼らはこの国の言語や文化を理解していません。これまでの歴史によってアボリジニの文化は侮辱され、破壊されてきました。オーストラリアには、アボリジニ、ギリシャ人、イタリア人、最近ではカンボジア人、レバノン人などの中東人がいます。連邦政府には、移民・多文化および先住民問題省（Department of

Immigration and Multicultural and Indigenous Affairs）があります。'and Indigenous Affairs' なのです。ここでも私達は自分の国で最後（last line）に置かれています。アデレードには、ギリシャ・フットボールクラブ、イタリア・フットボールクラブ、クロアチア・フットボールクラブ、カンボジア・フットボールクラブもあります。でもアボリジニ・フットボールクラブはありません。イタリア人の社交クラブ、他にもたくさんの社交クラブがありますが、私達アボリジニが集まって互いに支援できるような、私達のための社交クラブはありません。ですから、私達は主流社会の人々に私達の文化や歴史を理解させ、その価値を認めさせなければならないのです。」

このようにS氏の見解からは、ガーナ文化とはアボリジニにとってのアイデンティティの拠り所となるだけでなく、オーストラリアの多文化社会においてアボリジニが社会経済的に移民や難民よりも低く位置づけられる中で、他のエスニック・マイノリティとの文化的差異を強調し、政府からの資金援助を獲得する際の交渉の道具となり得るものとして捉えられていることがわかる。

以上の事例から、ガーナ文化学習では、ガーナ語、ドリーミング・ストーリー、ガーナ由来の植物に関する知識をはじめとするガーナ独自の文化に加え、アボリジニ・ダンスや伝統芸術等の遠隔地に由来する文化が選択され、教授されていた。この学習の内容は、様々な文化要素が混淆したものであったといえる。アボリジニのガイドの語りにあるように、多文化社会である都市に暮らすアボリジニは、アボリジニであることを自認していることに加え、主流社会の人々に対し、アボリジニであることが何を意味するのかを提示しなければならない機会に晒されることが多い。そのため、地域集団間の多様性よりも類似性・共通性の方が重視され、文化学習を通して習得されるアイデンティティも、アボリジニとしての統一性を強調する集団的アイデンティティとしての性格を持つことになる。このようにガーナ文化学習では、主流社会の人々が持っている「伝統的な」アボリジニのイメージに沿って客体化された文化（太田 一九九八）が教授された。

すなわち、文化学習に関わる教師や活動家の間では、文化学習を通して教えられる文化が生徒の出身地域集団の文化と一致するかどうかはそれほど重要ではなく、むしろ、自他ともに認めうる「アボリジニ文化」を習得してアボリジナリティを身につけさせることに意義があると考えられていた。特に、ガーナ語教師の語りにあるように、親自身がドリーミング・ストーリーや敬老心の大切さといった文化を継承していない場合、その子供も後にアイデンティティの問題を抱える可能性が高い。こうした子供たちにとって、文化学習を通したアボリジナリティの習得は、多文化社会における当面の精神的拠り所となり、それが主流社会に根強く存在するアボリジニへの差別や偏見に抗する手助けとなり得ると文化学習の教師や活動家の間で認識されているのである。こうした先住民の姿勢を、主流社会におけるアボリジニについてのイメージを利用しながら、社会からアボリジニとしての差異の承認を得やすくするための戦術として捉えることもできるであろう（栗田 二〇一〇）。

しかし一方で、文化学習で教授された内容は、Tカレッジにおける文化意識向上プログラムと同様に、学校教育のために考案された形式的な側面を帯び、実際にアボリジニの親族とともに育った人々の日常生活における実践や、複雑で多層的なアイデンティティとの間にズレをもたらすことが考えられる。こうした矛盾は、ガーナ文化学習に対する人々の対応に見て取ることができた。次節では、この点について具体的に検討する。

ガーナ文化学習へのアボリジニの対応

一部の学校教師や活動家等によって考案されたガーナ文化学習は、一般のアボリジニによってどのように受け止められているのだろうか。彼らの対応に目を向けてみると、ガーナ文化学習に全く問題がないわけではないことがわかってくる。以下ではガーナ文化学習が抱える問題として四点を指摘する。第一に、ガーナ語の使用度の低さが挙げられる。ガーナ語教師によると、現在アボリジニ・コミュニティにおいて、挨拶程度のガーナ語の知識を持つ人は約四〇人から五〇人に上るが、日常生活においてガーナ語を流暢に話すことができる人は、彼を含めて数人程度である。このように、現時点でガーナ・コミュニティにおけるガーナ語の自発的な使用度は非常に限られているといえる。

その主な理由として、現在、アデレードのアボリジニの大半が、日常生活においてアボリジニ英語を話していることが考えられる。アボリジニ英語とは、旧リザーブで話されていた複数の地域集団の言語と英語の混成語である。先述のように、ガーナ語の復興に関わった一部のアボリジニの中には、アボリジニ英語を白人によって押しつけられた言語であるとして、それを用いることに不快感を覚える人もいた。しかし一方で、アボリジニの親族とともに育った人々にとって、アボリジニ英語とは、日常生活の中で無意識のうちに身に付いた言語であった。たとえば、アボリジニ英語である Nakin という言葉は本来、マレー川下流域のンガリンジェリの言葉であるが、現在はアデレードの多くのアボリジニによって使われている。Nakin には、別れ際の挨拶として「じゃまた（see you）」という意味と「見る（look at）」という意味がある。たとえば、Nakin that miminy は、「あの女の子を見て（=Look at that girl）」という意味になる。

また、アボリジニ英語の中には、アボリジニ諸語の語彙を一切含まずに、オーストラリア標準英語の単語が本来の意味とは正反対の意味で用いられることがある。その典型的例として、deadly が挙げられる。deadly は、オーストラリア標準英語では「致命的な」という意味で用いられ、そこには否定的なニュアンスが含まれるが、アボリジニ英語では「最高の」という意味になり、肯定的な意味へと逆転する。たとえば、アボリジニの間で、You are deadly とは最高の褒め言葉となるのである。

アボリジニ英語には、語彙や表現だけでなく、より広範なアボリジニ独自のコミュニケーション様式が含まれる。特に、罵り言葉（swear word）や軽蔑的な言葉（derogatory word）の多用は、アボリジニのコミュニケーション様式において最も顕著な特徴である。アボリジニ・コミュニティの中で育った人々の間では、一般的に、学校や店などで非アボリジニと会話をする際にはオーストラリア標準英語が用いられるものの、家族やアボリジニの友人同士の会話では、ののしり言葉や卑猥な言語が飛び交うことが多い。罵り言葉は、非アボリジニとの不快な経験や仲の悪い近所の人の噂話など、様々な文脈の中で用いられる。しかし、それらの言葉は常に文字通りの否定的な意味をもつわけではなく、それが用いられる対象によっては異なる意味が付与されることもある。たとえば、一部のアボリジニの少女の間では、仲の良いアボリジニの友人のことを互いにビッチ（bitch）と呼び合う習慣がある。彼女らによると、そこに否定的な意味合いはなく、むしろ親友同士としての互いの親密性を表すためにそのような言葉が用いられるのである。このようなオーストラリア主流社会で非難の対象となる罵り言葉や軽蔑的な言葉の多用は、「対抗文化（oppositional culture）」の一部として捉えることもできる（cf. Cowlishaw 1988）[17]。

アボリジニ英語は多くの場合、アボリジニ同士の会話や、アボリジニ以外の人々に話の内容を聞かれたくないときにも用いられる。ガーナ学校に通う子供たちもまた、ガーナ語の授業が終われば友達とアボリジニ英語で話す。もちろん家に帰ってからも、親がガーナ語を知らない場合がほとんどであるため、英語を話すことになる。ガーナ語教師J氏は、生徒たちが近い将来英語を使わず、ガーナ語だけで会話ができるようになってほしいと願っている。しかし現時点で、子供たちのガーナ語の熟達度は高いとはいえず、初等学校の高学年になっても自己紹介をするのが精一杯という生徒が多い。結局多くの子供たちにとって、ガーナ語は外国語に等しく、地元のアボリジニ関連の行事などで、主流社会の人々を前にガーナ語の歌を披露するとき以外に使用する機会はほとんどないといえる。

また、J氏自身も日常会話ではアボリジニ英語を用いていた。彼はアボリジニの親族とともに育つ中で自然に身に付いた英語について次のように語っている。

「私が生まれて初めて学んだ言葉はアボリジニの言葉でした。私はアボリジニ英語を話して育ちました。それは英語だけれど……、第一語は英語なんだけど、第二、第三語はアボリジニの言葉になるという感じです。たとえば、英語のOKのことをannaと言ったりします。We are going down, anna? というようにです。私は子供の頃から自分の言葉が他の人と違うということを知っていました。なぜなら他の人は私の言うことを理解しませんから。」

J氏自身にとっても、アボリジニ英語とは子供の頃から慣れ親しんだ言語であり、彼はそれをアボリジニである自分とそれ以外の人とを分かつ要素であると認識していた。このように、アデレードのアボリジニにとって、アボリジニ英語とはアボリジニとしてのアイデンティティの一部をなすのである（Schwab 1988 : 83）。

第二に、アデレードのアボリジニが属する多様な地域集団の文化の中からガーナ文化のみを選び出して教授することに伴う問題が挙げられる。たとえば、ガーナ学校でＡＥＷとして働くアニャマンナ出身の男性（三十代）は、学校でガーナ語のみが教えられることに対して複雑な感情を抱いていた。

「この学校の生徒たちは主に八つの異なる文化集団の出身で、それらはガーナであるとは限りません。でも彼らはガーナ学校に来ているので、自動的に自分はガーナであるとされ、それが人生の中で続いていくわけです。でも、もし彼らがこの学校をレセプション（就学前教育）から始めたとしたら、それは彼らの人生の中で七年を占めるわけです。彼らはアデレードに住み始めて、ガーナ学校に来た途端に、ガーナ語を学ばないといけないのです。彼らはガーナ語だけでなく、自分達独自の言葉も学ぶべきなのです。」

彼の語りからは、ガーナ学校において他の地域集団出身の子供たちにガーナ文化が半ば強制的に押し付けられていることへの懸念が窺える。この点に関してガーナ学校の校長は、学校での文化学習の限界について以下のように言及していた。

「文化学習では、過去にアボリジニの人々に何が起こったのか、そして現在何が起こっているのかの両方をみようとしています。しかし、私達が見たい文化的なことの多くは、それぞれの家族を通して教えられます。私自身もガーナ出身ではないですし、それにここにいる子供たちみんながガーナ出身というわけではないので、もし彼らが自分達の文化について知りたかったら、彼らの家族から教わるべきですね。それは本来学校から教わることではありません。私達は子供たちにこれがほとんどのアボリジニがやることですよと教えることはできますが、それは彼ら自身のコミュニティのものとは違っているでしょう。」

この問題は、子供が家庭内で断片的に独自の文化を継承されている場合に顕在化する。文化学習で教授される文化と家庭内で継承された文化との間には大きな隔たりがあるからである。文化学習に子供と一緒に参加したアボリジニの親の多くは、表向きには「子供たちは今アデレードに住んでいるのだから、ガーナの文化を学んでほしい」と話す。しかし、初等学校に通う娘とともに文化センターでの文化学習の授業に参加したナーランガ出身のある母親[18]は、ガーナの言語や文化が学校などの教育機関で教えられることに対し、次のように語ってくれた。

「言語や文化というのは、家族の側で教えられないといけないことだと思います。学校の文化学習で教えられることとは、常にナーランガの文化や言語とは限りません。ドリーミング・ストーリーは、学校で教えるにはあまりにも個人的なことだと思います。というのも、ストーリーの中には神聖なことが含まれていますし、そこには女性だけが知っていいこと、と男性のみが知っていいことがあって、それらは二つのカテゴリーにしっかりと分けられるべきです。今娘に、ストーリーは彼女にとって正しい時期が来るまで教えてもらえないと言い聞かせています。そのときまでは我慢しないといけないということを私は祖母から教わりました。私は彼女にストーリーを語ることを許されてはいません。彼女の祖母か祖母の姉妹が教えることになっています。」

彼女の語りから明らかなことは、ドリーミング・ストーリーをはじめとする文化的知識は、子供がある一定の年齢に達した時期に、祖父や祖母といった適切な人から語り継がれなければならないという認識である。彼女にとって、文化の継承は本来私的な領域で行われるべきものなのである。したがって、教育機関という公の場で行われる文化学習において、脱文脈化された画一的な文化が、不特定多数の人々に教授されると、自分が既に持っている文化的知識との間に齟齬が生じ、混乱をもたらすこともあるのである。

第三に、一般のアボリジニにとってガーナの文化的知識へのアクセスは容易ではないという点が指摘できる。現在、ガーナ文化（とりわけガーナ語）は、ガーナ学校、ガーナ文化センター以外にも、主流社会の一部の初等、中等学校、専門学校、大学で教授されている。専門学校や大学のアボリジニ学科では、歴史学者や人類学者などが記録したガーナの歴史や伝統文化に関する総合的な知識が伝達され、このような文化的知識を習得した学生には、資格や学位が授与される。そして、高等教育機関での資格や学位の取得は、J氏やC氏の場合のように、アボリジニ学校や専門学校、政府系のアボリジニ組織での就職の機会につながりやすい。

また近年では、主流社会でもアボリジニ文化への関心が高まる中、ガーナ語学習者の大半が白人で占められるという現象も生じている。たとえば、二〇〇九年の時点で、ガーナ文化センターで開講された成人向けのガーナ語のコースには合計で八人の受講者がいたが、そのうち六人が非アボリジニ、残りの二人はガーナ語講師の親族であった。非アボリジニの受講者の大半が学校でアボリジニ学習を教えた経験のある白人教師であり、彼らはガーナ文化についての知識を高めるために、自費で同コースを受講していた。その他にも、ガーナ文化に関心をもつ地元の主婦や退職者などが参加していた。ガーナ語講師の親族である、アボリジニの参加者二人のうち一人は学校教師、もう一人は学校のAEWであり、学校関係者が大半を占めていた。家庭の事情等で頻繁に授業を欠席するアボリジニの受講者に対し、非アボリジニの受講者は、授業に毎回参加し、毎週課される宿題や定期試験をこなし、その結果、同コースが開始された半年後には、アボリジニの受講者よりも非アボリジニの受講者の方がガーナ語に熟達するという事態が生じていた。

このように正式にガーナの文化的知識を習得するためには、教育機関に通うための資金、車等の移動手段、家庭内の事情との折り合いが必要である。一般のアボリジニの多くは、ガーナ語を学びたいと話すが、彼らの多くが失業手当などの生活保護で暮らす中で、それを実践に移すのは困難である。

彼らの中には、「ガーナ文化とは、金持ちのための高級文化で、自分達の文化ではない」と断言する人もみられた。すなわち、ガーナの文化的知識とは、彼らにとっては入手困難な象徴資本であるともいえる（ブルデュー 二〇〇五）。

最後に、ガーナ学校の子供たちの「学力」の問題が挙げられる。ガーナ学校では、言語や文化の学習に多くの時間が費やされるため、必然的に英語や算数をはじめとする通常の授業の時間数が他の学校に比べて少ない。そのため、大半の生徒の「学力」は相対的に低いといえる。たとえば、ある日、二年生のクラスで行われた英語のスペリング・テストでは、教師が言う単語を正確に書き取れるかどうかが試された。その結果、大半の生徒が、二年生でできなければいけないスペリング二八個のうち、"come", "have", "play" といった基本的な単語さえ書けなかったことに、白人の担任教師は落胆していた。また、年に一度行われる全国統一試験における読み書きと計算能力でも、ガーナ学校の大半の生徒の成績は、平均よりも下回っているという。

こうした「学力」の低さに関する問題は、先述のガーナ語の教師、J氏によっても指摘された。彼はガーナ学校に通う子供たちの学習上の困難さについて次のように漏らした。

「この学校の子供たちは、多くの学習上の困難を抱えています。というのも、彼らはアボリジニの言語や文化を学ぼうとする一方で、それによってオーストラリア社会の一部でないような気がしてくるからです。でも彼らはオーストラリア社会でやっていけるようになるためのことも学ばなければなりません。それを習得するのは難しいことです。」

ガーナ学校の生徒の「学力」の低さは、学校卒業後の進路にも影響を及ぼすことになる。校長によると、この学校の多くの生徒は一〇年生で学校を去り、一二年生まで学校に残る生徒は数少ないという。二〇〇六年には、一二年生を修了した生徒三人のうち、一人が大学進学を目指していたが、大学入学試験の基準点に満たず、代わりにＴＡＦＥに通うことになった。また、ガーナ語やアボリジニの文化に関する知識を活かした職業は非常に限られているため、受け皿が整備されていない状況にある。

そして留意すべき点は、アボリジニ文化に関連する専門職に就くためには、大学の学士号が必要となるという点である。ガーナ学校の教員であるＪ氏やＣ氏は、双方ともガーナ学校のようなアボリジニのみを対象とする学校ではなく、白人が多数派の高校を卒業していた。このことは、オーストラリアの教育制度上、大学進学に必要な知識を習得するには、やはり主流社会の学校へ通う方が圧倒的に有利であることを示している。

さらに、Ｊ氏やＣ氏がものごころついた一九八〇年代後半から一九九〇年代前半には、先住民の社会参加を促進するための様々な教育や雇用の機会が生み出され、彼らはその恩恵を受けた世代であった。彼らが最終的に学位を取得した大学は、南オーストラリア州の中で最もアボリジニ学に重点を置く教育機関であり、アボリジニの教員や研究者を多数輩出している。この大学のアボリジニ学科では、奨学金や学習面でのアドバイスを行う個別指導制度など、アボリジニの学生を支援するための様々な制度が整備されており、彼らもこのような制度を活用したものと思われる。また、アボリジニの家族とともに育った彼らは、主流社会の中で自分がアボリジニであることを隠すことなく、むしろアボリジニであることに誇りを持って育ってきた。西洋の教育制度の中に身を置きながらも二人がアボリジニとしてのアイデンティティを維持できたのは、家庭内にアボリジニの文化的知識を有する親族がおり、なおかつそのような文化的知識を活かす機会に恵まれていたことによるものと思われる。

以上からいえることは、一般のアボリジニにとって、ガーナの言語や文化を学ぶことは、自尊心の向上につながる可能性はあるが、それは同時にオーストラリア社会との接点を見えにくくし、最終的に子供たちをオーストラリア主流社会から取り残された存在にしてしまうおそれがあるということである。

これらのガーナ文化学習の弱点は、アボリジニの教師の間でも自覚されていた。では、なぜそれでもなお、彼らは主流社会が期待する「文化」の再生産に関わり続けるのであろうか。文化学習において、どのような文化要素を選択するのか、あるいは何をもってアボリジニのアイデンティティとするかという問題は、政治的力関係の問題と深く結びついている。S氏が指摘したように、多文化主義下のアイデンティティ・ポリティクスにおいて繰り広げられるエスニック・マイノリティ集団間の資金獲得争いにおいて、アボリジニの活動家たちは、他のエスニック集団とは異なる先住民としての独自性を提示しなければならない。その際に、政府から独自の文化をもつ先住民としての承認を得るためには、主流社会の期待に沿ったより可視的な文化要素の提示が必要であった。したがって、ガーナ文化学習で教授されるガーナ文化は、他者に対して演出可能な、わかりやすい文化要素から構成されていたのである。

以上から、ガーナ文化およびガーナとしての集合的アイデンティティは、主流社会や他のエスニック・マイノリティとの間で先住民としての権利を交渉する際の手段として捉えることができる。したがって、それは一般の人々が日常生活においてアボリジニとして生きていくうえで必要不可欠なものとは限らず、あくまでも政治的文脈で主流社会に対しアボリジニとしての権利を主張する際にそれを裏付ける根拠としてのはたらきがある。換言すれば、それは、親族関係や社会関係を基盤とする既存のアイデンティティに上乗せされる、いわば「おまけ（bonus/ cream on top）」（Amery 2000：228）のようなものとして位置づけられる。

小括

本章では主に、公立の教育機関で行われている文化学習の実態に着目し、アボリジナリティが再構築される様相を明らかにした。Tカレッジでは、政府指定のカリキュラムに従い、西洋の普遍的価値観が教授され、授業の中に取り入れられたアボリジニの文化的視点も、「文化的適切さ」という西洋のイデオロギーに基づいて選択されたものであった。一方でガーナ学校では、ガーナ文化復興の文脈の中で再構築されたローカルな文化的知識が継承されていたが、ここでも主流社会における「伝統的な」アボリジニ文化のイメージに沿って文化が客体化されていた。そのため、アボリジニ内部の文化的多様性よりもアボリジニとしての均質性や共通性が強調されることになり、そのような文化は、結果として、人々の現実の日常実践とは乖離したものとなっていた。

ここで双方に共通していえることは、これらの公立の教育機関で伝達された文化とは、純粋にアボリジニ自身によって選び取られた文化ではなく、政府や主流社会が創出したアボリジニ文化に関するイメージや言説の影響を強く受けていたということである。すなわちそれは、外部からのアボリジニについての表象を基に構築された本質的な文化であった。そこでは、白人の入植以前のアボリジニ社会にみられた「伝統的な」文化が「正統な」文化とされ、それは一部のアボリジニによって、主流社会の人々が納得し得る「アボリジニらしさ」の参照点としてみなされていた。ここに国家による「象徴暴力」を介した一種の支配様式をみることができる。

現在のオーストラリア社会では、かつて同化政策の下で行われていたアボリジニ文化の剥奪といった「公然たる暴力」がもはや許容されることはない。したがって、アボリジニに対する支配を継続するためには、「象徴暴力」という支配形態が適していたのである。そして「象徴暴力」による支配を最も効率的に行うために教育制度が利用された。ブルデューによると、教育制度の枠内で行われる「およそ教育的働きかけ（AP：action pédagogique）は、恣意的な力による文化的恣意の押しつけとして、客観的には、ひとつの象徴暴力をなすもの」であり、それは、一社会組織において支配的な集団や階級の支配的文化を再生産し、集団間または階級間の力関係の再生産に寄与するという。すなわち、教育制度では、支配的な集団によって恣意的に選ばれた教育内容が、普遍的な真理として扱われ、それを問題視することをあらかじめ許されないかたちで構成されているのである（ブルデュー／パスロン 二〇〇一：一八―一九、ブルデュー 一九九一：二二二―二二三）。公立の教育機関における文化意識向上プログラムや文化学習で教授された「アボリジニ文化」には、人類学者や歴史学者をはじめとする白人研究者によって構築された知識が織り込まれていた。このような客体化された文化は、資格や学位などの文化資本へと変換され、「正統な」文化として人々に誤認され、自然化されたのである。

文化学習の教育に携わった一部のアボリジニが、日常実践との間の矛盾を認識しながらも「正統な」アボリジニ文化の習得の重要性を強調したのは、白人が圧倒的に優位な立場にあるオーストラリア社会において、彼らが文化の「正統性」について異議を唱える可能性はあらかじめ封じ込められていると認識していたからかもしれない。そのような白人の論理に沿った、戦略的本質主義ともいえるアボリジニの知識人の対応は、図らずも「正統な」アボリジニ文化の再生産に寄与していた。「正統な」文化は、公立の初等学校や中等学校だけではなく、専門学校や大学のアボリジニ学習コースにおいても伝達された。アボリジニ学習コースの修了者には、資格が与えられ、その資格は彼らに初等学校や中等学校への就職の機会を開く。Tカレッジやガーナ学校でアボリジニの文化を教えていたアボリジニの教員も、大学でこのような正規の資格を獲得した人々であった。政府公認の資格をもつアボリジニの教師によって「アボリジニ文化」が教授された場合、その文化が実際には政府から押し付けられたものであっても、アボリジニ自身が選びとった文化であるかのような錯覚を人々に与え、彼らがそこに埋め込まれた力関係を見抜くのをさまたげる。そこに「象徴暴力」の存在を見出すことができるのである。

一般のアボリジニの中には、「象徴暴力」の下で押し付けられた「アボリジニ文化」を自分達の文化として認識し、アイデンティティの一部をなすものとして認識する人々も存在した。しかし、多くの場合、人々は必ずしも「正統な」文化をはじめとする主流社会で要請される「アボリジニらしさ」の基準をそのまま受け入れ、内面化していたわけではなかった。それは、文化意識向上プログラムにおけるヌンガとしての文化的指標をめぐる講師と受講者の側の認識のズレや、ガーナ文化学習で教授された文化との家庭内で断片的に継承された文化との齟齬という形で表れていた。教育機関を通して教授される文化とそれを基にしたアイデンティティは、文化学習というコンテクストで教授されるための形式的な側面を有し、それはアボリジニの人々によって表面的に語られることはあっても、彼らの強いアイデンティティの基盤とはなり得ていなかった。すなわち、文化学習で教授される「アボリジニらしさ」は、あくまでも主流社会からの承認を得やすいアボリジニに「なる」ための実践の中でパフォーマティヴに演出されることはあっても、必ずしもそれによってアボリジニとしての主体が決定づけられるわけではなかったのである。こうしたパフォーマティヴィティの中に介在するズレへの着目は、外部から規定された文化やアイデンティティを解体する可能性がある（cf. バトラー 一九九九：二五五―二五八）。

次章では、このようなズレの内実を明らかにするために、教育機関における文化学習で軽視されてきた、日常生活におけるアボリジニなりのやり方とその意味づけについて論じる。そのような日常生活の場にこそ、「語られる文化」とは異なる「生きられる文化」としての文化実践を見出すことができるからである。

付記　ガーナ学校のその後について

ガーナ学校は、アデレードのアボリジニにとって重要な文化の再構築の場であったが、二〇〇九年に校長が変わって以来、その教育方針は、アボリジニ文化やアボリジナリティの維持・強化を目的とするものから、アボリジニの「主流化」あるいは「西洋化」を志向するものへと大きく変化した。その背景には、二〇〇八年に誕生したラッド政権下で先住民と非先住民の格差是正政策が強力に推し進められる中、特に教育面では、オーストラリア全土のアボリジニ生徒の英語による読み書き能力や計算能力の向上が最優先事項とされたことが挙げられる。

これを受けて、二〇一三年に南オーストラリア教育省が刊行したアボリジニ教育戦略に関する文書（Aboriginal Strategy 2013-2016）では、先住民の英語での読み書き能力と計算能力の強化が重点事項とされた。特に、具体的な目標として、先住民生徒と非先住民生徒の間の読み書き能力および計算能力の格差を二〇一八年までに半減させることが定められている。

ガーナ学校の新校長は、こうした教育省からの要請を無視できず、学校の「主流化」が本格的に進められることになったのである。その結果、ガーナ語やガーナの文化に関する授業は全て廃止され、アボリジニの教職員は学校から姿を消した。ガーナ語教師のJ氏もガーナ学校での職を失い、現在ではアデレード大学でパートタイムの職員としてガーナ語の辞書やオンライン学習教材の作成に従事している。

なお、アボリジニ教育におけるこのような変化は南オーストラリア州のみに見られるものではない。たとえば、オーストラリアでは一九九〇年代後半頃から、遠隔地のアボリジニ・コミュニティで実施されていた英語と先住民諸語によるバイリンガル教育やトゥ・ウェイ・スクーリングへの批判が高まり、二〇〇八年に北部準州では、バイリンガル教育を実質的に廃止する方針が打ち出された。それ以来、遠隔地のアボリジニ・コミュニティでも、先住民諸語よりも英語の読み書きに重点を置いた教育が行われている。このようにその時々の政策や世論の影響を受けやすいところにアボリジニ教育の脆弱性があり、西洋の機関でアボリジニの文化を伝承することの限界があるといえる。

1 オーストラリアにおける先住民と非先住民の社会的近接性に関する調査によると、先住民との日常的な交流のある非先住民の割合は被験者のうち一〇%未満であった（Walter, Taylor and Habibis: 2011: 9）。

2 アボリジニ学習とは、「アボリジニ生徒、非アボリジニ生徒、または双方を対象とした、ヨーロッパ人による入植以前、以後におけるアボリジニおよびトレス海峡島嶼民の歴史、文化、言語、生活様式の学習」のことであり（Commonwealth Aboriginal Studies Working Group 1982）、一九八〇年代頃から、オーストラリア全土の初等学校および中等学校で実施されている。アボリジニ学習の目的は、アボリジニと非アボリジニの間の正しい歴史認識を高め、アボリジニの文化の重要性について啓蒙することであった。南オーストラリア州では入植二〇〇周年を迎えた一九八八年に、初等学校用および中等学校用の一連のアボリジニ学習教材が出版されている。

3 オーストラリア主流社会では domestic violence と呼ばれるが、アボリジニ社会において家族とは同居の家族のみならず、コミュニティ内の拡大家族も含まれるため、代わりに family violence という言葉が使われている。

4 連邦政府による社会保障、教育、雇用等の分野におけるサービスを提供する法定機関。失業保険や奨学金などの社会福祉金はこの機関から振り込まれる。

5 同時期にオーストラリアのメディアでは、北部準州の先住民コミュニティにおける児童虐待に関する報告書を受けて、伝統的なアボリジニの文化は本来的に暴力性を内包しており、アボリジニの法では、西洋の法と比較すると、女性や子供に対する暴力が相対的に許容されていること、そのために暴力事件の加害者となったアボリジニの男性は、慣習法という独自の文化を楯に法的責任を逃れているといった議論がなされた（The Australian 2007; 2010;

Sutton 2009)。

6　西オーストラリア州、パース出身のアボリジニ作家および芸術家。十五歳になるまで自分がアボリジニ出自であることを知らずに育った彼女が、家族の過去について探し出すまでの過程を描いた自叙伝、『マイ・プレイス（My Place）』（一九八七年）は、オーストラリア国内で五〇万部以上の売れ行きをみせ、同年にオーストラリア文学のための人権賞（Australian Human Rights Award for Literature）を受賞した。

7　Kudnarto, Charlotte の父、King Rodney の父、Nancy Mitchell, Alice Miller の母、Rathoola, Sarah Taikarabbie の母、Nellie Raminyemmermin.

8　現在のアデレード中心部から南に約一〇〇キロメートル離れたケープジャービスまでの地域を範囲とする創世神話である。ストーリーには様々な解釈が存在するが、大筋としては、ガーナの祖先であるチュブルキの甥の一人が、チュブルキのエミューを許可なく狩ったことを理由に別の甥によって殺された後、チュブルキが甥の遺体をワリパリンガ（スタート・クリーク）からラピッド・ベイまで運ぶ途中で彼が悲しみに暮れて流した涙が、現在のフルリオ半島沿岸の七つの泉を創ったという話（Amery 2000 : 100-101）。

9　当時アボリジニの親の間では、子供たちが主流社会の学校で常に少数者であるために疎外感を感じ、学校生活に馴染めず、早期退学をすることが問題視されていた。そのため、アボリジニが多数派を占め、なおかつガーナの文化や言語が学べる学校の必要性が叫ばれていた。

10　ガーナ語の授業で教師によって読み上げられた資料（一九九六年南オーストラリア州教育省作成のビデオ、Warranna Purruna – Living Languages のトランスクリプト）より引用。

11　学校とアボリジニ家庭との間の連絡係としての役割を果たす。たとえば、生徒が長期欠席をした場合や学校で他の生徒と問題を起こしたときなどに、生徒の親と連絡をとり、場合によっては生徒の家へ出向き、親と話し合うことによって学校と家庭との仲介をする。

12　この学校は本来、アボリジニを対象とした学校であるが、州立学校であるため、要請があれば非アボリジニの生徒も受け入れている。たとえば、二〇〇八年二月には、スーダンからの難民の子供数名が入学してきた。

13 ガーナ語では、名と姓の間に、兄弟姉妹の中での生まれた順序を指す名前（birth name）が挿入される。

14 ガーナ学校には、学期ごとの時間割があったが、厳密に時間割に従って授業が行われることはほとんどなく、アボリジニ教師の都合あるいはその時々の生徒の状況に応じて、授業内容は柔軟に調整された。

15 「川縁の風の吹く場所」という意味。

16 市の中心部にある広場。周辺には市役所や中央郵便局、外資系の観光ホテルなどがあり、観光客などの多くの人々が行きかう場所である。

17 カウリシャウによると、ニューサウスウェールズ州の地方町で暮らす一部のアボリジニの間では、公共の場での泥酔といった、主流社会において軽蔑の対象となり、恥ずかしいとされる行為を実践することが、アボリジニ独自のアイデンティティとして位置付けられていたという。彼女はそのような文化実践を「対抗文化（oppositional culture）」と呼び、それを歴史的に白人から排除されてきたアボリジニによる主流社会への「抵抗」として捉えた（Cowlishaw 1988 : 97-99）。

18 この女性は、一九七八年にポイント・ピアスのナーランガ出身の父と白人の母の間に生まれる。彼女によると、ポイント・ピアスのリザーブにおける歴史や言語については、彼女の祖父のみが正確な知識を持っているという。彼女には初等学校一年生の娘がおり、彼女は娘の通う学校に付属の幼稚園で、週に一度ボランティアで子供達の面倒をみている。彼女は娘に、中等学校を卒業して資格を取ってほしいと願う一方で、アボリジニとしての意識を強く持つことも望んでいる。そのため、学校の長期休暇中に、娘をポイント・ピアスに連れて行き、彼女の祖父がどこから来たのかについて教えている。

第六章　生活適応戦略としてのヌンガ・ウェイ

はじめに

前章では、教育機関における文化学習を通したアボリジナリティの再構築の様相に着目し、文化学習で教授される内容が、現時点では一般的なアボリジニのアイデンティティの核とはなり得ていないことを指摘した。そして、それにもかかわらず、一部のアボリジニの教師や活動家が、主流社会で要請される「正統な」アボリジニ文化のイメージに沿った文化を再構築するなかで、図らずも既存の権力関係が再生産されていることを明らかにした。本章では、アデレードに居住するあるアボリジニ家族の日常的実践に焦点を当て、教育機関における文化学習では教授されないアボリジニ独自のやり方、ヌンガ・ウェイの内実を分析する。そして、ヌンガ・ウェイが主流社会とのアイデンティティの交渉においてもつ意味について考察する。

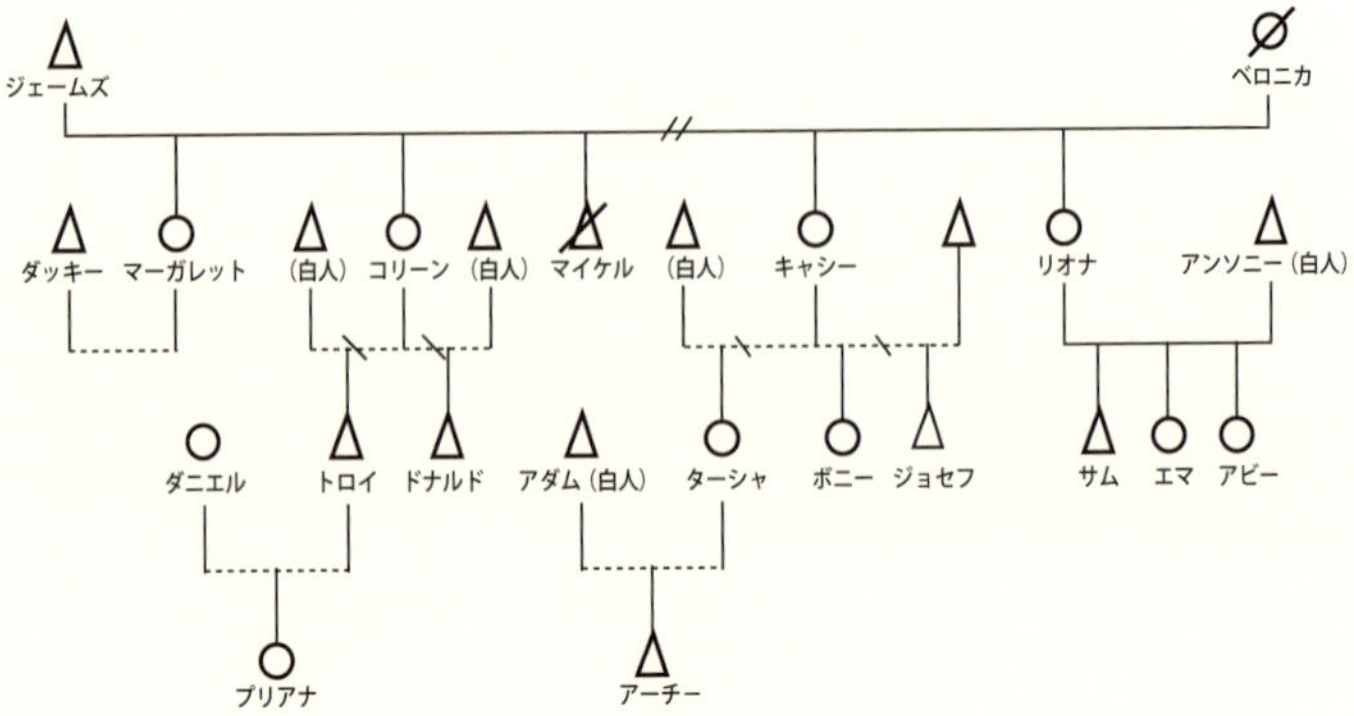

図3　ブロディ家の系譜図（2009年調査時）

一　アボリジニの家族の生活史

ここではまず、ガーナとンガリンジェリを祖先に持つあるアボリジニ女性の家族史を三世代にわたって記述する。家族史の中心人物であるキャシー・ブロディは、一九六六年にアボリジニの両親のもとに五人兄弟姉妹の三女としてアデレードに生まれた（ブロディ家の系譜については図3を参照）。彼女の父親であるジェームズは、南オーストラリア州西海岸、ウエスト・コーストの出身であり、母のベロニカはラウカン出身であり、ガーナとンガリンジェリの子孫である。

両親の生活体験

キャシーの父、ジェームズは、一九三八年にウエスト・コーストの地方町、ペノン（Penong）[1]に南アフリカ出身の白人の父、ミックとウエスト・コースト出身の混血のアボリジニである母、ナオミの間に生まれる。ナオミは、南オーストラリア州と西オーストラリア州の州境にある地方町、ユクラ（Eucla）に、白人の父親とアボリジニの母親のもとに生まれた。彼女は、父親が白人であったために、アボリジニ法の下で免除規定を受け、アボリジニ・コミュニティではなく、白人が多数派の農牧場地域に居住していた。彼女は、ペノンのホテルで清掃の仕事をしていた頃にミックと知り合う。ミックは当時、エアー半島の高速道路の舗装の仕事をしていた。二人は後に結婚し、ジェームズを含む七人の子供をもうける。

農牧場地域で育ったジェームズは、三歳の頃に免除規定を受け[2]、両親や祖父母によって白人になるように育てられた。膚が白く、青い目をしたジェームズは、外見上白人と見分けがつきにくいが、母親がアボリジニであることを理由に、地元の学校などで頻繁に差別を受ける。結局彼は学校へはほとんど行かず、十四歳の頃に叔父の牧場で羊の毛刈りの仕事を始めた。そして十六歳の頃に南オーストラリア漁業株式会社（South Australian Fishing Company Limited）のトラック運転手となり、エアー半島南端部の地方町、ポートリンカーンからアデレードまで魚を運搬した。その後間もなく、既にアデレードで暮らしていた叔母を頼ってアデレードに移住する。そして二十歳の頃に、友人を通してベロニカと知り合い、彼女と結婚する。それまで彼を白人になるように育ててきた家族は、彼がアボリジニ女性と結婚したことに落胆した。特に、白人男性と結婚した彼の姉の一人は、現在でもそのことを快く思っておらず、ジェームズとは絶縁状態にある。

一方で、キャシーの母、ベロニカは、一九四一年にラウカン・ミッションで、ンガリンジェリの父とンガリンジェリとガーナの子孫である母のもとに生まれる。ベロニカの母、レベッカは、当時、ラウカンで家政婦や酪農場での乳しぼりの仕事をし、父のダン・ウィルソンは三〇年以上政府経営の店で働き、生計を立てていた。彼女には一〇人の兄弟姉妹がいたが、そのうちの五人は幼い頃に亡くなったため、彼女が人生の中で多くの時間を過ごしたのは、三人の兄弟と一人の姉であった。幼い頃から利発であったベロニカは、アボリジニ保護局からの勧めもあり、十四歳の頃に中等教育を受けるために単身でアデレードにやって来る。アデレード滞在中、彼女は、既にアデレードに移住していた親族と一緒に暮らすことは許されず、アボリジニの子供のためのキリスト教施設に住まなければならなかった。彼女は学校卒業後もアデレードに残り、看護師や家政婦、さらには電話交換手の仕事をした。そして、電話交換手としてアデレードの郵便局に勤めていた頃、後の夫、ジェームズと出会い、交際を始めた。

彼女は妊娠を機に、電話交換手の仕事を辞め、ジェームズと結婚することを決意する。しかし、当時、アボリジニが結婚や婚約をする際には、アボリジニ保護局からの許可が必要であった。そのため、ベロニカは保護官のもとを訪ね、ジェームズについての情報を提供しなければならなかった。すると、当時ジェームズは免除規定により「白人」と分類されていたため、保護官から、彼と結婚すれば彼女も「白人」となり、一生アボリジニには戻れないことを告げられる。彼女は、当初自分のアボリジナリティを失うことを躊躇していた。しかしそれまでの人生において、生活のあらゆる面をアボリジニ保護局の監視下に置かれてきたことに辟易していた彼女は、免除規定を受けることで自由の身になれると確信し、一九六一年にジェームズと結婚し、「白人」となった。

ジェームズとベロニカの間には、翌年の一九六二年に第一子、マーガレットが生まれ、一九六三年にコリーン、一九六五年にマイケル、一九六六年にキャシーが生まれる。当時、ジェームズは、鋳物工場や建設現場、鉄道などで働き、家族を支えていた。「白人」となったベロニカの生活は、それまでと大して変わらず、彼女は心の内では依然としてアボリジニのままであった。さらに、免除規定の下では、いったん「白人」となった者は、アボリジニの親族と会って話をすることも禁じられていたため、ラウカンの親族を訪ねる際にも、アボリジニ保護局からの特別許可証を得る必要があった。ラウカンで祖母の葬式があったときでさえも、彼女は事前に葬式に出席するための許可証を入手しなければならなかった。しかし、一九六〇年代後半に入ると、アボリジニ保護法が廃止され、ジェームズとベロニカ、そして子供たちは再びアボリジニへと戻ったのである。

ジェームズとベロニカは一九六八年に四女のリオナが生まれる直前に別れる。シングルマザーとなったベロニカは、自立して生活する術を模索し、一九七〇年頃に地元の初等学校のAEW（Aboriginal Education Worker）となる。彼女は、当時アボリジニの子供たちが学校で白人の子供からの差別に遭っていたことを受けて、白人の子供たちにアボリジニについて理解させるためのアボリジニ文化教育プログラムを立ち上げた。そして、母や友人とともに、子供たちにバスケット織りやアボリジニ・アート、さらに伝統的なガーナの調理方法を教えたりもした。しかし、一九七三年に母が亡くなったのを機に、彼女は次第に家にこもり、酒を飲み始め、重度のアルコール中毒になる。その後彼女は、アデレードに引っ越してきて間もない姉や友人に助けられてリハビリをこなし、何とかアルコール中毒から立ち直る。

一方でジェームズは、ベロニカと離婚後、白人女性と同居し、彼女との間に息子のケビンをもうけていた。その後、息子のマイケルが交通事故で亡くなったのを機に、ジェームズはベロニカのもとを訪ね、二人は再びともに暮らすことになった。その後ベロニカは、禁酒グループのホステルで働き、薬物や酒の問題を抱えたアボリジニ女性の支援にあたった。その他にも彼女は活動家として、アデレードのアボリジニ・コミュニティのために様々な貢献をしてきた。たとえば、一九七〇年代には姉のレイラとともに、アデレード大学のアボリジニ音楽学習センター（Centre for Aboriginal Studies in Music）の設立を援助し、一九八〇年代にはアボリジニのためのワリペンディ・オルタナティブ・スクール（Warriapendi Alternative School）、一九九〇年代にはアボリジニ女性用のシェルター（Nunga Miminis Women's Shelters）設立のための実行委員会の代表となり、政府との交渉を行った。また、後述するラテラリー遺産地登録運動は、彼女にとって政府との最後の闘いであった。ベロニカは二〇〇七年五月三日、病気により他界する。彼女が亡くなると、ブロディ家には彼女宛てに、それまでの彼女の社会奉仕に感謝する多くの手紙や電子メールが届いた。その中にはイタリア人慈善グループやアデレード・トンガ婦人会からの感謝状も含まれており、彼女がアボリジニ・コミュニティの枠を超えて、オーストラリア社会で同じく苦境に立たされたエスニック集団に対する奉仕をも惜しまなかったことが窺える。

キャシーの生活体験

ブロディ家の三女であるキャシーは、母や兄弟姉妹とともに過ごした子供時代について次のように語ってくれた。

「子供の頃は母や兄弟姉妹と一緒に暮らしていました。母には、年上の兄が何人かいて、彼らはいつも私たちの面倒をみてくれました。彼らは、私たちと一緒に住んではいませんでしたが、いつも家に来て、私たちが元気かどうかを確かめてくれていました。父のことは十五歳になるまで知りませんでした。父と私達は離れて暮らしていたからです。彼のことを見たことはありましたが、どんな人かまでは知りませんでした。あの人が私の父親なんだという程度です。私は最初父のことを白人だと思っていましたが、実際にはエアー半島出身のアボリジニでした。

子供時代は、不幸と呼べるような思い出はありません。たとえそれが不安定な子供時代だったとしても。私は幸せな子供でした。私達は幸せな家族でした。私達は子供だったけど、大人に混じってポーキーマシン[3]で遊んでいました。母は、私が十二歳の頃までアルコール中毒でした。でも文句は言えません。当時お隣の家には三人の小さな子供がいましたが、両親がアルコール中毒でした。私達はあの子達がもらえないものをもらっていました。私達には何もないと思っていましたが、母が食事を作ってくれていました。母は肉屋から羊肉の腎臓や豚足を買ってきて料理していました。そして、たまに母の兄弟が、魚の頭のスープを作ってくれたりしました。それは貧しい人の食事のようなものです。当時は、裕福だったらアボリジニ・コミュニティには適応できませんでした。下層階級のようにしていなければならなかったのです。弟が亡くなった後に父が家族のもとに戻って来て今の家に住み始めてから、母はお酒を飲むのをやめました。彼女はそれから良い人になりました。

初等学校は、タペルー（Taperoo）[4]の学校に行きました。そこにはたくさんのアボリジニの生徒がいました。学校では、白人の子供から「アボ」とか「クーン」とか言われて、嫌な思いをすることもありましたが、ブラックフェラはみんな団結していました。今はもうそんなことはありませんが。私たちは一人ではありませんでした。私たちは、多くの他のアボリジニと同じ暮しぶりをしていました。タペルーは、ヌンガにとってとてもいい地域でした。伝統的な人たちでさえもアデレードに出てくると、このあたりに来て滞在しました。そこは貧しい人たちのための地域でした。私は中等学校からは白人が多数派の学校に行きました。でも、周りの白人の女の子は皆化粧をして、ミニスカートをはいて、いつも男の子の話ばかりをしていて、私はその中に入れませんでした。そして結局誰も友達ができなかったので、ワリペンディ・スクールというアボリジニのための学校に転校しました。そこはアボリジニの子供ばかりだったので安心できました。

私の母は文化を強く持っていたと思います。それは彼女の母から受け継いだものです。祖母はとても文化的な女性でした。彼女は、Seven Sisters[5]などのストーリーを語ってくれました。私たちはいつもアボリジニ文化の中で育ちました。私たちがどこから来て、どこに属しているのかを知っていました。幼い頃、祖母が私達兄弟姉妹を、ラウカンへ連れて行ってくれたのを覚えています。それは、祖母なりに私たちをラウカンの人々に紹介しようとしたのだと思います。今では、ラウカンへは葬式で行くくらいです。そこには遠いイトコがいますが、私達はそこで育ったわけではないので。でも彼らはみんな私たちのことを知っています。」

キャシーは、十代半ばからタペルーに住む白人のボーイフレンドと付き合うようになり、一九八四年に長女のターシャが生まれる。彼女は当時のボーイフレンドとその家族について次のように語っている。

「私は出産後、白人のボーイフレンドの家族と一緒に暮らすことになりました。それはとても荒れた家族でした。彼の両親は、アルコール中毒、麻薬中毒でした。私のボーイフレンドも同じように、酒や麻薬の問題を抱えていました。彼の家族は、アボリジニの家族のように、何のルールもなく、自由だったので、すぐに馴染めました。でも彼らは、ターシャが生まれて、一緒に暮らすようになってもその生活習慣を変えようとしませんでした。だから私はボーイフレンドと別れ、ターシャを連れて両親の家に戻って彼女を育てました。それからしばらくして、私は新しいアボリジニのボーイフレンドと出会い、一九九〇年にボニーが生まれました。でも両親は、もううちで二人も子供の面倒を見られないから、ターシャを妹のリオナのところに預けるように言いました。リオナは、アデレードから遠く離れたヨーク半島の地方町で白人のパートナーとともに暮らしていました。それで本当はそうしたくなかったのですが、仕方ないので彼女の家に預けました。その後一九九一年にはジョセフが生まれました。

私の新しいボーイフレンドは、ニューサウスウェールズ州出身のアボリジニでした。彼は酷い環境で育ってきました。幼い頃白人の家に里子に出された後、白人の両親から虐待を受けていたようです。食事をするときでも、彼だけ一人外で食べないといけないなど、他の白人の子供と同じように扱ってもらえませんでした。その後彼は薬物に手を出し、悪い友達と付き合うようになり、物を盗んだりして刑務所に入るようになりました。私は一時期、彼とボニーとジョセフと三人で暮らしていましたが、たまに彼の悪友が家に押しかけてくることもありました。」

現在キャシーはこのボーイフレンドとの関係を断ち切ろうとしているが、彼はいまだに刑務所から彼女と子供たちに電話をかけ、キャシーとの復縁を望んでいる。彼は、出所する度に彼女のもとを訪ね、子供たちに「今度こそ更生するつもりでいる」と誓うのだが、すぐに刑務所に戻っていってしまう。キャシーは、今後は一人で自立して生きていくと決意している。

キャシーは現在、父親のジェームズの家から約一キロメートル離れたタペルーの公営住宅で娘のボニーと二人で暮らしている。筆者が彼女と出会った二〇〇八年の時点で、彼女は手に職をつけるために、TカレッジでITコースを受講していた。その後、成績が優秀な彼女は同カレッジの白人講師に認められ、徐々にキャリアアップを図っていく。翌年には、彼女はITコースを受講しながら、パートタイムで同カレッジの受付の仕事を任された。さらに、Tカレッジからの資金援助を得て、週に一度、主流社会のTAFEにも通い、コンピューター指導者の資格を取ろうとしていた。その後、彼女はITコースを卒業して資格を取得し、Tカレッジのフルタイムの事務職員として正式に採用された。同時期に彼女は、アデレードにおける政府系のアボリジニ組織、和解委員会（Reconciliation Committee）のメンバーとなり、数ヵ月ごとに同委員会の会議に出席している。

キャシーの子供たち

キャシーの三人の子供のうち、長女のターシャは一九八四年にアデレードに生まれる。両親が別れた後、彼女はキャシーの両親が住むラーグズ・ベイの家に引っ越し、実質的に祖父母に育てられた。その後、祖父母の家を離れ、ヨーク半島の地方町にいる叔母（リオナ）とその白人のパートナー、アンソニーの家に預けられる。彼女は町にある白人が多数派の初等・中等学校[6]に通うが、学校では生徒のほとんどが牧場経営者の子供で、幼い頃から互いに顔なじみであるという状況であった。そのため、彼女は完全に「部外者」として扱われ、差別を受けた。

彼女は十二歳の頃に、同じ学校に通う白人の少年、アダムと出会い、交際を始めた。アダムは、酪農場を営む裕福な家族の生まれであったが、子供時代には留守がちな両親の目を盗んで地元のアボリジニの子供たちと付き合い、ともに悪事を繰り返していた。ターシャは十七歳の頃に、アダムの家に引っ越し、彼とその家族とともに暮らすようになる。その後、アダムの両親がアデレードでレストランの経営を始めたのを機に、アダムとともにアデレードに引っ越し、美容師として働いていた。そして間もなくアダムとの間に子供が生まれ、子育てに専念するようになる。調査時、彼女は、ジェームズの家から約三キロメートル離れたアルバートンの家で、アダム、息子のアーチーと一緒に暮らしていた。彼女達が暮らす家は民営の賃貸住宅であり、一週間に二〇〇ドルの家賃はアダムの両親が全て払っていた。ターシャは、アダムの両親の経営するレストランで週に五日、ウェイトレスとして働いていた。

二女のボニーは現在まで、キャシーとそのボーイフレンドと一緒にタペルーの公営住宅で暮らし、姉のターシャとは全く異なる子供時代を過ごした。彼女は、タペルーでの生活について次のように語ってくれた。

「タペルーは、アボリジニ、白人にかかわらず、若者の多くが酒、薬物の問題を抱えているのよ。というのも、彼らの親がアルコール中毒や麻薬中毒で、子供の面倒を見ないし、親が子供に薬物を勧めたりすることもあるから。私の白人の友達、Ｋとは高校時代からの友達で、私達は学校で問題ばかり起こしていたわ。Ｋが最初に私に麻薬を勧めてきたのよ。私達は子供の頃から、周りが酒や麻薬ばかりの環境で育ってきたから、それが普通のことだと思っていたのよ。」

彼女は地元の高校に通っていたが、学校で問題行動を起こし、一〇年生（日本の高校一年程度に相当）で退学処分を受ける。その後彼女は、Ｔカレッジに入学し、数年間身体障がい者支援のためのコースを専攻していた。しかし彼女は、カレッジ在学中も、学業より近所に住む高校からの友人や、アボリジニのイトコとの付き合いを優先し、週末には仲間とともに地元のパブで酒を飲むという生活を送っていた。彼女は、母や叔母達から「一日中家にいないで何かすることを探しなさい」と叱責を受ける度に改心し、一時的には忠告に従い学校にも通うようになるが、友人からの誘いを断りきれず、すぐに元の生活に戻ってしまう。彼女はカレッジからも出席率が低いことを理由に、幾度も停学処分を下され、今後の進路について検討中であった。

写真７　ブロディ家の人々（ブロディ家の親族撮影）

三男のジョセフは、一九九一年にキャシーと二番目のボーイフレンドとの間に生まれる。子供時代は、両親やボニーとともに暮らしていたが、悪友との喧嘩が絶えない父親との生活は平穏ではなかった。そのため、後にラーグズ・ベイで暮らす祖父母の家に引っ越した。大人しく、成績優秀な彼は、初等学校の頃から、アボリジニの子供よりも非アボリジニの子供と付き合うことが多かった。九歳の頃に学校で知り合った近所のイタリア人の友人とは現在でも交流が続いており、週に数回は彼の家を訪ね、夕食をごちそうになる仲である。

彼は高校から母や姉（ボニー）の住むタペルーにある学校に通い始める。高校では全校生徒の約四〇％がアボリジニの生徒で占められているが、彼は依然として親族以外のアボリジニの生徒と付き合うことはなかった。高校時代、彼はアボリジニのイトコと白人の友人からなるバンドを組み、さらに学校外では、地元のアボリジニ組織、クラ・イェルロ・

カウンシルの青年団のリーダーを務め、行事の運営を行うなど、積極的に活動していた。

二　貧困と差別

ポート・アデレード／エンフィールド市の概況

ブロディ家の人々が暮らすポート・アデレード／エンフィールド市は、アデレード市内中心部から北西に約一五キロメートル離れた場所に位置する。この地域は、白人による入植後間もなく、国内の他の植民地や世界との主要な貿易拠点として海運業を中心に栄え、アデレード最古の工業地帯の一つとなっている。二十世紀初頭には南オーストラリア第二の都市であり、アデレード市の人口の半数以上がこの地域に居住していた。

しかし、第二次世界大戦後は工業の衰退に伴い人口が減少し、二〇一一年の政府統計によると、その人口は約一一万人であり、アデレード総人口の約一〇%を占めるに過ぎない。一方で、この地域に居住する先住民は約二七〇〇人であり、アデレード全体の先住民人口の約二〇%を占めるに至っている（City of Port Adelaide Enfield）。

この地域は、アデレードの他地域に比べて、建物の老朽化が進み、低所得者層のための公営住宅が多く建ち並んでいる。二〇〇六年の国勢調査において、ポート・アデレード／エンフィールド市の総人口における一週間あたりの平均収入は三八〇ドルであり、アデレード全体の四五二ドルと比べて

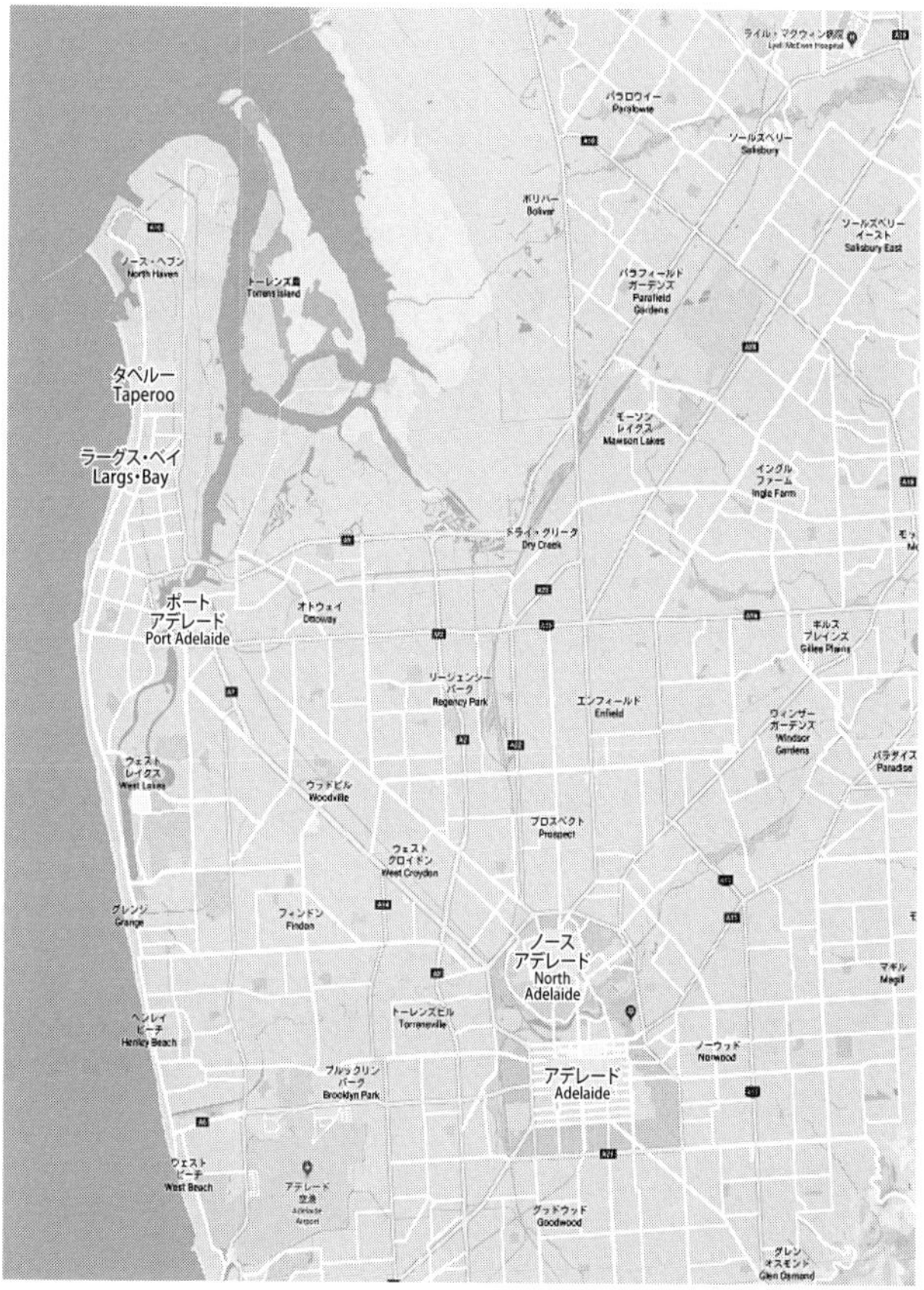

図４　ポート・アデレードとその周辺（地図データ ©2018 Google 日本）

写真8　ポート・アデレード中心部の様子（Fernando Gonçalves 撮影）

格段と低い。さらに、この地域はアデレードの中でも犯罪率の高い地域であるとされ、主流社会の人々の間では一般的に治安の悪い地域としてみなされている。しかし近年では、大規模な再開発の中で、新たな住宅地の建設やマリーナ開発が行われるなど、古い工業地帯としてのイメージは徐々に変化しつつある。

ポート・アデレード／エンフィールド市の中でも、キャシーなどが暮らすタペルーは、とりわけ貧困層が集中し、アデレードで最も危険な地域の一つとされている。タペルーは、ポート・アデレード／エンフィールド市の北西部に位置する地区であり、全人口三〇八〇人のうち先住民は一三九人であり、市内の先住民人口の約六％を占める。タペルーに居住する個人の一週間あたりの平均収入は三二九ドルであり、ポート・アデレード／エンフィールドの中でも低い。また、タペルーの失業率は一〇・二％であり、ポート・アデレード／エンフィールド全体の六・九％と比較してもかなり高いといえる（City of Port Adelaide Enfield 2006）。キャシーがTカレッジの学生として在籍しながら同カレッジでパートタイムの仕事をしていた二〇〇九年十一月の時点で、キャシーの一週間あたりの総収入は、三一五ドルであり、タペルーの一週間あたりの平均収入を下回っていた。キャシーと同居しているボニーにも、アブスタディから一週間あたり一一五ドルの収入があったが、二人分の収入を合計したとしても、一週間あたりの世帯収入額四三〇ドルは、タペルー全体の平均世帯収入額六〇四ドル（タペルーの平均世帯構成員数は二・三人）をはるかに下回っていた。

キャシーは収入の中から、家賃として一週間あたり六五ドルを支払い、残りは光熱費や電話代、食費に回す。ボニーは、二週間ごとに支給されるアブスタディからの奨学金を、友人との交際費として数日間で使い果たしてしまうため、実質的にキャシーがボニーの生活全般の面倒をみている。そのため、奨学金や給与支払い日の数日前には、携帯電話が使えなくなり、冷蔵庫の中の食料が不足し、Tカレッジに行くためのバス代さえも払えなくなる。

一方で、ジェームズとジョセフが暮らすラーグズ・ノースは、全人口二九四四人のうち先住民人口は三六人であり、市内の先住民人口の約一・六％を占めるに過ぎない。ラーグズ・ノースでは、一週間あたりの個人の平均収入は四二六ドルであり、ポート・アデレード／エンフィールド市内の平均よりも高い。また、失業率は四・八％であり、市全体と比較するとその割合は低くなっている（City of Port Adelaide Enfield 2006）。

年金暮らしをしているジェームズの一週間あたりの総収入は、三三五ドルであり、それはラーグズ・ノース全体の平均収入四二六ドルを下回っていた。さらに、ジェームズと同居しているジョセフにも、アブスタディから一週間あたり一一五ドルの収入がある。しかしここでもやはり、二人の収入を合わせたとしても、一週間あたりの世帯収入額は、四四〇ドルであり、ラーグズ・ノース全体の平均世帯収入額七七六ドル（ラーグズ・ノースの平均世帯構成員数は二・二人）をはるかに下回っていた。ジェームズは一週間に家賃として一〇〇ドル、三カ月ごとに光熱費や電話代として二〇〇ドルから三〇〇ドル、車の登録費に七〇ドルを支払っている。

ラーグズ・ノースおよびタペルーは、ともにアデレード中心部から約一五キロメートルしか離れていないにもかかわらず、電車の本数が少ないなど交通の便が悪く、車を所有していなければ、アデレード市内との行き来は不便である。それに加え、ポート・アデレード／エンフィールド市のインターネットへの接続率は四八・六％であり、それはアデレード市内全体（六〇・一％）と比較して低く、特にタペルーは、三九・二％でありポート・アデレード／エンフィールド市全体の平均よりもさらに低い（City of Port Adelaide and Enfield ; Australian Bureau of Statistics 2006）。このようにブロディ家の人々が居住する地域は、交通面や情報面でも、アデレードの他地域より遅れた状態にあるといえる。

住まい

ブロディ家の人々は、白人のパートナーをもつキャシーの妹のリオナと長女ターシャ以外は、全員公営住宅で暮らしている。キャシーの暮らす家は、ベッドルームが二部屋、ラウンジ、ダイニング・

キッチン、トイレ・シャワーからなる。老朽化した家のドアには穴があき、部屋の中には、生活に必要な最小限の家具や家電製品のみが備え付けられている。ボニーは筆者を初めて自分の家に連れて行く際に、近所のアジア系移民の家を見ながら、「私の家はヌンガの家なの。アジア人は家の中をきれいにするでしょう。でもヌンガの家は汚いの。片付けないし、ひどい家はソファも何もなく、ドアや窓が壊れていたりするのよ。」と言った。

週末や誕生日会などに家族全員が集まるジェームズの家は、ベッドルームが三部屋、ラウンジ、ダイニング・キッチン、トイレ・シャワーがあり、さらに家の裏庭には、年に数回クィーンズランド州からやって来る息子のケビンとそのガールフレンドのための小さな簡易住宅がある。ジェームズの家は築一〇〇年程度であり、シロアリが家の壁や窓の枠を食い尽したり、水漏れを起こすなど、日々様々な不具合が生じる。ジェームズは、住宅供給公社に連絡して修理を依頼するものの、修理人はなかなかやって来ず、やって来たとしても不具合を完全に直すことができない。そのため、ジェームズは常々、政府の職員を「怠慢で信用できない」と言い、彼らの対応の悪さに苛立ちを覚えていた。

電気機器類や車が故障した場合は、親族総出で助け合うこともある。たとえば、ある日、ジェームズの家の電話機が故障した際には、マーガレットがやって来て、台所のフォークやナイフを用いて電気の配線を直していた。無事に電話機を修理することができた彼女は「これがヌンガのやり方よ」と誇らしげに言った。また、ときには非アボリジニの友人の助けを借りることもある。ある日の朝、ジェームズの車が故障したときのことである。ジェームズは、車を修理に出そうにも次の年金支給日まで修理代が払えないと言い、まずマーガレットのパートナーであるダッキーに車の修理を頼む。しかし、結局ダッキーは修理することができなかったため、代わりにジェームズの友人で、車に詳しい白人の男性に修理を頼んだ。この男性は、ポート・アデレードの出身で、子供の頃ジェームズの家の近所で暮らしていた。両親が酒の問題を抱え、家で食事が十分に与えられなかったため、ベロニカが彼を家に呼んで食事を与えていたという。ジェームズは、この男性が初めて車を買った時に保証人にもなったという。このように、ブロディ家の人々は親族や友人と協力しながら、日常生活における様々な不都合を乗り切っていた。

一方で、ターシャの暮らす家は、他の家族のメンバーの家よりも新しく、家の中は平均的な白人の家に引けを取らないくらいの小奇麗な装飾が施されている。彼女の家には、ベッドルームが三部屋、ラウンジ、広々としたダイニング・キッチン、トイレ、シャワーがあり、ラウンジには大型液晶テレビやDVD機器があり、インターネットも常時接続されている。また、息子のアーチーのおもちゃ部屋には、主にアダムの両親からのプレゼントである数々の積み木、パズル、絵本、ゲーム器、DVDなどが並んでいる。昼間アダムが仕事で家をあけている間に、キャシー、ボニー、ジョセフ、マーガレット、コリーンは、ターシャの家を訪ね、ラウンジでDVDを見ながら食事をし、フェイスブックで遠方に住む親族やアボリジニの友人とチャットを楽しむ。彼女の家は、ブロディ家の人々にとって、少しばかりの娯楽の場となっているのである。

差　別

ブロディ家の人々は、日常生活の大半をポート・アデレード／エンフィールド市内で過ごす。しかし、彼らは時折友人との付き合いなどでアデレード市街地に出かけることもある。その際に、非アボリジニからの差別に遭遇することがある。特に、ブロディ家の中でも比較的膚の色の黒い人々は、アボリジニであることを理由に差別を受けやすい。たとえば、ジョセフは、高校卒業を目前に控えた頃、幼馴染のアボリジニの友人らとアデレード市内中心部の繁華街に遊びに出かけた。ところが、繁華街のメインストリートであるハインドリー・ストリート[8]で友人と他の少年グループがけんかを始め、そこに警察がやって来た。ジョセフは、けんかを止めようともみ合いの中に入ると、真っ先に警察に捕まえられかけたため、警察に抵抗した。するとまさに警察に抵抗したという理由で、彼は他の友人らとともに逮捕されてしまったのである。

ジョセフは間もなく釈放されたが、この事件は結局、ポート・アデレードの治安判事裁判所に持ち込まれた。ブロディ家の人々は、「ジョセフが真っ先に捕まえられたのは、他の友人よりも彼の膚の色が黒いせいだ」と言い、彼の側に弁護士をつけ、一カ月後に裁判で争うことにした。裁判の日には、キャシー、ジェームズ、マーガレット、ダッキーが彼に付き添った。結局、ジョセフの刑は軽減され、彼は無事に高校を卒業した。しかし高校卒業後、彼の生活は徐々に変化していった。高校時代のバンドのメンバーが進学などを機に他州へ引っ越したため、バンドが解散し、親友と離れ離れになった。また、彼は高校在学中、卒業後は大学に進学して地域奉仕学の学位を取り、将来はアボリジニ・コミュニティのための社会福祉指導員になりたいと語っていたが、「自分がこれから何をすべきかわからなくなった」と言い、自分の将来について不安を抱き始める。キャシーの勧めもあり、彼は結局Tカレッジの社会奉仕コースに入学した。Tカレッジには、キャシーやボニーに加え、アボリジニのイトコや友人が多数在籍しているため、彼は高校時代よりも多くの時間をアボリジニとともに過ごすことになる。彼は毎日授業が終わると、ボニーの家を訪ね、それまでつきあいを避けてきたボニーの友人とも交流し始めた。ボニーはジョセフについて、「彼はタペルーのコミュニティに適応しようとしているのよ」と言いつつも、人生の方向性を見失いつつある彼のことを心配していた。

ハインドリー・ストリートでの事件はジョセフの生活の変化に少なからず影響を与えたものと思われる。彼はそれまで、地元のアボリジニとは距離を置きつつ、白人のやり方に従って生きてきた。しかしどれだけ白人の価値観や行動規範に従おうとも、膚の色は変えることができず、最も可視的な要素であるために、主流社会の中で完全に差別から逃れることはできないのである。また、ラーグズ・ノースやタペルーで生活する彼にとって、大学は地理的にも心理的にも遠い存在であった。タペルー居住者の大半が一〇年生で学校を去り、学士号以上の学歴をもつ人々は全人口の一〇％程度に過ぎない（City of Port Adelaide and Enfield）。ブロディ家の中で大学出はおらず、アデレード市内の大学に関する情報自体が非常に限られていた。ジョセフが将来への希望を抱きながらも、貧困や差別ゆえに、それを容易に実現できないことに対し、閉塞感を抱いていたのは明らかである。主流社会の中で居場所を見つけられず、最終的に地元の仲間とともに自己破壊的行為に走るという構図は、この地域に居住するアボリジニの若者に見られる一般的な現象であった。

このような主流社会からの差別や貧困は、キャシーとその姉妹らによるアボリジニであることについての対話において次のように語られていた。以下は、彼女達の対話の一部である。

（K：キャシー、M：マーガレット、L：リオナ）

L：私達はオーストラリアに住んでいることを誇りに思わないといけないはずよ。でもほとんどのアボリジニはオーストラリアに誇りを持っていないわ。首相はこの国はレイシストな国じゃないと言うけど、私はそうは思わないわ。

K：私は自分自身の国で二級市民のように感じるわね。それによって自分が一人の人間として不十分とは思わないけど、政治が私達の文化を破壊したやり方を考えると、自分のあり方を強く感じるわ。

M：私はそこに強さを感じるわ。私には帰属意識があるから。私は、文化やアボリジニ・コミュニティの人々とつながっていて、それは私に強さを与えてくれるわね。

K：私達は、ずっと昔父が白人だと思っていたけど、自分がもう少し白かったかもしれないなんて考えたことがないわ。常に私はブラックだったの。

M：多くのアボリジニは膚の色のことを考えていて、非アボリジニの膚の色に近いことを気にするわ。職場で私の上司が「君はブラックかどうかわからないね」と言われ、「私の心は彼らの二倍ブラックよ」と言ったのよ。

K：私なんかたまに純血（full-blood）のような気分よ。

M：ええ、そうよ。自分が人と違っているのがわかるでしょ。外に出て、自分が彼らのうちの一人じゃないことがわかるのよ。たまに自分が貧乏じみていて、本当に下層階級にいるような気がするのよ。でもコミュニティの人達と一緒にいるとき、私は誇りを持てて、大きな声で主張できて、とても興奮するのよ。

K：私は自分の家族や拡大家族と一緒にいるときも同じように感じるわ。

M：私はアボリジニであることに誇りを感じるわ。母はそのことについて声高に語っていたし、それにとても誇りを持っていたからだと思うわ。

（中略）

M：最近の子供たちは、膚の色についてもう気にしていないみたいだわ。彼らはただ社会に適応したいだけなのよ。最近の十代の若者は、ブラックであることを忘れているというわけではないけど、彼らはあらゆる人種と混じり合うわ。ブラックに白人、中国人、すべての人種よ。

L：社会に入って行こうと思ったら、選択肢はないと思うわ。

M：でも私達はブラックの環境で育ってきたじゃない。私とキャシーに関していえば、母のそばにいて、この家で育って、アボリジニの文化はいつもそこにあったわ。

K：それは生活の仕方よね。

M：それはある意味料理のときに見せられたわ。私達には何もなかったから。本当に何もないってことよ。母がスープの皿を持っていて、突然コンロの上でスープのようなものが料理されているのよ。それは当時貧しい人の食事のようなものよ。でもそれはある意味アボリジニのやり方（Aboriginal way）のようなものね。私達は、道端で暮らしているアボリジニの人達と大して変わらなかったわ。彼らは何も持っていなかったのよ。私達は、社会全体の中で下層階級の市民だったわ。私はそういうふうにアボリジニの人達を見ていたの。

マーガレットやキャシーは、オーストラリア主流社会におけるアボリジニの相対的な貧しさゆえに、自分達を「二級市民」や「下層階級」として認識していた。しかしながら同時に、貧しい生活様式および貧しさゆえに親族同士で実践される相互扶助は「アボリジニのやり方」とみなされ、アボリジニとしてのアイデンティティの一部をなすものとして肯定的に捉えられていることが窺える。次節では、このような「アボリジニのやり方」または「ヌンガ・ウェイ」と呼ばれるアボリジニ独自の行動様式の内実について詳しく分析する。

三　モラル・エコノミーと相互扶助の実践

家族メンバー間でのディマンド・シェアリングの実践

ブロディ家の人々は、図5に示す通り、親子や夫婦ごとに異なる家で生活しているが、アデレードから約二〇〇キロメートル離れた地方町で暮らすリオナ一家を除き、それぞれの家は約一〇キロメートル以内である。そのため、彼らは日常的に互いの家を行き来する。ブロディ家の中で車を所有して

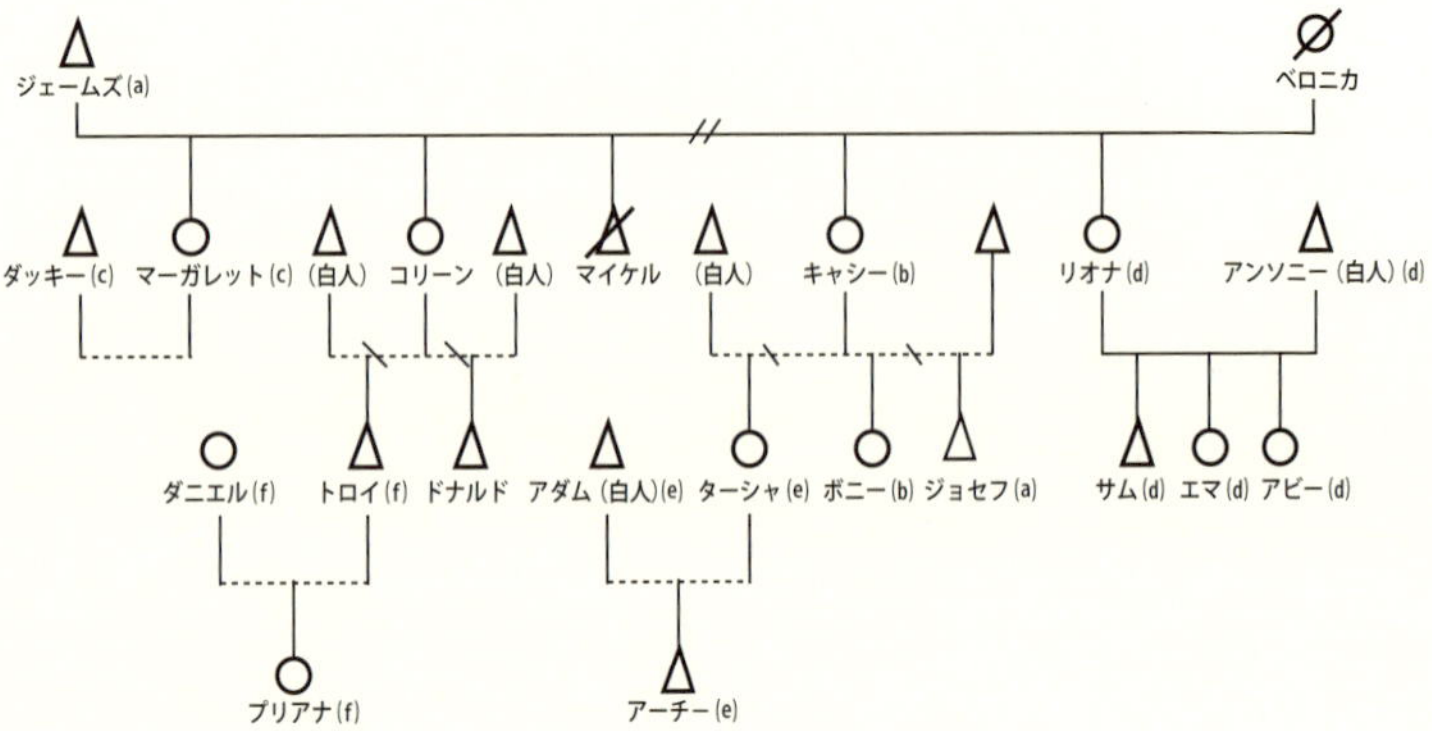

図5　ブロディ家の人々の居住状況（2009年調査時）
(a) ジェームズの家、(b) キャシーの家、(c) ダッキーの家、(d) アンソニーの家、(e) アダムの家、(f) トロイの家
※コリーンは一人暮らし、ドナルドは白人里親家族と同居、キャシーおよびコリーンの元パートナーについては不明

いるのは、ジェームズ、ダッキー、ターシャ、トロイであり、彼らは車で家族メンバーの送迎をする中で、各家を行き来し、他のメンバーの近況を伝達する。ブロディ家の中で最年長であるジェームズは、車での送り迎えに加えて、生活に困窮する親族への金銭や食料の提供を通して家族全体を支える。たとえば、彼は毎朝キャシーとボニーを車で迎えに行き、彼女達をカレッジへと連れて行く。二週間に一度のコリーンの生活費支給日には、彼女を車で銀行のATMまで連れて行き、薬局で薬を買わせ、食料品店で買い物をさせる。さらに彼は、週に数回近所のスーパーマーケットや市場で割安の食料品を買い溜めし、いつ家族が訪ねて来ても食事に困らないように、パン、果物、インスタント食品などの最低限の食料を常備していた。

　調査の時点で、ブロディ家の中でフルタイムの定職に就いていたのは、ダッキー、リオナの夫のアンソニー、ターシャのパートナーのアダムのみであり、その他の人々はパートタイムの仕事や、不定期で日雇い労働者として働くか、あるいは年金や失業手当、医療福祉手当、子育て手当、アボリジニのための奨学金などの社会福祉金で生計を立てていた。社会福資金で暮らす成人のメンバーは、二週間ごとにセンターリンクから支給される生活費の中から、家賃、光熱費、電話代等を支払い、次の生活費支給日の数日前になると、手元にはほとんど現金が残らない。特に、地元の飲み友達が多いコリーンとボニーは、支給された二週間分の生活費を飲食代や交際費として数日のうちに使い果たしてしまうこともあった。そのため、生活費支給日の一週間前には、家族全員から借金をすることになる。

以下は、センターリンクからの生活費支給日前後における、筆者が観察し得たブロディ家の人々による金銭のやりとりの記録である。

二〇〇九年十一月十八日（水）

コリーンが「お金がなくなった」と言ってジェームズの家を訪ねて来る。その場に居合わせたキャシーはコリーンに五〇ドルを渡す。コリーンは、「自分の家には食料も酒も何もない」と言い、ジェームズの家に数泊していく。

二〇〇九年十一月二十二日（日）

午前中に、コリーンの息子、トロイのパートナーであるダニエルからジェームズに電話がかかり、

「今お金がなくて食料が買えないからお金を貸して」と頼んでくる。トロイとダニエルには、五歳の娘がおり、ダニエルは三週間後に第二子を出産する予定である。ジェームズは、ダニエルとその娘のことを気遣い、車で彼女の家に行き、食費として二〇ドルを渡す。

二〇〇九年十一月二十四日（火）

ジェームズは夕方に車でキャシーの通うＴカレッジにキャシーを迎えに行く。ジェームズはキャシーを家に連れて帰る途中にコリーンの家に寄る。すると、コリーンが「明日までにFox Tel[9]に六五ドルも払わないといけないけど、この間ドナルド（コリーンの息子）に金を貸したから払えないのよ。お金貸してくれない。」とジェームズに頼み、ジェームズはコリーンに一〇〇ドルを渡す。

二〇〇九年十一月二十五日（水）（生活費支給日）

ジェームズはジョセフを連れて車で銀行のＡＴＭへ行き、それぞれ生活費をおろす。その帰りにコリーンの家に寄ると、コリーンは息子のトロイが仕事をして少しばかりの収入を得たと言い、トロイがジェームズに借りていた二〇ドルをジェームズに返す。ジェームズはコリーンを車で銀行のＡＴＭに連れて行き、その後スーパーマーケットで食料を買わせる。ＡＴＭから生活費をおろしたコリーンは、早速そのお金でビールを買い、その後は近所のパブで友人に酒をおごっていた。

二〇〇九年十一月二十六日（木）

キャシーが「頭痛がする」と言ってジェームズの家にやって来る。彼女はその頭痛の訳についてターシャや筆者に説明し始める。

キャシー：ボニーは本当に馬鹿な娘よ。彼女は昨日の夕方の六時からB（タペルーのアボリジニの友人）とS（タペルーの白人の友人）と飲みに出かけて、朝の六時に酔っぱらって帰ってきて、シャワーを浴びるとすぐにまた飲みに出かけて行ったのよ。昨日彼女はアブスタディから最後の二〇〇ドルを受け取ったけど、彼女は既に私に一〇〇ドル借金しているのよ。

ターシャ：ボニーは私からも五〇ドル、それにおじいちゃん（ジェームズ）、マーガレット、ダッキーからもそれぞれ二〇ドルずつ借りているのよ。

キャシー：あの子は、私のシャンプーを使い、私のトイレットペーパーを使い、食料も私のものを食べて、家賃も払わないのよ。これまで私はあの子に食費をやり、タバコ代もあげていたけど、もうこれからはやらないわよ。ボニーはTカレッジから追い出されたから[10]、もう来月からはアブスタディのお金も入らないわ。きっと彼女は周りの人にお金をせがまないといけなくなるわね。

ボニーは結局、二十五日に支給された奨学金の二〇〇ドルのほとんどを、その日のうちに酒代などに使い果たしてしまっていた。

二〇〇九年十一月二十七日（金）

ジェームズは午後五時にジョセフと一緒に、車でカレッジまでキャシーを迎えに行く。キャシーはカレッジが終わった後、ポーキーゲームに行き、一二〇〇ドルの臨時収入を得たという。キャシーはその場で一〇〇ドルずつジェームズとジョセフに分け、二人に「このことをボニーなど他の誰にも言わないで」と口止めをする。彼女はそのお金をローンや食費、クリスマスのための買い物に使う予定であるという。ジェームズは、キャシーとジョセフを、キャシーの姉のマーガレットの家で降ろし、午後七時にキャシー、ボニー、ジョセフ、マーガレット、マーガレットのパートナー、トロイで近所のホテルのパブに行き、約四時間ポーキーゲームをする。

二〇〇九年十一月二十八日（土）

午後に、ターシャから車が壊れたから助けてくれとジェームズに電話がある。ジェームズは車でターシャ達のもとへ向かい、車を直す。ターシャの運転する車には、息子のアーチー、イトコのエマ、キャシー、ボニーが乗っており、クリスマスの買い物をした帰りであった。この日キャシーは、食料、衣服をはじめ、孫のアーチーへのクリスマス・プレゼントとしておもちゃやDVDを買う。キャシー達はジェームズの家に寄り、その日の夕食として、特大ピザを注文し、マーガレットとそのパートナーも夕食に呼んだ。

ブロディ家の中で定職に就いていない人々は、社会福祉金に加え、上記のような親族間の相互扶助のネットワークを通して日々生活を送っている。こうした都市アボリジニの間にみられる相互扶助の実践は、他の研究者によっても報告され、様々な解釈がなされてきた。たとえばゲールらは、気遣いと分かち合い（caring and sharing）の実践は、アボリジニが景気の低迷に対応するなかで、親族同士の相互扶助というアボリジニの伝統的な価値観を復活させた結果生じたものであると説明した。すなわち、気遣いと分かち合いは、アボリジニがオーストラリアにおいて社会経済的に排除された結果、立ち現われた行動様式として捉えられたのである（Gale and Wundersitz 1982 : 182）。

一方で、シュワブは、分かち合いの実践が経済的必要性によるものであるというゲールらの解釈は妥当としながらも、都市のアボリジニの間でこの実践は新たに出現したものではなく、長期にわたって確立されてきたものであると述べる。そして、この実践の経済的な必要性とそれがアボリジニ自身にとってもつ文化的な意味との関係を考察する必要性を指摘した（Schwab 1991 : 204）。彼によると、アデレードのアボリジニの間で気遣いと分かち合いは、独自の文化的価値観や行動様式である「ブラックフェラ・ウェイ」の重要な要素の一つとして認識されていた。さらに、気遣いと分かち合いは、アボリジニが自身を非アボリジニから差異化するための行動上の特徴であり、アボリジニ社会への適応度を測るための指標として捉えられていたのである（Schwab 1991 : 202-203）。

このようなアボリジニ社会における気遣いと分かち合いの重要性は、他地域のアボリジニの民族誌においても報告され、相互扶助の実践は、一般的に親族やアボリジニ・コミュニティとの社会関係を構築し維持するための手段として捉えられてきた（Myers 1986 ; Sansom 1988 ;Babidge 2010）。こうした解釈の背景には、アボリジニ社会における「家族」は、もはや血縁関係や共通の先祖を有する集団という側面のみからは捉えきれず、親族メンバー間の日常的な相互行為を通して形成される関係性にも着目する必要があるという認識があった。たとえば、サンソム（Basil Sansom）は、オーストラリア北部のアボリジニ社会において、親族内部における個人の位置づけは、日常生活における相互扶助というパフォーマティヴな行為を通して認識されると述べた。そして、そのようにして再生産される親族関係を、グッディ（Goody 1982）に倣い、「パフォーマティヴな親族関係（performative kinship）」と呼んでいる（Sansom 1988 : 170）。バビッジ（Sally Babidge）も同様に、クィーンズランド州北部におけるアボリジニの家族を例に、「家族」を食料、子守、金銭のやり取り、車での送り迎え等の基本的な資源の共有を通して相互に依存した集団であるとして捉え、そのような関係性を演じることで親族への帰属意識や親族関係が維持されると述べている（Babidge 2010 : 101-107）。

ピーターソンらは、このようなアボリジニ社会における共有や分配の行為をモラル・エコノミーという観点から捉えた。モラル・エコノミーとは、利益の最大化と個人的な利益の追求を目的としない、社会関係を再生産するための物資の分配に基づく、いわば反市場経済のことである（Peterson and Taylor 2003 : 106）。ピーターソンは、モラル・エコノミーの下で行われるディマンド・シェアリング（要求を契機に行われる財の分配）を、狩猟採集社会の中で生み出されたハビトゥスであると同時に、アボリジニ社会で相手との関係を構築し、検証するための行為として捉えた（Peterson 1993）。ディマンド・シェアリングは、資本主義や貨幣経済が浸透した地方町のアボリジニ・コミュニティにおいても実践されている（Macdonald 2000; Ellinghaus 2008; 大野 二〇一〇）。たとえば、ニューサウスウェールズ州中央部に位置するウィラジュリ・コミュニティのアボリジニの間では、「共有（sharing）」は、「共有しない」非アボリジニから彼ら自身を差異化する実践として捉えられ、それは資源の分配方法をはじめとする彼ら独自の関係性のあり方を表すものであるとされた（Macdonald 2000 : 88）。また、南オーストラリア州の地方町、ポート・オーガスタのアボリジニの間でも、「共有」は彼ら自身が「アボリジニのやり方（Aboriginal ways）」と呼ぶアボリジニ独自のハビトゥスの一部をなしていることが報告されている（Ellinghaus 2008 : 265-266）。

ピーターソンらはさらに、アボリジニ社会のモラル・エコノミーにおける分配行為の特徴として、一、気前の良さが重要であること、二、親族体系に基づいて財の分配が行われること、三、自己（selfhood）は、親族との関係性を通して形成され、個人の自律は尊重されるが、強い自己主張は制限されること、四、財の要求を断る際には、あからさまな拒絶ではなく、間接性や曖昧さが必要とされること、の四点を挙げている（Peterson and Taylor 2003 : 107-110）。

しかし実際に行われるディマンド・シェアリングでは、必ずしもこれらの規則が遵守されているとは限らない。シュワブは、現実のアボリジニの実践には、共有すべきものを共有しない、または分配を保留する場合もあり、上記のような規則と矛盾する点が多いことを指摘している。たとえば、親族から金銭を要求された際には、「今お金を持っていない」または「競馬で負けた」、「既に別の人にお金を貸している」などと言うことにより、容易に要求を拒否することができる。また、財の共有は近親者や親友など非常に限定された範囲内で行われ、たとえ親族であっても絶えず親族の善意を濫用する者からの要求は、直接的に断られることもあるという。ただし、要求を拒否する際には、直接的である場合はごく稀であり、多くの場合は上述のように、断り手の力の及ばない事情を説明することによって間接的に断られる。すなわち親族からの要求の拒否は、それが互酬性の大切さという幻想を壊さない範囲で許容されたのである（Schwab 1991 : 204-206）。

ディマンド・シェアリングの規範に違反する行為は、ブロディ家の人々の間でも観察された。たとえば、キャシーは普段から筆者や他の非アボリジニの前で、「私はアボリジニの人間として、お金があれば姉妹や家族と分け合うようにしている」と語っていた。しかしながら、上記のようにギャンブルで一二〇〇ドルの臨時収入を得た際に、ジェームズとジョセフ以外の親族に対してはそのことを秘匿しようとしていた。この行為は、ディマンド・シェアリングの間接的な拒否と捉えることができる。

また、ブロディ家の親族間における相互扶助は、あらゆる状況で無制限に行われるものとは限らず、そこには何らかの規制が存在した。特に、親族同士であっても借りた金は返すことが前提とされ、借りた額を返さないという事態が何度も生じる場合、それ以上の金銭の要求が直接的に拒否されることもあった。たとえば、ボニーは頻繁に食料、タバコ、酒代などを親族に要求していた。ある日ボニーは姉のターシャに「飲み物がほしいからお金を貸して」と頼む。するとターシャは、「この間私はあなたに五〇ドルも貸してあげたけど返さなかったじゃない。返さないんだったらもうあなたにはお金を貸さないわよ。飲み物がほしいなら自分のお金で買いなさいよ」と言った。このように要求が直接的な形で拒否された場合、当事者間には一時的に険悪な雰囲気が漂う。しかし、最終的に要求を拒否した人が親族全員から非難され、親族ネットワークから排除されるという事態には至らない。ボニーとターシャは一時的に口を聞かなかったが、結局その日のうちに仲直りをしていた。

さらに、親族ネットワークの周縁に位置する人が金銭の要求をした場合、非難の対象となることがある。ブロディ家の中には、トロイのパートナーであるダニエルが、ジェームズから頻繁に金を借りることを不快に思う人もいた。たとえば、マーガレットは、「ダニエルは、父さんの家族でもないくせに、すぐに彼を頼ってくるのよ。父さんはもう年金暮らしでそんなに余裕がないのに。」と度々不満をもらしていた。また逆に、筆者が観察した限り、ブロディ家の人々が親族のパートナー（たとえば、アダム、アンソニー、ダニエル）に金銭を要求することはほとんどなかった。このように、ブロディ家における金銭の貸借は、あくまでも直接血縁関係にある親族のメンバーを中心に行われるのが原則であり、それ以外のメンバーがこの実践に関わることは好ましくないという暗黙の了解があった。[11]

相互扶助の精神とアボリジニ・コミュニティ

ブロディ家の場合、気遣いと分かち合いの精神に基づく金銭の貸借は、主に家族のメンバー間で行われていた。しかし、金銭の貸借に限らず、ブラックフェラ・ウェイの中核をなす相互扶助行為は、アデレードのアボリジニ・コミュニティの一員であることを表明する際の重要な指標となっていた。シュワブも、気遣いと分かち合いのエトスは、アボリジニの間で彼ら独自の経済様式として捉えられ、アボリジニとは何かの定義に不可欠なものと認識されていたと指摘している。彼によると、親族からの要求を露骨に拒否し、家や高価な車、家具、衣服などの購入によって物質的富の差を誇示する者は、周囲のアボリジニから、主流社会の渦にのみ込まれた者として、アボリジニ社会から疎外されるおそれがあるという。気遣いと分かち合いの重要性を強調する人々にとって、自己利益のみを追求する世帯の出現は、アボリジニ独自の生活様式への脅威とみなされたのである（Schwab 1991：208）。シュワブは、このようにアボリジニ・コミュニティ内部で、気遣いと分かち合いの精神がアボリジニにとって「当然の」文化規範とみなされ、人々が自発的にその文化規範に従うことにより、図らずも主流社会における自らの従属的な地位の再生産に与していると主張した（Schwab 1991：219）[12]。

以下では、現在のアデレードのアボリジニ・コミュニティにおいて、一般的にこのような解釈が妥当かどうか、ブロディ家のコミュニティとの関わり方を事例に検討する。日常生活の中でコミュニティの人々とどの程度関わるかは、ブロディ家内部でも個人差があった。ラーグズ・ノースで暮らすジェームズの場合、彼の家から数一〇〇メートル離れたところに住むアボリジニの親子や古くからの友人以外に、コミュニティのアボリジニが彼の家を訪ねて来ることはほとんどなかった。また、彼は毎朝キャシーなどをTカレッジに車で連れていくものの、自分自身がカレッジの中に入って他のアボリジニと交流することはほとんどなかった。さらに彼は、カレッジで学生とその家族を招いて行われる行事への参加も拒否していた。キャシーは、ジェームズが大勢のアボリジニの前に顔を出すのをためらう理由を、彼が内気な性格であることに加え、彼の外見が白人に近いこと、さらにそれまでの人生においてコミュニティの人々と積極的に関わってこなかったため、他のアボリジニから「ココナッツ」と言われるのを恐れているからだと語っていた。ただし、ジェームズがコミュニティの人々と直接交流する機会は非常に限られているものの、彼は毎日車でラーグズ・ノースやタペルーを通り過ぎる中で、通りを歩いているアボリジニの出身地域と親族関係をほぼ全て把握していた。

一方で、タペルーに住むキャシーやマーガレットの近所には、白人の家に紛れ込むようにアボリジニの家が複数あった。マーガレットは、タペルー周辺の地域で日常的に顔を合わせるアボリジニとして約二〇人を挙げた。マーガレットやキャシーは道端や近所のスーパーマーケットなどで知り合いのアボリジニに会えば挨拶をし、立ち止まって互いの家族の近況や共通の知り合いの噂話をする。彼女たちにとって、町で出会ったアボリジニとの世間話は、些細なことではあるが、重要な意味をもっていた。キャシーはある日、バスの中で古くからの友人のイトコに似た人を見かける。しかし、本人かどうか確かではなかったため、彼女に声をかけることなくバスを降りた。帰宅したキャシーは、「やっぱり彼女はTのイトコだったかもしれない」と言い出し、フェイスブックに「さっきバスの中で会ったかしら？」とメッセージを入れ、挨拶をしなかったことを詫びた。キャシーによると、ンガリンジェリの間では、町で他のアボリジニとすれ違った際に挨拶を怠った場合、無視をしたと思われ、陰で **kringkri mimini**（ンガリンジェリ語で「白人の女の子」を指す）と呼ばれて軽蔑されることがあるという。

キャシーやマーガレットは、タペルーのアボリジニの中でも酒や薬物の問題を抱える人々との付き合いは最小限にとどめていた。とはいえ、彼女らは時に近所に住む遠い親族や古くからの知り合いからディマンド・シェアリングを求められることもあった。マーガレットとパートナーのダッキーは、キャシーと同様に、タペルーの公営住宅でともに暮らすものの、定期的に職を探し、収入を得ている。マーガレットは長年アボリジニの飲酒を阻止するためのアボリジニ組織で働き（筆者の調査時には退職していた）、ダッキーはTカレッジで用務員の仕事をし、時には建設現場で働くこともあった。彼らは車を二台所有し、家には大型の液晶テレビやＤＶＤ機器が並び、その暮らしぶりは同じタペルーに暮らす平均的なアボリジニよりも幾分か華やかであった。

マーガレットやキャシーは以前からタペルーに住むあるアボリジニ女性Aとその家族からの嫌がらせに悩まされていた。この女性Aはダッキーの叔母であり、子供の頃からタペルーで育ってきた。Aとブロディ家の人々は、以前は同じタペルーの住人として付き合いがあり、特にキャシーやマーガレットとは良い友人であった。しかし、Aは現在、深刻な酒および薬物の問題を抱えているため、ブロディ家の人々は彼女とその親族から距離を置いていた。以前、Aの娘とその息子が住むところがないといってキャシーの家を訪ね、キャシーは一時期彼らを家に泊めていたが、様々な問題が生じたために結局彼らを家から追い出した。それ以来、Aの家族からブロディ家の人々への嫌がらせが始まる。彼女らは近所のスーパーマーケットなどでキャシーらに出会う度に悪態をつき、コミュニティの人々にキャシーらが自己中心的であり、「白人のようだ」と言いふらした。

キャシーらは、自分達がこのような仕打ちを受けたのは、Aとその家族よりも自分達の方が裕福な暮らしをしていることに彼らが嫉妬しているためだと解釈した。タペルーに暮らすアボリジニの中には、酒や薬物の問題を抱え、一日中何もせずに過ごす人々が珍しくない。彼らにとって、キャシーのようにコミュニティ・カレッジに通って職業技術を身につけ、経済的自立を図ろうとする者は嫉妬の対象となりやすいのである。

アボリジニ・コミュニティにおける相互扶助の強要は、明らかにキャシーのような社会的上昇を目指す人々の足かせとなっていた。キャシーは、「アボリジニ社会では、『ノー』ということはできず、助けを求められて断る場合でも『ノー』と言わずに断らなければならない」と語っていた。しかし一方で、彼女はコミュニティの人々との相互扶助だけでなく、親族間で行われる金銭の貸借についてさえも疑問を持ち始めていた。彼女は、アボリジニ社会における集団志向と主流社会で浸透した個人主義の間で揺れ動いていたのである。モラル・エコノミーの原理に基づいて親族に貸した金銭は、全額返ってくることはほとんどない。しかし彼女は同時に、親族やコミュニティの人々からの要求を直接断ることによって生じる代価についても認識していた。それにもかかわらず、Aとその家族からのディマンド・シェアリングをあからさまに拒否し、彼らから距離を置こうとするキャシーの態度からは、コミュニティの中でも自分の経済的自立を妨害するおそれのある人に関しては、彼らとの社会関係を多少犠牲にしてでも、個人主義を優先させようとする姿勢が窺える。結局、キャシーやマーガレットは、Aの家族との一件が原因でアボリジニ・コミュニティから疎外されることはなかった。Aらが深刻な酒や麻薬の問題を抱えていることは、コミュニティ全体で知られており、他の人々もこの家族と関わることを避けていたのである。

また、相互扶助の重要性に対する考え方は、ブロディ家の人々の間でもばらつきがみられた。たとえば、キャシーの妹のリオナは、物心ついた頃からアボリジニ同士の相互扶助に対して疑問を抱いてきた。彼女は十代半ばで白人のアンソニーと同棲を始め、現在は白人が多数派を占める地方町で彼が建てた持ち家に暮らしている。彼女の目には、アデレードのアボリジニ・コミュニティの人々は、「互いに依存し合い、互いのことを利用しようとしている」と映っていた。そのため、コミュニティの人々と適度に距離を置くことによって、ディマンド・シェアリングから逃れることを選択したのである。ある日、彼女は、姪のボニーがマーガレットにギャンブル代をせがまれ、頻繁に金を渡しているという事実を知った際に、陰でボニーに「たとえ家族であっても毎回お金をわたす必要はないわ。

お金は自分のために使いなさい。そうしないと利用され続けるわよ。」と忠告していた。このような個人主義的ともいえる価値観をもつリオナは、マーガレットやキャシーなどから陰でkringkri miminiと呼ばれ、「アンソニーに白人の考え方を教え込まれてしまった」と言われていた。しかし、リオナもやはり、親族ネットワークから排除されたわけではなかった。彼女は月に数回、ブロディ家で行われる誕生日会などの家族行事に呼ばれ、普段は電話やフェイスブックでのやり取りを通して親族とのつながりを強く維持していたのである。

このように、人々の日常生活の中で相互扶助が必ずしも自発的に行われていたわけではないことは明らかである。また、仮に相互扶助の実践を怠った場合でも、周囲の人々から陰口を叩かれることはあっても、親族ネットワークやコミュニティから完全に排除されることはなかった。以上から、コミュニティの中では、気遣いと分かち合いが個人主義や消費主義が浸透した現実の生活との間に矛盾をもたらすものであるという暗黙の了解があることが窺え、実際に気遣いと分かち合いの規範に強い拘束力はないことがわかる（Kurita 2012）。

四　白人貧困層とのつながり

前節では、主にブロディ家の日常生活における親族ネットワーク内での相互扶助の実践に着目し、それが西洋の個人主義的価値観との間に葛藤をもたらしながらも、彼らにとって一つの生活適応戦略となっていることを示した。しかし一方で、白人が圧倒的多数を占める都市において、アボリジニは独自のコミュニティの中でのみ生活している訳ではない。低所得者層の割合が高い地域に住むアボリジニは、同地域の白人貧困層との日常的な相互行為を繰り返す中で、状況によっては彼らとの間に連帯が生まれることもある。そして白人貧困層との連帯は、アボリジニにとってオーストラリア主流社会で生き抜くためのもう一つの生存戦略となりうる。以下では、ブロディ家の白人との交友関係、とりわけアボリジニの遺産地登録運動における地元の白人住民との連帯に着目し、彼らが都合や目的に応じて生活の中に非アボリジニを組み込んでいく様相を明らかにする。

先述したように、ブロディ家の人々が生活するポート・アデレード／エンフィールドは、低所得者層の人口が集中し、この地域の住民の生活環境は、アボリジニ、非アボリジニにかかわらず大差はない。貧しさという共通の問題に加え、酒や薬物の乱用は特に若者の間で深刻な問題である。家庭環境に関しては、両親が離婚し、シングルマザーのもとで育てられたというケースが珍しくない。ブロディ家の中でも、キャシーやマーガレットは仕事や学校以外で非アボリジニと積極的に付き合うことがないのに対し、コリーンやボニーは日常生活においてアボリジニよりも非アボリジニとの付き合いの方が多かった。その主な理由として、学校を中退し、かつて薬物の問題を抱えていたなど、社会の中で孤立した立場にある彼女達は、同様の境遇にある地元の白人との間に連帯が生まれやすいことが考えられる。以下ではコリーンとボニーの日常生活における非アボリジニとの交友関係についてそれぞれみていく。

ブロディ家の二女であるコリーンは、他の姉妹とは異なり、これまで真っ当な人生を歩んで来なかった。ベロニカが夫と別れ、酒の問題を抱えていた頃、他の姉妹たちは家を出てボーイフレンドとともに暮らし始めたが、弟のマイケルとともに家に残ったコリーンは、日々の食事にも事欠く生活を送ることもあった。彼女は次第に、周囲の大人に反抗し、学校でも暴力まがいのけんかを起こすようになった。一時期、アボリジニ組織やファースト・フード店で働くこともあったが、長続きはしなかった。彼女は十代半ばから盗みや薬物乱用を繰り返し、結局人生のうち一七年間を刑務所で過ごすことになった。刑務所から出所した後も、酒だけはやめられず、ほぼ一日中家か近所のパブで酒を飲むという生活を送っている。マーガレットとキャシーは、彼女から距離を置き、誕生日会などの家族行事に彼女だけ呼ばれないということもたびたびあった。

親族から疎外される一方で、コリーンには多くの非アボリジニの友人がいた。その中には、子供時代から同じ地区で育ってきた友人や地元のパブ等で知り合った人もいた。たとえば、彼女の親友であるミックとは、子供時代からの付き合いである。ミックは、ドイツ出身の父親とアルゼンチン出身の母親の間に生まれ、子供時代はアデレード南部郊外で育った。コリーンとミックは、コリーンが一時期、母親らとともに南部郊外で暮らしていた頃に知り合い、同じ学校に通っていた。彼女は当時、スペイン語を話し、英語を解さないために教師から叱られるミックの手助けをしていたという。時にミックの両親は、彼に十分な食事を与えず、彼は道端で物乞いをすることもあった。その頃、ベロニカが彼を家に招いて食事を与え、彼を家族同然に扱っていたのである。ミックもブロディ家のことを自分の家族とみなし、これまでともにアボリジニの権利回復運動やアボリジニの聖地の保護を訴える運動に参加した経験もある。彼は現在でも時折コリーンの家を訪ね、ともに食事をし酒を飲む。

また、彼女の一番の友人であるという四十代の白人男性、フレッドとは、二〇年来の付き合いである。フレッドはアデレード北西部郊外の出身であり、二人は長年、薬物の売買を介して関係を維持してきた。現在二人は薬物とは縁を切り、酒飲み仲間としての付き合いを続けている。フレッドはコリーンと同様の人生を歩んできた。彼は、幼い頃から家庭や学校で問題を起こし、八歳で少年更生施設に入れられる。その後彼は、更生しては非行を繰り返し、悪友の影響を受けて薬物に手を染め、二十代の頃に刑務所に入れられた。出所後に自分の子供の養育権を得て、子供とともに暮らすようになってから、彼はそれまでの生活を改め、二〇年間トラックの運転手として働いてきた。彼はガールフレンドと別れ、家から追い出されて行き場を失い、しばらく車上生活を送っていた。そしてちょうどその時に、パブでコリーンに出会い、彼女が自分の家に居候させてくれたのである。

そのほかにも彼女の家には、近所に住む白人女性や、ベロニカと親交のあったヒッピーの友人らが訪ねて来ては、彼女の家の家事を手伝うなど世話を焼いていた。特に、南オーストラリア州の様々な地域で鉱山開発への反対運動やアボリジニの土地権返還運動に参加しているヒッピーの友人は、時折コリーンを車で母の出身地であるクーロング半島に連れて行くこともある。

コリーンと非アボリジニの友人を結び付けたのは、貧困の経験および社会的疎外感であった。彼らは、同様の環境の下で育ち、社会的に孤立しているからこそ、互いのことを気遣い、困ったときに助け合うのである。姉妹の家から離れた郊外で一人暮らしをするコリーンにとって、日常的に彼女を訪ね、彼女のことを気遣ってくれる非アボリジニの友人との関係は、社会的孤立を防ぐ重要なネットワークであった。

コリーンにはアボリジニの友人もいたが、アボリジニの友人は、彼女のもとにたびたび酒や金をせがみにやって来て「マナーが悪い」ため、非アボリジニの友人との付き合いを好んでいた。彼女は、「私は毎日酒を飲んでいるけど、他の人と同じように、自分のお金が許す範囲で飲んでいるのよ。私はこれまで生きてきた中で、金貸し屋になんて一度も行ったことはないし、フレッドやハビビ（レバノン人の友人）にビールとタバコをおごってもらうことはあっても、彼らに金をねだったりはしないわよ。」と言い、彼らとの仲がいかに親密であっても、日常的な金銭の貸借はしないことを強調していた。

結局彼女は、生活に困ったときには親族から金を借りるのである。キャシーは普段、彼女とは距離を置きながらも、彼女が金銭に困っているときには金をわたしていた。コリーンは普段、姉妹らが自分のことを見下していると不満を漏らすものの、本当に困ったときには「私は姉妹なしでは生きていけない」と話す。ここに、金銭面では親族内のディマンド・シェアリングを活用し、日々の社会生活においては非アボリジニとの交友関係に依拠するという彼女なりの生存戦略を見出すことができる。

コリーンと同様に社交的な性格であるボニーには、アボリジニ、非アボリジニにかかわらず、同じ地元出身の友人が大勢いる。ボニーの親友であるキンバリーとタリアのうち、キンバリーは共働きの両親と二人の兄弟とともに暮らしている。彼女は高校で問題を起こして退学処分を受けた後、アデレード市内のファースト・フード店でアルバイトをしている。タリアはボニーの家から数件離れた家で暮らしている。彼女は、幼い頃に父親を亡くし、現在は母と兄弟二人とともに暮らしている。彼女は調査時点で高校在学中であり、数カ月後に高校を卒業する予定であった。

ボニーはタペルーの高校で二人と知り合った。特にキンバリーとは高校で他の生徒とけんかをしたり、学校以外ではともに薬物に手を出したりと、ともに問題ばかり起こしていた。現在ボニーとキンバリーは幾分か更生したが、ボニーには依然として過去の悪友が付きまとう。彼女は悪友とは深く関わらないようにしているが、彼らは時に麻薬を吸うためにボニーの家に押しかけてくることもある。彼女が悪友に付きまとわれて困っている時に、彼女を助けてくれるのがキンバリーとタリアである。たとえば、イトコのエマが彼らに物を盗まれたときに、キンバリーやタリアは彼らの家に怒鳴り込んで行き、盗まれた物を全て取り返して来てくれた。三人は同じタペルーで、似通った家庭環境の下で育ったために、互いの家庭の状況についてもよく理解していた。しかし、コリーンの場合と同様に、ボニーは時折友人に酒や食事をご馳走してもらう以外に、彼女達との間で日常的に金銭の貸し借りをすることはほとんどないと語っていた。

　また、ボニーは非アボリジニの友人との付き合いを大切にする一方で、家族内で果たすべき自分の役割も自覚していた。たとえば、彼女は週に数回、学校帰りにターシャの家に寄り、夕方から夜間にかけてレストランで働く彼女の代わりに甥のアーチーの子守をする。また、週末や長期休暇中には、トロイの家に行き、第二子を出産予定のダニエルの家事の手伝いをし、ダニエルの娘であるブリアナの子守をしていた。彼女の生活は、結局は家族中心に成り立っているのである。

　コリーンやボニーと非アボリジニの友人を結びつけたのは、低所得者層地域の出身であり、貧困、酒や薬物の問題、犯罪と隣り合わせで生きてきたという共通の経験であった。しかし、彼女達は、アボリジニとしての帰属意識を捨て、完全に下層白人社会の一員として生きていたわけではなかった。そのことは、彼女達が非アボリジニの友人に日常的に金銭を要求することを躊躇し、金銭の貸借は主にアボリジニの親族との間で行われるという点に顕著に表れていた。このことから、類似の境遇にある非アボリジニの友人との日常的な付き合いは、相互扶助を通して互いの社会的孤立を防ぎ、暴力や犯罪など様々な問題を抱える地元のコミュニティで生き抜くための術として捉えることができる。

遺産地登録運動における非アボリジニの地元住民との連帯

地元のアボリジニと非アボリジニの連帯は、日常生活の場のみならず、政治的文脈においても看取される。キャシーの母、ベロニカは生前、ンガリンジェリおよびガーナの子孫として、これらの地域集団の土地権運動に幅広く関わってきた。以下では、一九九〇年代以降に彼女が関与したハイマーシュ島（Hindmarsh Island）の橋建設差止め請求訴訟およびラテラリー・グランヴィル遺産地登録運動の一部始終を記述する中で、これらの運動を通したアボリジニと非アボリジニの連帯の様相を描き出す。そこには、アボリジニと非アボリジニが互いの論理を利用しながら各自の目標を達成するという構図がみられ、現在の都市的状況における両者の関係のあり方が顕著に表れているといえる。

ハイマーシュ島の橋建設差止め請求訴訟

ハイマーシュ島の橋建設差止め請求訴訟は、一九九三年からンガリンジェリの女性が中心となって行われた。この訴訟は、南オーストラリア州都市部における中心的な土地権訴訟の一つであり、当時オーストラリア全土のメディアの注目を浴びた。その背景には、この訴訟がもつ二つの特殊性があった。第一に、それまで、オーストラリアにおける先住民の土地権訴訟の多くが、オーストラリア北部や中部をはじめとする伝統指向型の生活を保持するアボリジニによるものであったのに対し、この訴訟は、白人人口が多数派を占める都市部のアボリジニによって起こされたものであった。第二に、それまでの土地権訴訟の多くが、土地に関する知識は男性が所有するとの前提から男性中心で行われてきたにもかかわらず、この訴訟は、女性の聖地の有無をめぐってンガリンジェリの女性が中心となって進められたのである。土地権訴訟において女性が聖地などに関する秘儀的知識を証拠として提示する場合、裁判官や判事などの大半が男性で占められていることが問題となるケースがあるため、その行く末が人々の注目を集めたのである（cf. 窪田 二〇〇五：一六一一八）。

この訴訟は、アデレードから南に約一〇〇キロメートル離れたマレー川河口の港町、ゴールワ（Goolwa）と近隣のハイマーシュ島をつなぐ橋の建設計画をめぐるものであった。当時ハイマーシュ島は、マリーナ開発の進行に伴い、白人の保養地および観光地として人々の関心を集めつつあった。従来、ゴールワからハイマーシュ島の間にはフェリーが往来していたが、マリーナ開発地への車での移動を可能にするために、ゴールワの事業投資家の夫婦が中心となって、フェリーを廃止し、代わりに橋を建設することを政府に提案したのである。そして、一九九三年四月に政府は橋建設計画を承認した。しかし、橋の建設をめぐり、この地域に居住するンガリンジェリ女性らが、ハイマーシュ島とゴールワ間の水面下には女性の生殖にとって重要な聖地が存在し、橋の建設で水路を妨害することは、女性の生殖能力に悪影響を及ぼすものであるとして反対し、開発差止め請求訴訟を起こすに至った。ところが後に、他のンガリンジェリの女性らが、そのような聖地は存在しないとして、彼女らの主張を否定したのを皮切りに、女性の聖地についての正統性をめぐって、政治家、人類学者、地元の白人を巻き込んで議論が起こり、オーストラリア中のメディアの注目を集めることになったのである。この運動の流れは以下の通りである。

一九九三年に橋の建設に反対するンガリンジェリの女性が、南オーストラリア州のアボリジニ遺産法（Aboriginal Heritage Act 1988）[13]に基づき、政府に橋建設の差し止めおよび聖地の保護を請求した。特に、聖地の重要性を唱えた第一人者であるドリーン・カーティネリ（Doreen Kartinyeri）[14]は、祖母からハイマーシュ島における女性の神話を語り伝えられ、彼女のみがその知識を管理する立場にあると主張した（Brodie 2002 : 141-142; Wilson 1998 : 138-140）。

これを受けて一九九四年に後のアボリジニ問題担当大臣（Aboriginal Affairs Minister）、ティクナーによるティクナー宣言（Tickner declaration）では、差し止め請求を行ったンガリンジェリの女性らの主張に基づき、ンガリンジェリの文化が今日でも存続することが正式に認められた。この宣言は、アボリジニの聖地の保護が、聖地との系譜的つながりを比較的証明しやすいオーストラリア北部や中央砂漠等の遠隔地のアボリジニだけでなく、白人による入植が早くから行われたオーストラリア南部の白人入植地域（settled south）」のアボリジニにとっても可能であることを示したという点で画期的なものであった（Bell 1998 : 5）。

一方で、ティクナー宣言を受けて、開発業者の側は一九九五年に連邦裁判所に抗議を行い、同宣言の司法的な再調査を要請した。その結果、同年、連邦裁判所はンガリンジェリによる申し立てには不備があるとし、ティクナー宣言は廃棄されることになった。これに伴い、先に差し止め請求を行ったンガリンジェリの女性らは、再び神聖な土地とのつながりの証明を求められたのである。また同時期に、マレー川下流域では、ンガリンジェリの女性の全てが申し立てられた聖地の存在を信じているわけではないという噂が流れ、マスメディア等によって申し立ての捏造疑惑が叫ばれるようになる（Bell 1998 : 7-8）。

結局、捏造をめぐる調査は王立委員会に持ち込まれることになった。王立委員会は調査にあたって、ンガリンジェリの女性に、問題となる土地とンガリンジェリとのつながりを証明する伝統的な神話や伝承等を開示するよう求めた。しかし、神話は口頭で継承されることに加え、神話に関する知識は女性のみが知ることを許された秘儀的なものであるため、ンガリンジェリの側は神話のすべての内容を公開することを拒んだ。すると王立委員会は、女性の委員長を派遣するなどして、橋の建設が神聖な土地に与える影響についてのより詳細な説明を求めた。調査の過程で王立委員会は、ンガリンジェリの人々を「聖地が存在する」と主張する賛成派と、そうではないとする反対派の二つに分けたが、それは同様に人類学者や白人コミュニティをも分断することになったのである（Bell 1998 : 8-10）。

聖地の有無を判断するうえで重要であるとされたンガリンジェリの創世神話、Seven Sisters は、ベロニカにも継承されていた。ベロニカは、橋建設差止め請求訴訟が起こる前に病気で亡くなった姉のレイラから、彼女が母から語り継がれたという女性の聖地にまつわる秘密のストーリーを教えられたという。ベロニカは姉のレイラとは違い、若い頃に酒の問題を抱えていたために、母はそのストーリーを自分には語ってくれなかったものと回顧している（Brodie 2002 : 145）。

また、ベロニカの母は一九六七年にある女性研究者に対し、ハイマーシュ島周辺の水の神聖さや神話の一部を語り、その内容はテープに記録されていた。この録音テープが捏造疑惑をめぐる一連の訴訟の中で重要な証拠となるとして、この女性は王立委員会に呼ばれ、ベロニカの母が彼女に語った聖地に関する情報の一部を洩らしたのである。しかし、王立委員会はこの情報さえも捏造されたものであると主張しようとしていた。その後ベロニカも同様に証人として王立委員会に呼ばれ、録音テープの肉声が彼女の母親のものであるかを証言するよう求められた。彼女は、自分の母親が語った内容に捏造疑惑がかけられたことに心を痛め、以後聖地に関するストーリーを公の場では一切語らないと決心する（Brodie 2002 : 152-154）。

一方で、神話の存在に異議を唱えたンガリンジェリの女性らは、橋の建設によってンガリンジェリの女性の生殖能力が衰えるとする主張自体、事実無根であり、それはンガリンジェリの文化と遺産を歪曲し、嘲るものであるとして猛烈に批判した。特に、異議を唱えた女性グループの一人であり、ポイント・マクレイ・ミッションに二六年間居住していたというウィルソンは、神話を継承されたとする女性の多くが、実際にはミッションに居住していないか、あるいはそこに住んでいた期間が短いことを指摘した（Wilson 1998 : 140）。さらに、彼女達は、異議を唱えた女性グループとは異なり、高給職に就き、アボリジニ組織や政治家などの権力者との間につながりを持つため、資金などの様々な援助を受けているこことを不公平であると訴えた（Wilson 1998 : 163-164）。

橋建設に反対する一連の運動は、当初一部のンガリンジェリを中心に展開していたが、後にゴールワ周辺の非アボリジニの地元住民や、活動家、政治家など様々な立場の人々が加わるようになった。

そしてその背後には様々な思惑が交錯していた。橋建設差し止め訴訟に関する一連の調査を行ったジャーナリスト、ケニーによると、一九九〇年代初頭には、ゴールワの白人コミュニティは、ンガリンジェリ同様に、橋建設をめぐる賛成派と反対派に分かれていたという。一般的に、この地域に長く居住する者は橋建設の賛成派にまわる一方で、反対派は主に週末のみをゴールワで過ごすアデレード居住者や退職後に平穏と静寂を求めてゴールワに引っ越してきた人々によって占められていた。反対派は後に、政治家とのつながりをもつ元事業家、政治家、環境活動家やその支持者からなるハイマーシュ島同好会（The Friends of Hindmarsh Island）を結成し、橋建設反対のための基盤をつくった（Kenny 1996 : 40-41）。

彼らはまず、橋の建設によってゴールワ河岸の外観が損なわれること、訪問客の増加に伴い、ボートやキャンプの数が増え、マレー川下流域の環境が破壊されることなど、橋建設が自然環境に及ぼす悪影響について主張した。ハイマーシュ島同好会および環境保全審議会が中心となってアデレードで開催された橋建設反対のための公開討論会には、一〇〇人を超える人が集まったという。同好会は、その後も野外で集会やバーベキュー大会を開き、支持者拡大に努めた。その結果、支持者として建設、林業、採鉱、エネルギー組合（The Construction, Forestry, Mining and Energy Union）が新たに加わり、同組合はフェリー関連の労働者の保護を訴えた。さらに、環境保全審議会やグリーン・ピースなどの環境保護団体が積極的に運動に関わることによって、環境保全の側面がより一層強調されることになる（Kenny 1996 : 43-46）。

橋建設反対運動に関わった非アボリジニは、それぞれの参加理由を有していた。たとえば、この運動に参加したポルトガル出身の移民（六十代、男性）は、参加の動機として環境保全の必要性だけでなく、オーストラリア社会の中で最も抑圧されている先住民の基本的人権の保護を挙げた。[15]しかし彼らは動機が何であれ、共通の目的の下で地元のンガリンジェリと団結した。ンガリンジェリの側も、非アボリジニからの支持を最大限に活用した。橋建設反対派の市民集会に呼ばれたンガリンジェリ・コミュニティの代表者らは、地元住民の前で演説を行い、橋建設にあたって地元のアボリジニに対し事前に何の説明もなかったことや、橋建設が環境に与える問題などについて語った。彼らは演説の中で、取りたててアボリジニのみに関わる問題に触れることなく、次世代のための環境保護の重要性など、集会に参加していた大勢の白人中産階級と共通の問題に焦点を絞ったのである。すなわち、白人と協力関係を構築する中で、アボリジニの側も彼らの主張する環境保全の理念を利用し、政府との交渉を行ったのである（Kenny 1996 : 49-53）。

結局、王立委員会は一九九六年に、白人人類学者がンガリンジェリ女性の協力を得て作成した女性の聖地に関する報告書は証拠不十分であるとして、ンガリンジェリ側の言い分を却下した。王立委員会は、女性の聖地に関する申し立てが、橋建設を停止させるために捏造されたものであると結論付けたのである。橋が完成して以来、この問題がメディア等で大きく取り上げられることはなくなったが、法廷では論争が続けられた。そして二〇〇一年に、捏造を結論付けるための十分な証拠はないとして、一九九六年に下された判決が連邦裁判所判事によって覆された。

二〇一〇年七月には、環境保全大臣がゴールワを訪れ、州政府に代わって、橋建設に反対していたンガリンジェリの女性による申し立ては捏造ではなかったことを正式に認めた。ンガリンジェリの長老は、橋建設をめぐる争いにおいてこれまで地元のンガリンジェリが精神的苦痛を受けたとしながらも、政府の対応を誠意あるものとして歓迎した。そしてこの日、ンガリンジェリ遺産委員会のメンバーやゴールワの伝統的な土地所有者であるンガリンジェリの女性、地元の白人などを含む約一五〇人が、ゴールワからハイマーシュ島へ架かった橋を渡ったのである（*The Advertiser* July 7 2010）。ブロディ家の人々は、直接ハイマーシュ島に出向くことはなかったが、ンガリンジェリの女性達が橋を渡る姿をテレビや新聞で見て衝撃を受けていた。そして、「この橋を渡ることは、母を裏切ることになる」として、自分達は絶対に橋を渡ることはないと語った。

ラテラリー・グランヴィル遺産地登録運動

ベロニカは、ハイマーシュ島の橋建設差止め請求訴訟以外にも、アボリジニの遺産地保護活動に積極的に関わっていた。彼女は一九九〇年代半ばに、白人の入植以前に彼女の曾祖母、ラテラリー（図6を参照）が居住していたポート・アデレードのグランヴィルにおける四・四ヘクタールの土地を、先述のアボリジニ遺産法に基づき遺産地として登録しようとした。しかし、同時期にこの地域で持ち上がっていた再開発計画の話もあり、政府が彼女の要求を実質的に無視したことが事の発端である。ベロニカは当初、親族とともに問題となる土地の遺産地登録運動を開始した。そして最終的に、遺産地登録運動は地元の白人住民を巻き込みながら再開発反対運動へと発展し、運動の様子は地元メディアで大きく取り上げられた。

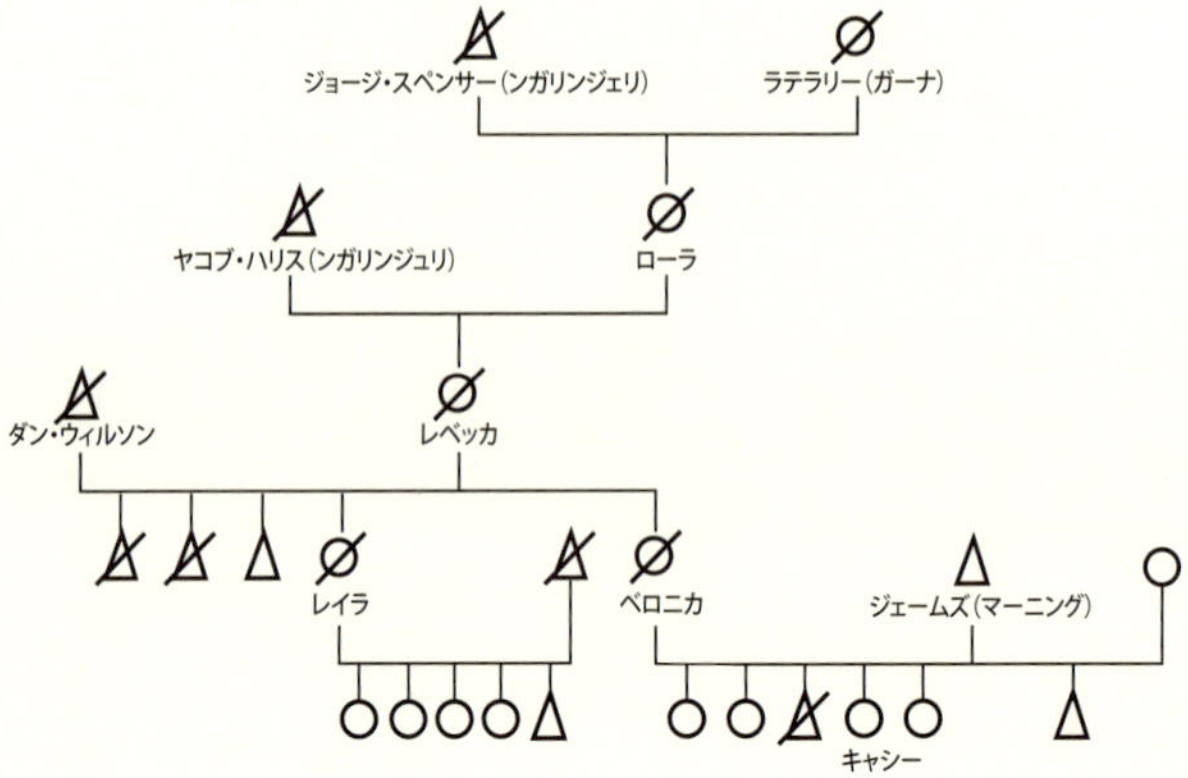

図6　ベロニカの系譜

ベロニカは、この運動を起こすに至った経緯について、自伝の中で次のように語っている。彼女の曾祖母、ラテラリーは、一八五一年にグランヴィル河岸に生まれた純血のガーナ女性であった。彼女の娘（ベロニカの祖母）、ローラは一八七六年に、グランヴィルにおけるCSR砂糖精製工場（Colonial Sugar Refinery factory）の跡地に生まれ、後に母とともにラウカン・ミッションへと移住した。ラウカン・ミッションで子供時代を過ごしたベロニカは、祖母のローラの外見、言葉、マットやバスケットの作り方が、他のンガリンジェリとは異なることに気づいていた。ベロニカはローラに、彼女とその両親がどこに住んでいたのかを何度も尋ねるが、祖母は自分の出身地や子供時代について語ることをためらっていた。しかし、ベロニカが十一歳の頃、ついに祖母はかつて自分と母が住んでいたというグランヴィルの砂糖精製工場周辺に彼女を連れ行き、工場の建設によって自分たちの土地を追い出されたこと、そしていかに彼女が工場を恨んでいるのかを語ったのである（Brodie 2002 : 8）。

ローラは、工場が建つ土地には、本来彼女の母、ラテラリーが暮らしていたが、政府がその土地を購入して工場に売り渡したため、彼女と母をはじめとする家族全員が土地を追い出されたこと、そしてラテラリーはグランヴィルの地を去った後も、土地への愛着から自らを「グランヴィル」と名乗っていたことを語り、「いつかこの工場がなくなったら、そのときは土地を取り戻してほしい」とベロニカに懇願したのである（Brodie 2002 : 10-13）。

そして一九九〇年代半ばに工場が火事で全焼し、解体されたのを機に、ベロニカは祖母の遺志を継いで、問題の土地をガーナの遺産地として登録し、その土地に地元のアボリジニおよび非アボリジニを対象とした老人養護施設とガーナ文化センターを設立する計画を立てた。彼女は州政府のアボリジニ遺産部門に対し、先祖の系譜に出生証明書、死亡証明、写真などを添えて提出し、その土地がガーナの遺産地であることの承認を求めた。しかし、アボリジニ問題担当大臣は、グランヴィル河岸の歴史的重要性については認めるものの、ラテラリーが実際に居住していたキャンプ地の場所が不明確であるとして、遺産地への登録を拒否したのである。

さらに、同時期に政府は、グランヴィルを含むポート・アデレード一帯の再開発計画の下、グランヴィルの土地をまず、州政府所有の企業、土地管理法人（Land management corporation、以下ＬＭＣ）に売却し、後にＬＭＣはその土地を開発業者に売却しようとしていた。開発業者の側は、土地一帯に高級マンションをはじめ、観光客用のマリーナ、レストラン、カフェや小売店などを建てることを計画していたのである。このような再開発を阻止しようと、ベロニカは親族であるンガリンジェリの長老から関連情報の提供などの支援を受け、一九九〇年代半ばにラテラリー・ホームランド協会（Lartelare

Homeland Association）を立ち上げた。

　彼女はまず、地元の人類学者等の協力を得て、ラテラリーと当該土地との関係性を証明しようとした。特に研究者による調査では、グランヴィル河岸におけるキャンプ地の正確な場所の特定が焦点となった。ラテラリー・ホームランド協会からの調査依頼を受けて報告書を作成したメルヴィンは、ベロニカによるオーラル・ヒストリーに加え、ラテラリーの娘、ローラと個人的に面識のあったアボリジニの長老や長年グランヴィルに居住している非アボリジニの長老への聞き取り調査、さらに植民地時代の新聞や記録文書の地図からの情報をもとに、ラテラリーとグランヴィル周辺の土地との繋がりを明らかにしようとした。

　メルヴィンの報告書によると、ラテラリーは、ガーナの中でも現在のポート・アデレード周辺に居住していたポート・リバー部族（The Port River Tribe）の出身であった[16]。ポート・リバー部族の居住地域は、北はウエスト・レイクからレフィーヴァー半島の先端まで、西はグランヴィル河岸からセマフォアおよび南セマフォア海岸に及んでいた。白人による入植以前、ポート川は、ポート・リバー部族をガーナのその他の部族から隔てる境界としての役目を果たし、川を境に東側の海岸および本土に居住するガーナの主なキャンプは、現在のアデレード市内中心部のビクトリア・スクウェアおよびその近辺に位置していた（Melvin 1994 : 2-3）。

　一八五〇年代にポート川河岸で、波止場、橋、道路の建設などの開発が行われるようになると、ポート・リバー部族は、政府当局から開発に伴う危害から逃れるために、現在のアデレード中心部から南に約五〇キロメートル離れた地方町、ウィランガ（Willunga）への移動を勧められる。人々の中に

表5　ラテラリー遺産地登録運動の経緯

年	出来事
1991 年	砂糖精製工場解体。
1993 年	・州政府に対し、ラテラリー・キャンプ地の遺産地への登録申請
	・ラテラリー・ホームランド協会の設立
2005 年 9 月	・開発業者による土地開発開始
	・ラテラリー・グランヴィル土地返還活動グループ（LGLAG）の結成
	・LMC の最高責任者と LGLAG 間で公開会議
2005 年 11 月	・LGLAG やその他の支持者 40 人がエセルトン駅周辺で通勤・通学者に開発反対を訴えるパンフレットを配布
	・LGLAG とその支持者 80 人による抗議集会の開催
2006 年 2 月	ラテラリー・キャンプ地で地元住民を集めてバーベキュー大会を開催
2007 年 5 月	ベロニカ死去
2009 年 3 月	ラテラリー記念公園完成

は新しい土地へ移動する者もいたが、一方で故郷を離れ、馴染みのない土地で永久に移住生活を送ることを拒む者もいた。結局、後者はグランヴィルの開発地から南に少し離れた場所にキャンプを移動させ、ポート川周辺で暮らし続けたのである。ラテラリーもグランヴィル南部へと移住したアボリジニの一人であった。彼らは白人入植者が近寄りそうにない、マングローブの密集地を選んで居住し、当時グランヴィルの大部分の土地を所有していたキャプテン・ハートに仕えた。ハートは、彼が起こした事業への労働力としてガーナの人々を雇い、報酬として衣類、紅茶、小麦粉、タバコを提供していたという。そしてポート・リバー部族は、西洋の土地利用や習慣への適応を強いられながらも、ハートの土地が製糖会社に売却された一八九〇年頃まで、先祖との精神的紐帯を有する土地で生活

を続けたのである（Melvin 1994 ; Dennis 2005 : 20-21）。

メルヴィンによる調査結果は、それまでのガーナの歴史に関する人類学者や考古学者の見解を覆すことになった。学者の間では一般的に、一八三六年の白人の入植に伴うガーナ人口の激減により、一八六〇年代頃までに純血のガーナは絶滅したと考えられ、この見解はアデレードのアボリジニの間にも浸透していた。しかし、ベロニカが親族から四世代にわたって継承されたオーラル・ヒストリーから、グランヴィルの領域には、一八九〇年頃までポート・リバー部族が居住していたことが明らかになったのである（Melvin 1994 : 3 ; Dennis 2005 : 17-18）。

ベロニカの側は、報告書をはじめとする様々な証拠の収集を通してキャンプ地の場所を特定し、政府側との交渉を続けるが進展はなかった。彼女はンガリンジェリをはじめとする地元のアボリジニからの協力を求めたが、結局親族や一部の長老以外のアボリジニからの支援を得ることはできなかった。ベロニカとその家族を支援したあるアボリジニの長老はその理由を、「ハイマーシュ島をめぐる争いによって、ンガリンジェリの人々は分裂してしまった」ためであると説明する。特に、ベロニカは一九九〇年代半ばに、ガーナの文化遺産に関する問題を扱うガーナ遺産協会に援助を求めるが、同委員会が積極的に彼女を支援することはなかった。ベロニカは同委員会によって定められたガーナの共通の祖先、Kudnarto の子孫であるにもかかわらず、ガーナ出自であることすらも否定されたのである。

こうした状況の中で、むしろ彼女の活動に理解を示し、支援にあたったのは地元の白人であった。二〇〇五年には、ラテラリーのキャンプ地で高級マンションや停泊所建設に向けての工事が本格的に開始されたのを受けて、ベロニカと家族、および白人の活動家らが中心となり、ラテラリー・グランヴィル土地返還活動グループ（Lartelare Glanville Land Action Group、以下ＬＧＬＡＧ）が結成された（ラテラリー遺産地登録運動の経緯については表5を参照）。

ＬＧＬＡＧは、開発の阻止に向けて政府や開発業者との交渉をするとともに、この問題に対する一般市民の関心を高めるための様々な活動を行った。彼らはまず、ラテラリーが居住していた土地の一角をフェンスで囲い、そこに「金持ちのためのゲットーお断り」というスローガンやアボリジニの旗を取りつけた。そして、地元民からの署名や支援を得るために、駅周辺で通勤・通学者にベロニカの曾祖母と土地とのつながりや老人養護施設の設立計画についての説明を載せたパンフレットを配布し、資金集めのためのバーベキュー大会も実施した。ＬＧＬＡＧの活動は地元のテレビや新聞などのメディアでも報じられ、ＬＧＬＡＧのもとには地元住民からベロニカを支援する旨の手紙が送られてきたという（Campaign News 2005）。

ＬＧＬＡＧ結成時から既に病気がちであったベロニカの代弁者として、政府や開発業者等の交渉において主要な役割を果たしたのは、共産党系の新聞記者の白人男性Ｂ氏であった。ベロニカの家の近所に住むＢ氏は、国際先住民年である一九九三年に、シドニーに本部を置く新聞社（The Guardian）から、アデレードのアボリジニ活動家に取材をし、土地権問題に関する記事を書くよう依頼される。そこで彼は、かつて自分の子供が通っていた初等学校に、ベロニカがポート・アデレードのガーナの歴史について語りに来ていたのを思い出し、ベロニカに直接会ってインタビューをすることになる。それを機に、彼はグランヴィルの土地をめぐるベロニカの闘いのことを知り、積極的に彼女の活動を支

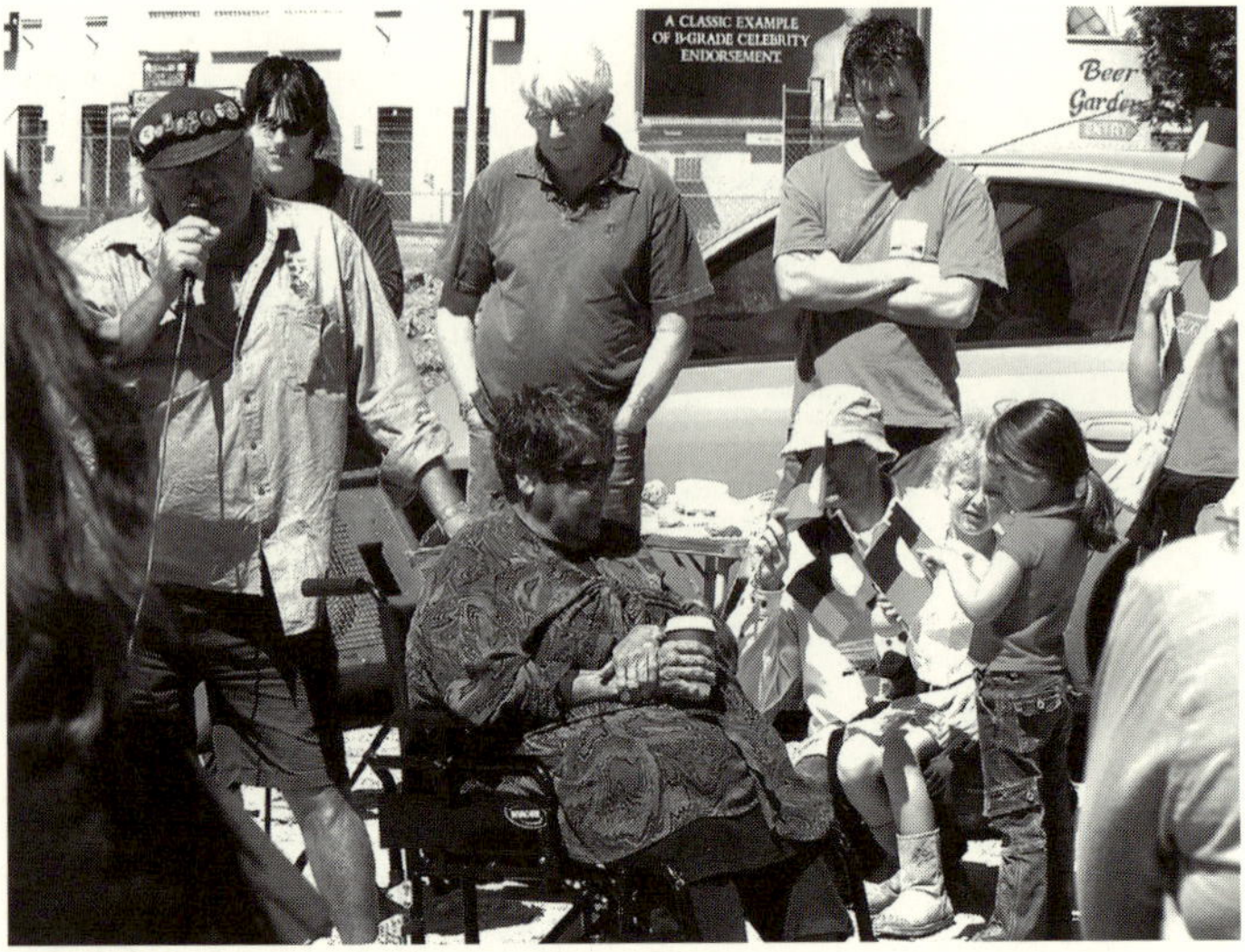

写真9　LGLAG とその支持者による抗議集会（Carolyn McArthur 撮影）

援するようになった。彼は、当時のLGLAGの活動について次のように振り返っている。

「私達は、ラテラリー・ホームランド協会が提案していた通り、その土地に養護老人施設を建てることを希望していました。それは、コミュニティ全体を対象としたものですが、特にアボリジニの人々を対象とした施設です。もちろんそれは受け入れられませんでしたが。そして私達はグランヴィルのあたりで何度も抗議集会を開きました。抗議集会の一つでは、私達は老人養護施設または文化センターとして使用したかった土地に釘を打ち込んで、土地の周りにアボリジニ・カラー（黒・黄・赤）のリボンを取りつけました。グランヴィルの駅で人々にパンフレットを配ったりもしました。そして多くの政府関係者にインタビューをしに行きました。でも、最終的に、彼らが合意したのは、最初彼らがやりたいと話していたことでした。つまり、マンションの中心部にガーナ遺産を記念するための小さな公園を作ろうという計画でした。そして私達は、それは形だけの平等主義（tokenism）に過ぎないと言いました。私達は今でもそう思っています。

ＣＳＲ工場が建設される前に、アボリジニの人々が最後に居住していた場所を確認するために政府に雇われた人類学者がやってきたりもしました。信じられなかったのが、人類学者がかつてのアボリジニの居住地として指定した場所は、現在のジャーボイス橋の下の領域で、そこはまさに政府が公園を作ろうとしていた場所でした。そこは最後のマングローブがあった場所でした。それは政府にとってとても好都合なことだったのではないかと思います。しかし、私達が別の人類学者とともに行った調査では、アボリジニの人々は、橋の下だけではなく、ポート川のあたりまでとても広い領域にわたって居住していたということがわかりました。それに、ベロニカの自叙伝、"My side of the Bridge"の中でも、キャンプ地は川のあたりまであったと彼女は語っています。ですから、彼らの居住地が今の橋の下の領域、またはマングローブの近くの領域のみに限られていたという言い分は確かではありません。そういう経緯で、私達はＬＧＬＡＧを立ち上げ、ベロニカやその家族の主張を支持しようとしたわけです。」

また、彼は、当時のＬＧＬＡＧのメンバーについて次のように話している。

「ＬＧＬＡＧの会議には一五人から二〇人の人々が参加していました。しかし、公開集会を開いたときには、三〇人から五〇人の人々が参加し、最後に、ポート・アデレードの教会で会議を開いたときには、八〇人くらいの人々が集まりました。私を含めて会議に参加した人々のほとんどが地元の非アボリジニでした。最後の集会では、アボリジニの人々の視点や主張が、この運動に関わっていた非アボリジニの人数によって圧倒されてしまうのではないかと心配する人もいました。私達は誰がリーダーシップをとるのかという点でとても慎重にならなければなりませんでした。人々が何を望んでいるのかという意見の確立は、私達非アボリジニではなく、アボリジニの人々によってなされていることを確認しなければなりませんでした。

しかし一方で、アボリジニ・コミュニティの内部では分裂がありました。ベロニカに同情的で支援してくれる人々もいれば、彼女に嫉妬したり、家族間で緊張関係にあったりということもありました。中にはベロニカのことを「彼女は白人だ」と言う人もいました。多分彼らはこの問題についてベロニカがリーダーシップをとっていたことに嫉妬したのでしょう。土地に関する問題が生じると、どの土地が誰のものなのかとか、誰がどんな背景を持っているのかということがとても重要になります。ベロニカの家族と、地元のガーナ・コミュニティとの間にある種の緊張関係が生じていました。」

二〇〇六年に入り、再開発が急速に進むと、LGLAGは再び州政府、LMC、開発業者に圧力をかけるが、やはりLGLAGの要求は無視され、開発が実行された。この時点でベロニカの健康状態が悪化したこともあり、LGLAGはそれ以上行動を起こすことなく、最終的に政府の提案に従い、老人養護施設の代わりにガーナ遺産記念公園を設立することで合意した。ガーナ遺産記念公園はベロニカが亡くなった二年後の二〇〇九年に完成し、公園にはブロディ家の人々がガーナ由来の植物を植えた。現在、グランヴィル一帯には近代的な高級マンションが立ち並ぶ中、ＬＧＬＡＧの活動を通してベロニカを支えたマーガレットは今でも、「母は老人施設を作ろうとしていたのに、代わりにできたのはちっぽけな公園で、それはとても侮辱的なことだ」と語っていた。

ラテラリー・グランヴィル遺産地登録運動で注目すべき点は、運動の創始者であるベロニカとその家族が、アボリジニよりも非アボリジニから多くの協力や支援を得たことである。このことは、現在のアデレードのアボリジニ内部の複雑な社会関係を強く反映している。第二章で既に述べたように、一八三六年のヨーロッパ人の入植以来、入植範囲の拡大に伴う伝統的なアボリジニの社会組織の破壊や、入植者のもたらした伝染病による人口の激減等により、ガーナの大半が州南部の様々なミッションへの移住を余儀なくされた。ミッションへの移住後、ガーナはンガリンジェリやナーランガなど各地域のアボリジニとの間に通婚関係を結んだ。そのため、今日ガーナを自認する人々の大半が、同時にガーナ以外の地域集団の出自も有している。彼らは普段、「ガーナ、ンガリンジェリ、ナーランガの文化は混ざり合っている」といった語り方をし、地域集団間の差異が意識されることはほとんどない。しかし、ある特定の個人や家族が、ガーナとしての土地権や遺産地登録の請求などの権利を主張しようとする場合、厳密に誰がガーナであるかが問題となり、地域集団間の緊張関係が表面化するのである。

誰をガーナ・コミュニティの一員とみなすかをめぐる基準はガーナが運営する組織ごとに異なる。

たとえば、ガーナ語の維持と管理に関する組織、ガーナ語審議委員会（Kaurna Warra Pintyandi）[17]では、ガーナ出自を有することを証明できれば基本的に誰でもメンバーとなることができる。また極端なケースとして、ガーナ語に愛着を持つ人であれば、ガーナ出自を有さないアボリジニ、あるいは非アボリジニでさえもメンバーとなることが可能である。

しかし一方で、ガーナの土地権や文化遺産に関する問題を扱うガーナ・アボリジニ・コミュニティおよび遺産協会（以下、ガーナ遺産協会）では、入会の基準が厳しく、仮にガーナとしての出自を証明できたとしても、メンバーとして承認されない場合がある。そのようなケースは、複数の地域集団の出自を有する個人が、状況に応じてある地域集団よりも別の地域集団とのつながりを優先させる場合に生じる。キャシーによると、ベロニカがラテラリー遺産地登録に際してガーナ遺産協会からの支援を得られなかったのも、彼女がガーナではなく、ンガリンジェリであるとして、同協会の成員権を拒否されたためであった。その背景には、ベロニカがほぼ同時期に、先述のハイマーシュ島橋建設差し止め運動でンガリンジェリの長老として、橋建設差し止めのための主張を行っていたことが大きく影響していた。このように土地権請求や遺産登録の際など、その時々の都合に応じて、所属する地域集団を変えることが、周囲の人々からの非難の対象となりやすいことは、他地域のアボリジニの事例においても報告されている（cf. Babidge 2010 : 122）。

ベロニカが成員権を拒否されたもう一つの理由として、ガーナ遺産協会のメンバーの大半がポイント・ピアス出身者であり、ナーランガにより強い帰属意識をもつ人々で占められていることが考えられる。ガーナ遺産協会に限らず、ガーナ・コミュニティ内部には、ラウカンとの間により強い紐帯をもつ人々と、ポイント・ピアスの方により強い帰属意識をもつ人々との間に亀裂があり、前者は後者によって、ガーナよりもンガリンジェリに属するとみなされる傾向がある（Amery 2000 : 226）。キャシーは、現在でもガーナ遺産協会のメンバーとなるための手続きをしているが、ナーランガのメンバーによって入会を拒否され続けている。南オーストラリア州政府は、ガーナ遺産協会をガーナの文化遺産に関する相談をする際に最も適切な組織であるとみなしているが、こうした政府側の見解は必ずしもガーナ・コミュニティ全体で共有されているわけではない。ガーナが本来居住していた広大な領域には、それぞれの場所に先祖との精神的紐帯を有する様々な個人や家族集団が存在する。そのため、ガーナ遺産協会のような数家族のメンバーのみからなる一つの組織が特定の個人や集団を代表して、特定の場所について語り、権利を主張することを不快に思う人もいるのである（Dennis 2005 : 8）。

地域集団間の緊張の他に、一般のアボリジニが政府機関などに雇われたミドルクラスのアボリジニに対してもつ不信感も、アボリジニ同士の団結を妨げる一因となっていた。ベロニカは政府との交渉の中で、政府機関であるＬＭＣがなぜ地元のガーナへの相談もなしに、問題の土地を売却したのかを問いただした。そして最終的に、土地が売却されたときの南オーストラリア州アボリジニ問題省の最高責任者がアボリジニの男性であったことが判明した。さらに、同州のアボリジニ問題および和解省（Department of Aboriginal Affairs and Reconciliation）が行った考古学的調査では、考古学者が、問題となる土地やガーナについて何の知識も持たないアボリジニの監視要員を同行させていた。ベロニカは、このことをガーナに対する侮辱行為であるとして、アボリジニ問題省暫定大臣に苦情の手紙を送っている。ここで問題とされているのは、政府に雇われた一部のアボリジニ職員が、地元のガーナに代わって土地に関する問題の審判に関わったことであった。ラテラリー遺産地登録運動においてベロニカの支援にあたった彼女の姪は、政府機関などで働くミドルクラスのアボリジニを、「もはやかつて自分がいたコミュニティのことを忘れてしまって、政府のために、そして自分の利益だけのために働いている」として強く批判する。そして彼女は、政府から何の支援も受けずに、コミュニティのために働いてきた自分達こそが「草の根のアボリジニ（Grass roots Aboriginal）」であると述べた。

こうしたアボリジニ・コミュニティにおける内部分裂のために、ベロニカとその家族は、非アボリジニからの協力を求めざるを得なかったのである。再開発反対運動に関わった非アボリジニは、都市の知識人や活動家に加え、ベロニカが長年付き合いのある友人や近所の人々、ポート・アデレードに居住する労働者階級の一般市民によって占められていた。この運動で非アボリジニと連帯する中で、まず強調されたのが、平和、自由、民主主義をはじめとする西洋の普遍的価値観であった。それはリベラルで人道主義的な都市の白人にとって受け入れられやすい概念であった。たとえば、ＬＧＬＡＧが駅前で通勤・通学者に配布した'Mardawi Kilawi Thangwilin Yunti (Sisters and Brothers standing together)'と題されたパンフレットでは、ベロニカがラテラリー・グランヴィル遺産地登録運動を開始した経緯や彼女の曽祖母や祖母と土地とのつながりに関する説明の後に、以下のような一節が記載されていた（以下要約）。

「私達が受けた損害、それはジェノサイドだ！
私達の帰属意識は、この土地に伝わる創世神話、ドリーミングから生まれるものです。そこから私達は自分が誰でこれからどこへ行くのかを知ります。なぜなら誇りと強さを持って、私達はどこから来たのかを知ることができるからです。世界で最古の現存する文明を強く活気づけているのはこの絶対的存在です。

今、私達はともにここに立っていますが、みなさんは先住民のためにどのような変化をもたらしたいとお考えでしょうか。長老として、何年もの間変化を見てきましたが、私達の生活はほとんど良くなっていません。私達はより多くのトラウマに直面しています。家族からの引き離しから今日のアボリジニ住宅法に至るまで問題は山積みです。私達はまるで真空にいるようです。私達のことを抑圧し続ける最も人種差別的な政府の下で暮らす中で、私達はこの世界が私達にとってよくなるように藁をもすがる気持ちでいます。

……中略……

これは史上最悪の窃盗ではないか？

私達アボリジニの長老が自分の土地に戻りたくて、夜ベッドに腰掛け、泣いていることをどれだけの人々が知っているでしょうか。私達にとって土地は祖先の魂を感じることができ、私達をスピリチュアリティと愛で包み込んでくれるものです。

私達はこれまで、このジェノサイドの結果、とても多くの聡明な人々や長老を失ってきました。

……中略……

民主主義国家でありながら、社会の中でも最も尊敬されるべき人々に対する不正が存続する中で、私達は皆弱められています。

私達にはリハビリセンターがなく、どんなアボリジニ・プログラムにおいても私達の自律性はありません。なぜなら、私達は常に、アボリジニの生活を改善するために費やすすべてのお金について説明する責任を負っているからです。

政府はアボリジニの人々を雇い、政府のために働かせようとしてきました。どんな状況であれ、同胞のアボリジニを実際に支援または援助することができないような契約の下で働かせたのです。

それをレイシズムと呼ばずに何と呼べるだろうか？

一人のアボリジニの長老として皆さんにお願いです。私達とともに立ち上がって、私達の人生と文化を取り戻し、ジェノサイドをやめさせる闘いをご支援ください。土地や地球上で最古の生きた文化を維持する人々に対して不正が行われるのを見たら、どうか立ち上がって闘ってください。」

このように、パンフレットでは、政府が過去にアボリジニに対して行った行為が、「ジェノサイド」（集団殺戮）にたとえられ、LGLAGの活動がそうした歴史的不正への抵抗として位置づけられている。すなわち、LGLAGは当初、ガーナ遺産地の登録とそこへの養護老人施設の建設を目的としていたが、後に「民主主義」、「正義」、「平和」を求める市民運動としての要素が加わったのである。ベロニカの親族は日常生活の中で、「政治家が語る自由とか民主主義は私達には何の関係もないし、それによって私達の生活が変わることはない」と語り、選挙の投票に行くことさえも拒んでいた。しかし彼女らは、民主主義を掲げるオーストラリアにおいて、こうした西洋の普遍的価値観を強調することが白人の支持層を拡大するうえで有益であることを十分に認識していたのである。

しかし一方で、ＬＧＬＡＧの活動は、都市の中産階級の白人が中心となって展開される市民運動とは性格を異にしていた。この運動の中で、ベロニカをはじめとするアボリジニと地元の白人を結びつけたのは、ポート・アデレードに特有の貧困、主流社会からの疎外、そしてそれに伴う苦難の経験の共有であった。上述したように、ポート・アデレードは低所得者層の人口が集中し、労働者階級の割合が相対的に高い地域である。再開発計画の一環として高級マンションの建設が始まる中でＬＧＬＡＧが掲げた「金持ちのためのゲットーお断り」というスローガンは、まさにポート・アデレード市民の共感を得るために考案されたものであった。ここではアボリジニ対非アボリジニという文化的差異よりも階層の類似性がより大きな役割を果たしたのである（栗田 二〇一六）。

さらに、ＬＧＬＡＧの主要メンバーとしてベロニカを支援した白人の中には、自身をアボリジニと同様に、オーストラリア社会において抑圧された立場にあると認識する人もみられた。たとえば、先述の新聞記者の白人男性Ｂ氏は、これまで共産党組織の職員として様々な抗議活動を行い、政府関係者や開発業者等からその考え方や思想を否定される中で、常に疎外感を感じてきた。彼はアボリジニに関する社会問題に目を向けるようになった契機として、自身の拘置所での経験について語ってくれた。彼は以前、政府による低価格宿泊施設の解体への反対運動に参加していたところ、政府当局によって逮捕され、厳重警備の拘置所に入れられた。その際に、既に拘置所に投獄されていた大勢のアボリジニと出会い、彼らと話をする中で、社会においてアボリジニが自分達とは異なる扱いを受け、彼らがいとも簡単に逮捕されるという現実を知った。以来彼は、アボリジニと非アボリジニが協力して、アボリジニの不利な社会状況を変えるための方法を模索してきた。Ｂ氏は、アボリジニの中には白人からの支援の申し出を断るなど、白人に対して「レイシスト」な態度をとる人もいるが、ベロニカは自分達と協力してともに闘おうとしたため、連帯が生まれたと話している。

ベロニカやブロディ家の人々と長年付き合いのある、ある白人女性N氏は、これまで南オーストラリア州のあらゆる地域で、鉱山開発への反対運動を行い、ンガリンジェリをはじめとする様々なアボリジニの土地権運動を支援してきた。彼女は幼い頃に家族とともにアイルランドからオーストラリアに移住してきたが、アイルランド人である祖先がイギリス人の警官によって殺害されたため、これまでイギリス系白人に対しては複雑な感情を抱いてきたそうである。彼女は、もはやアイルランドに戻って祖先の文化を取り戻すことができなくなった今、アボリジニの人々を助け、彼らの文化の保護に貢献したいと語っていた。

このような主流社会の中で周縁化された白人とアボリジニとのつながりの中に、権力に対する異議申し立てを介した連帯を垣間見ることができる。白人と連帯する中で、アボリジニの側は、白人によるアボリジニの表象を積極的に取り入れていった。B氏をはじめとし、LGLAGの活動を通してベロニカを支援した白人は、アボリジニを「植民地主義の犠牲者」と規定し、特にガーナの土地の剥奪および強制移住を「歴史的不正」として捉えた。そして、ガーナ文化は、主流社会においてその価値を認められるべき豊かな文化とされ、その文化が開発によって消滅の危機に晒されているといったエントロピックな語り方がなされたのである。

こうしたアボリジニに対する同情的な語りの多くは、主に和解政策の中で創出されたアボリジニの表象や言説に由来している。和解政策の下では、過去の親子強制隔離政策とその影響に関する調査が行われたが、そこでは親子強制隔離政策と同様に、隔離・保護政策時代のアボリジニ法におけるアボリジニの強制移住も「ジェノサイド」にたとえられた。そしてアボリジニのみを対象としたこれらの政策や法は、人種差別に当たるとみなされ、オーストラリアが批准した国際人権規約にも違反するとされたのである（Short 2008: 98）。

アボリジニの側もこうした外部からの規定をもとに、自己を新たに定義し直した。ベロニカは運動の中で、当初ガーナという地域集団のアイデンティティを主張していたが、白人と団結する過程で、「歴史的不正の犠牲者」、「社会の中で最も尊敬されるべき人々」、さらに「地球上で最古の生きた文化を維持する人々」等、犠牲者としての先住民像を強調するようになった。すなわち、白人によるアボリジニについての語りを通して、人々は先住民としての新たな自己を確立していったのであり、そこに非アボリジニと連帯する中で立ち現われる新たなアボリジニ・アイデンティティを看取することができるのである。

以上、ベロニカが関わった二つの運動の事例は、アボリジニ・コミュニティ内部の分裂が露呈されたという点で類似していた。都市部のアボリジニは、その社会・文化的多様性ゆえに、団結が難しいのである。しかしその反面、アボリジニ内部の複雑な社会状況ゆえに、アボリジニの遺産地に関する運動が、白人をも巻き込んだ普遍的な社会正義を求める運動へと拡大していったといえる。ラテラリー・グランヴィル遺産地登録運動では、ハイマーシュ島橋建設差し止め訴訟の際に用いられたのと同様の戦略が用いられていた。すなわち、それは、アボリジニの土地に関わる問題を、アボリジニのみの問題としてではなく、民主主義や社会的正義といった西洋の普遍的価値観に結び付けてオーストラリア社会全体に関わる問題として提示することにより、白人からの支持を得やすくするという戦略であった。このようなアボリジニ対非アボリジニという二項対立的な図式を超えた連帯は、他州でも見られ（友永 二〇一三）、アボリジニ・コミュニティ内部の人間関係が複雑化した都市特有の状況の中で生まれたものであると考えることができる。

小括

ブロディ家の人々は、都市で生き抜くための戦略として、親族内での相互扶助行為をはじめとする「ヌンガ・ウェイ」を実践していた。「ヌンガ・ウェイ」は先行研究において、アボリジニの親族と育つ中で自然に身に付く、独自のハビトゥスとして捉えられてきたと述べた。ブロディ家の中で見られた「ヌンガ・ウェイ」もハビトゥスとして捉えることが可能であろうか。

相互扶助の実践は、確かに、アボリジニが歴史的に主流社会から排除され周辺化されてきたという客観的諸条件の中で生まれたものであり、「身体化された過去」という点ではハビトゥスとしての側面をもつといえる。しかし、それは狩猟採集社会における相互扶助行為と全く同質のものとして位置づけられるわけではない。「アボリジニであれば助け合わなければならない」という語りに反し、実際に相互扶助は制限された状況下で行われ、仮に相互扶助の規範に違反する行いをした場合でも、完全に親族やアボリジニ・コミュニティから排除されることはなかった。この背景には、現在のアボリジニ・コミュニティが緩かにつながったネットワークであり、社会関係を構築、維持する相手を選択できること、さらに、政府からの社会福祉金がコミュニティ単位ではなく個人単位で提供されるため、仮にコミュニティの中で孤立した場合でも、生存を脅かされるわけではないという都市ならではの社会的状況があった。すなわち、「ヌンガ・ウェイ」は、モラル・エコノミーを都市的状況に適合する形で再編したものであるといえる。

また、「ヌンガ・ウェイ」は、現実には都市生活における個人主義や消費主義との間に葛藤をもたらすものであり、それに対する評価も家族内でばらつきがあることを指摘した。こうした意味で、「ヌンガ・ウェイ」は身体化され、自明視された慣習行為というよりはむしろ、非アボリジニに対してアボリジニとしての自己を提示するために意識的に選択される行動様式としての性質を強く帯びているといえる。それは独自の文化規範に従うために自発的に選択されたものとは限らず、経済的自立を果たしながらも、同時にアボリジニ・コミュニティからの完全な孤立を防ぐためにやむを得ず行われる演出として捉えることができる。

このように、現時点で「ヌンガ・ウェイ」が演出としての側面をもち合わせていることを考えると、今後も「ヌンガ・ウェイ」をアボリジニ独自のハビトゥスとして当然視することには限界がある。ハビトゥスは、「階級」において形成され、「階級」におけるハビトゥスは、その生産条件の「同質性」ゆえに実践の「同質性」を産み出し、個人のハビトゥスは、基本的には階級において生成された一時的経験に依存するものであるとされる（ブルデュー　一九八八：九六―九七）。しかし、近年のアボリジニをめぐる社会経済的状況の変化（たとえば、教育や雇用の機会の増加や非アボリジニの通婚のさらなる増加など）の結果として、生き方の選択肢が拡大したことを考慮すると、今後「ヌンガ・ウェイ」が、必ずしもアボリジニという集合のメンバーに共通する一時的経験に依存し続けるという保証はない。

ブロディ家の人々の中でも特に社会経済的地位の向上をめざすキャシーは日々、「ヌンガ・ウェイ」と西洋的価値観の間での葛藤を経験していた。着実にキャリアアップを図っていた彼女は、筆者が彼女と出会ってから約二年後には、ITコースを卒業して資格を取得し、Tカレッジでフルタイムの事務職員として正式に採用されていた。それ以来、彼女の経済状況は大きく向上した。一週間あたりの収入は六〇〇ドルとなり、それは以前の彼女の収入の約二倍となった。そしてそれは夕ペルー全体の週間の個人の平均収入（三二九ドル）をもはるかに上回っていた。キャシーは、自分にとってお金はそれほど重要ではないと語りながらも、彼女の生活は以前と比べて幾分か華やかさを増した。外食の回数や買い物の量が増え、中古のパソコンも購入した。また、彼女は、それまでの生活において、ポート・アデレードを離れることは稀であったが、Tカレッジから、新たな学生の獲得のための宣伝を兼ねて、他州のアボリジニ・コミュニティへの出張を任され、オーストラリア中を忙しく飛び回っている。出張先では、各地域のアボリジニと交流する傍ら、エスニック料理を食べるなど、それまでにない新たな体験をしているという。こうした人生における選択肢の拡大は、アボリジニの集団的同質性の中に多様性をもたらし、このような多様性はいずれ同質性からの偏差という域を超えて差異となり、「ヌンガ・ウェイ」自体に大きな変更を加える契機となる可能性がある。したがって、ハビトゥス概念では、このような「ヌンガ・ウェイ」の動態性を十分に捉えきれないのである。

さらに、ブロディ家の人々は日常生活では親族ネットワーク内で「ヌンガ・ウェイ」を実践するものの、常にアボリジニの世界のみで生活しているわけではなく、非アボリジニとの間にも交友関係を築いていた。特に、遺産地登録運動では、非アボリジニを積極的に巻き込み、西洋の普遍的価値観に則り、政府や開発業者を相手に交渉を行った。そこには、都合や状況に応じてアボリジニのネットワークの中に非アボリジニを取り込み、彼らの持つ知識や交渉のスキルを利用しようとするアボリジニのしたたかさが窺えた。アボリジニと非アボリジニが交友関係を築くとき、そして彼らが共通の目的の下で連帯するとき、両者間の民族的境界は極めて曖昧となった。日常生活において様々な矛盾を含みながらも実践される「ヌンガ・ウェイ」は、そのように一時的に曖昧化した非アボリジニとの間の境界線を引き直すための意識的な行為であると考えることができるだろう。

付記　ブロディ家のその後について

筆者がアデレードでの長期フィールドワークを終えて以来、ブロディ家にはいくつかの変化があった。キャシーはTカレッジを辞し、現在（二〇一八年時点）はアデレード中心部に新設された南オーストラリア研究機関（医療研究センター）のアボリジニ健康（Aboriginal health）部門で事務の仕事に従事している。彼女の職場には合計約三〇〇人の職員がいるが、そのうちアボリジニは約一五人に過ぎず、その他はイギリス系白人に加え、アジア系やアフリカ系の職員が占めている。それまで、非アボリジニとの接触を最小限に留めてきた彼女であったが、現在では職場の非アボリジニの医師や研究者らとも交流を深め、その交友関係は広く多様性に富むものとなった。収入もTカレッジの頃の約二倍に

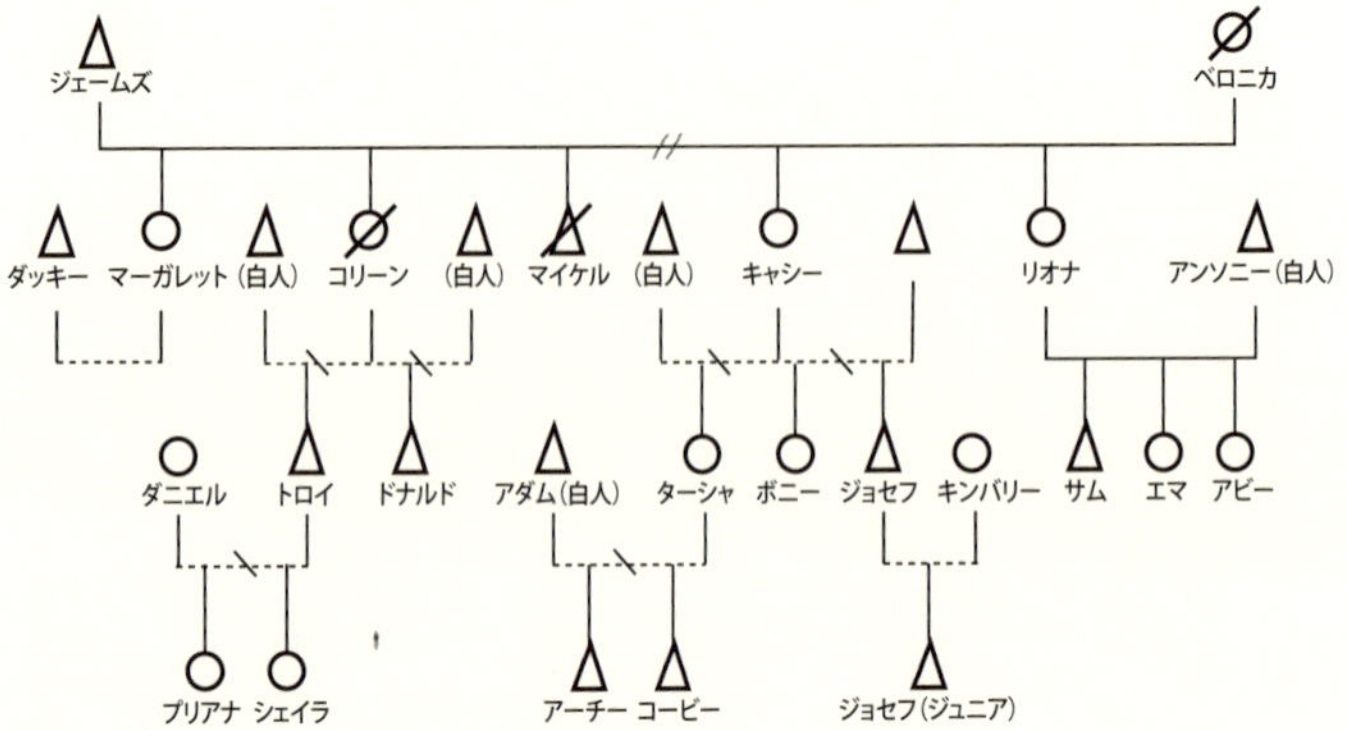

図7　ブロディ家の系譜図（2017年調査時）

増加した。しかし、彼女の暮らしぶりに大きな変化はなく、依然として社会福祉金で生活する親族に金を与え続けていた。彼女は「自分のためのお金は必要ない」と言いながらも、頻繁に金をせがんでくる親族や友人に頭を悩ませていた。

一方、彼女の三人の子供達は、オーストラリア主流社会での居場所を求めて日々奮闘している。長女のターシャは、アダムと離別して以来、一人親手当を受けながら二人の子供達を育てていたが、手に職をつけるためにTカレッジに入学した。次女のボニーは、Tカレッジを辞め、しばらく主流社会で職探しをしていたが、就職には至らなかった。最近彼女は、Tカレッジに入学し直し、福祉関係の勉強を始めた。三男のジョセフは、Tカレッジ卒業後、アボリジニ・コミュニティでのパートタイムの職に就いていたが、政府補助金が打ち切られたのを機にしばらく失業状態にあった。その後、親族（白人）の紹介で一時的な職を得たものの、経済的に不安定な状態が続いている。さらに、彼はボニーの非アボリジニの親友、キンバリーとの交際を経て、彼女との間に子供が生まれたばかりである。

こうした甥や姪の将来を憂慮して、マーガレットは現在、オンラインで小規模ビジネス・コースを受講し、遺産地登録運動でともに闘った白人の友人や市議会からの協力を得て、ラテラリー記念公園で訪問客を対象とした観光ビジネスを展開することを計画中である。彼女は、母のベロニカがラテラリー記念公園を作ったのは、孫たちの世代にアボリジニの文化に関する仕事の機会を提供するためでもあったと語る。そのため、将来的には、ターシャ、ボニー、ジョセフに公園への訪問客のガイドや公園の管理を任せたいと考えている。このように、母の代から受け継いだ文化資本を観光ビジネスにおいて活用しようとする試みは、ヌンガ・ウェイとは別の、主流社会で生き抜くための新たな戦略となるかもしれない。

1　エアー半島西部のセドゥーナから西に約七五キロメートル離れた地方町。ペノン周辺の地域へは、十九世紀からヨーロッパ人による入植が行われていたが、一九五一年に鉄道が開通したのを機に町が形成された。

2　ジェームズ自身は最近まで自分が免除規定を受けていたことを知らず、彼の娘が南オーストラリア博物館で家族史を調べた際にこの事実が判明した。

3　オーストラリア式のスロットマシン。ホテルやパブなどに設置されている。

4　ポート・アデレード／エンフィールド市のレフィーヴァー半島に位置し、ラーグズ・ベイと隣接した地域。二〇〇六年の時点で総人口は約三〇八〇人である（City of Port Adelaide and Enfield）。アデレード市内の白人の間では、一般的に、タペルーは貧困と犯罪の温床であるとみなされている。

5　この神話は、ンガリンジェリの精霊であるングルンデリ（Ngurunderi）によるマレー川の創造にまつわるものである。ンガリンジェリの女性らからこの創世神話の内容を聞き、王立委員会への報告書を作成した白人の人類学者、ダイアン・ベルによると、ングルンデリのカヌーが、夏の夜空にプレアデス星団（すばる星）としてみられるセブン・シスターズのように天の河として表れ、ングルンデリが天と地の関係を築いたとされている。この神話の一部は一九三〇年代に研究者によって記録されていた（Bell 1998）。

6 この学校はヨーク半島の中心部の町にある公立の初等・中等学校であり、ヨーク半島南部に住む人はこの学校に通うことになる。全校生徒四〇〇人のうち、アボリジニの生徒は数人程度である。

7 アデレードの犯罪率に関する政府統計によると、二〇〇六年の時点で、ポート・アデレード／エンフィールド市は、北部郊外のプレイフォード市に次いで犯罪率の高い地区とされている（Office of Crime Statistics and Research website : www.ocsar.gov.sa.au）。

8 バーやナイトクラブが建ち並び、夕方になると多くの若者で賑わう。アデレード市中心部の中では最も犯罪率が高いとされ、常時パトカーが待機し、警察が巡回している。

9 オーストラリアの有料テレビ放送。アメリカをはじめ、海外のテレビ番組や映画が視聴できる。

10 ボニーは数週間前に、Tカレッジから出席率が低いことを理由に、退学処分を受けていた。

11 筆者は約五カ月間定期的にブロディ家を訪問し、合計六カ月間彼らと同居していたが、その間に彼らが筆者に金銭を要求することは一度もなく、同居してしばらくは筆者からの家賃の支払いすらも拒否していた。

12 シュワブは同時に、相互扶助の精神を疑問視する一部のアボリジニの存在についても言及している。彼はその典型的な例として、主流社会で活躍するミドルクラスのアボリジニを挙げ、彼らが主流社会およびアボリジニ社会双方の文化規範に従おうとする際に直面する困難について述べている（Schwab 1991 : 225-226）。

13 南オーストラリア州で制定されたアボリジニの文化遺産の保護を目的とした法律。この法律の下では、アボリジニの伝統、または、考古学、人類学、歴史にとって重要とみなされる全てのアボリジニの敷地、物品、人骨が保護の対象となり、当局の許可なくこれらの文化遺産を破壊する行為は犯罪とみなされ、罰金等の刑罰を科されることになっている（Aboriginal Heritage Act 1988）。

14　ンガリンジェリの歴史学者および系図学者。ラウカン・ミッションのンガリンジェリの系譜図を完成させた。ハインマーシュ島の事件当時は、南オーストラリア博物館の研究員であった。二〇〇七年死去。

15　カメラマンおよび映像制作者である彼は、橋建設反対運動における市民集会などの様子をまとめたドキュメンタリー映像を作成した。彼はこれまで、土地権をはじめとする、南オーストラリアにおけるアボリジニの諸権利を保護するための市民運動にも参加してきた。

16　白人の入植以前、ガーナの居住地域は、現在のアデレードの南部に位置するケープジャービスから北部のクリスタルブルークまでと非常に広範囲にわたっていた。そのため、ガーナとは均質的な地域集団ではなく、集団内部にはそれぞれの特定の場所に先祖とのつながりを有する様々な「部族（tribe）」が存在していた。ヘミングによると、一八三〇年代から一八四〇年代において、アボリジニの地域集団は部族と呼ばれ、たとえば、「アデレード部族（Adelaide tribe）」、「マウント・バーカー部族（Mount Barker tribe）」、「エンカウンター・ベイ部族（Encounter Bay tribe）」等のように、ヨーロッパ人によって付与された場所名と組み合わされた。また、「部族」とは、家族の男性メンバーが親族関係を通して密接に結びついた土地への権利を有する家族集団のことを指していた（Hemming 1990 : 129-130）。

17　この審議委員会は、ガーナ語の保護に加え、主流社会においてガーナ語が正しく使用されているかどうかを審議することを目的に設立された。同委員会には、建造物の名称としてガーナ語を使用することを希望する政府機関や学校、民間企業等から許可申請や、英語からガーナ語への翻訳の依頼が寄せられる。同委員会は月に一度会議を開き、筆者が参加を許された会議では、ガーナの長老とその親族やガーナ語教師などのアボリジニ五名、長年ガーナ語復興に携わってきた白人の言語学者やガーナ学校の白人教師三名が出席していた。会議では、ガーナ語の正しさだけでなく、ガーナ語の使用料として支払われるべき金額などが相談されていた。

第七章　結　論——都市の先住民による西洋近代への抵抗のあり方

本書では、現在のオーストラリアにおける都市の先住民のアイデンティティの諸相を明らかにしつつ、特に、多文化主義における差異の政治の下で、都市の先住民がいかにアイデンティティを構築し交渉しているかを、民族誌的データを提示しつつ検討してきた。ここで各章の論点を改めて要約しておきたい。

第一章で、本書の射程について述べた後、既存の人類学におけるエスニシティ論、およびポストコロニアル理論における文化的アイデンティティをめぐる議論の限界について指摘した。また、カルチュラル・スタディーズにおける「文化の政治学」に関する主な分析概念について説明を行い、本書で扱う事象との関わりについて論じた。さらに、オーストラリア人類学における都市の先住民に関する先行研究の批判的評価を基に、問題の所在を確認したうえで、本書の目的、および学術的意義について明示した。

第二章では、南オーストラリア州における対アボリジニ政策の歴史的変遷について論じた。アボリジニの白人との接触以前から、隔離・保護政策時代、同化政策時代、自主決定政策時代を経て今日の多文化・和解政策時代に至るまでの歴史を概観する中で、時代ごとの政策がアボリジニのアイデンティティに与えた影響についての考察を試みた。各時代の政策や法におけるアボリジニの定義は、地域やその時々の社会状況に応じて変化する、一貫性を欠いたものであり、そのことが特に混血のアボリジニのアイデンティティに混乱をもたらす一因となってきたことを示した。また、一九七〇年代以降、同化政策から自主決定政策への先住民政策の大転換に伴い、アボリジニであるか否かは自己申告制になったものの、今度は文化的差異の管理という形で、人々は依然としてアボリジニとは何かをめぐる政府からの規定に晒され続けていることを明らかにした。

第三章では、現在のアデレードにおけるアボリジニの社会状況について、政府統計およびその他の統計的研究を基に、人口と居住地域、出身集団、社会経済的状況、家族形態を中心に論じた。現在のオーストラリア社会において、多くのアボリジニは依然として低所得者層に属するが、一方で、一九八〇年代後半以降、政府がアボリジニを教育機関や政府組織等における専門職として積極的に雇用するようになったことに伴い、アボリジニ内部で社会経済的格差が拡大しつつあることを示した。さらに、家族形態に関しては、核家族化や非アボリジニとの通婚がより一層進み、生活様式における非アボリジニとの境界が以前にも増して曖昧化している点を指摘した。

第四章では、一九七〇年代以来、新たにアボリジニであると自己規定する人々が増加し、彼らとそれまでアボリジニとして生きてきた人々との境界が曖昧化する中で、アボリジニ・コミュニティにおいて「本当の」アボリジニとは誰かをめぐる問題が生じている点に着目した。まず、現在のアデレードのアボリジニの社会関係について記述した後で、政府組織およびアボリジニ組織におけるアボリジニとしての基準を明示した。併せて、組織レベルでの基準が、個人レベルでのアボリジニとしての自己認識に与える影響について、「盗まれた世代」の人々の人生経験をもとに考察した。その結果、アボリジニの一員として認められるには、同じ出身地域集団の親族ネットワークによる同定ができることや、コミュニティの人々との間で社会活動の経験を共有していることが重視されるという点を明らかにした。ただし、こうした基準は、一部の「盗まれた世代」の人々によるアボリジニとしての自己認識との間に齟齬をもたらしている点も指摘した。

第五章では、オーストラリア社会一般のアボリジニへの眼差しを視野に入れ、主流社会において要請されるアボリジニ像へのアボリジニ自身の対応を、主に教育機関における文化学習に焦点を当てて分析した。現在の主流社会の白人が抱くアボリジニ観では、純粋さや神秘性と結び付けられた肯定的なイメージと、野蛮性や暴力性に基づく従来の否定的なイメージとが混在している。そのような社会状況を背景に、都市のアボリジニが、多文化的状況下での非アボリジニとの相互作用において、混在するイメージによる差別や偏見に晒される中で、「アボリジニとは何か」について意識せざるを得ない状況にあることを確認した。その具体的事例として、アボリジナリティの再構築の試みである、公立の教育機関におけるアボリジニ文化学習の事例を取り上げ、その特徴、及び意義、文化学習への一般のアボリジニの対応について検討した。その結果、教授されるアボリジニ文化とは、アボリジニ自身によって再構築されたものであったが、政府や主流社会において創出されたアボリジニ文化に関するイメージや言説の影響を強く受けたものであることが明らかになった。そしてその教授内容は、一般のアボリジニの強いアイデンティティの基盤にはなり得ていないにもかかわらず、活動家や知識人のアボリジニによって先住民としての差異の交渉の道具として用いられると同時に、象徴暴力の下で「正統な」文化としてのお墨付きを与えられ、アボリジニにとって普遍的なものとして自然化され、再生産されていると論じた。

第六章では、アデレード郊外に暮らすあるアボリジニ家族の日常実践に目を転じ、第五章で取り上げた公立の教育機関での文化学習を通して教授される「文化」および「アイデンティティ」には回収されない、個人レベルでのアイデンティティの交渉の諸相の描写を試みた。その結果、貧困や差別により主流社会から構造的に排除される中で実践される、「ヌンガ・ウェイ」と呼ばれるアボリジニ独自の行動様式には、家族メンバー間での金銭の貸借をはじめとする相互扶助の実践が含まれていることが明らかになった。そのような実践は、彼らの都市での生存戦略としての側面をもつ一方で、現実の都市生活において浸透した消費主義や個人主義との間に軋轢をもたらし、必ずしも無制限に行われるものではなかったのである。さらに、同家族の白人との関わりに着目する中で、彼らは同じ低所得者層地域の出身である白人との間に、貧困という共通の経験を基盤とした交友関係を築いていることを示した。特に、遺産地登録運動においては、同胞者からの支援が得られにくい状況で、彼らは積極的に非アボリジニを巻き込み、環境保全や民主主義等の西洋の普遍的価値観の下で彼らとの連帯を図っていたことが明らかになった。総じて、様々な矛盾を含みながらも日々実践される「ヌンガ・ウェイ」は、このように曖昧化しやすい非アボリジニとの間の境界線を引き直すための意識的な行為であることを示した。

以下では、これまで明らかにしてきた内容を踏まえながら、本書が課題としてきた「アイデンティティ」による支配のメカニズムおよびそれへの都市の先住民側の抵抗戦略について考察したい。

先述したように、都市のアボリジニは、歴史的にアボリジニとは誰かをめぐる政府からの規定に晒されてきたが、このような外部からの範疇化は、自主決定政策や多文化・和解政策の下でも、それまでとは形を変えて行われ続けた。これらの政策は、先住民の文化的差異に対する政府の配慮を窺わせ、リベラルで人道主義的な印象を与えるものであった。しかし実際に、そこで承認された先住民の文化的差異とは、自由、平等、民主主義等の西洋の普遍的価値観に基づき、政府が許容可能とする範囲内で選びとられた差異であった。こうして先住民には、「伝統的」文化の復興やアイデンティティの再構築が奨励されたわけであるが、それは同時に彼らに、政府によって規定された「正統な」文化を押し付け、政府が要請するアボリジニになることを強要するものでもあった。

しかし、「正統な」文化の押し付けが、オーストラリア社会において疑問視されることはなかった。一般的にリベラルな価値観が深く浸透し、人権意識の高いオーストラリア社会において、先住民が独自の文化的差異やそれを基にしたアイデンティティを保持することは、アボリジニとしての自尊心を向上させるものであり、それはアボリジニが享受すべき当然の権利であるとみなされたのである。そして、こうしたオーストラリア主流社会における考え方は、アボリジニ自身によっても共有され、アボリジニ独自の文化とアイデンティティをもつことは自然なこととして認識された。その結果、多文化主義の最盛期である一九七〇年代から一九八〇年代において、「文化」や「アイデンティティ」という概念が、アボリジニの日常生活の中に浸透し、アボリジニ自身がこれらの概念を用いて自己を規定し始めたのである。したがって、多文化主義は、人道主義的で甘美な響きをもちながらも、政府が先住民の文化的差異を管理するための新たな支配装置であり、その支配のメカニズムが見えにくいという点で象徴暴力の一形態として捉えることができる。

象徴暴力による支配は、主に公立の教育機関を通して行われた。教育機関において実施される文化意識向上プログラムや文化学習では、政府によって選び取られた恣意的な文化要素が、「正統な」アボリジニ文化として教授され、そのような文化的知識を習得した人々には資格が与えられた。そして、政府公認の学歴資格を取得したアボリジニの教師が「正統な」文化を教授することにより、その正統性は誤認され、再生産されたのである。以上から、政府による支配のメカニズムとして次のような構図を指摘することができる。まず政府によって「正統な」文化が選びとられ、アボリジニはそのカテゴリーの中に封じ込められる。次いで、アボリジニ文化の啓蒙という名目で、主流社会の人々に本質化された文化が教授され、アボリジニ文化についてのステレオタイプが形成される。その結果、アボリジニの側は主流社会の人々から「アボリジニ」としての承認を得るために、そのようなカテゴリーに依拠せざるを得なくなり、カテゴリーがますます強化されるのである（cf.松田　一九九九：一一九）。

このような象徴暴力を通して押し付けられたアボリジニとしての文化的差異やそれを基礎とするアイデンティティへのアボリジニ側の対応は、その文化的背景や社会的立場によって様々であった。一九八〇年代後半以降の文化復興やそれに伴う文化学習の教育に携わった一部の活動家や知識人は、政府が掲げる「正統な」アボリジニ文化のイメージを敢えて受け入れることにより、先住民としての文化的差異をアイデンティティの政治における政府や他のエスニック集団との交渉の手段として利用しようとした。特に、文化復興の中で構築された「ガーナ」という包括的なアイデンティティは、アデレードの先住民としての権利の交渉の道具とされた。しかし、このような均質的で統合された集団的アイデンティティは、ホールのいう「アイデンティティの政治I」に相当し、アボリジナリティと同様に、そこでは集団内部の多様性が抑圧されるおそれがあった。すなわち、アデレード出身のアボリジニの大半が複数の地域集団に属するにもかかわらず、そのような部分的で複合的なアイデンティティが排除されるなど、それは人間を均質的な単位として分節するという点で、西洋近代に特有な支配装置としての側面を帯びていたのである。

しかし一方で、外部から付与されたアボリジニとしてのアイデンティティは、活動家や知識人ではない一般の人々によって表面的に語られることはあっても、それが必ずしも彼らの強いアイデンティティの基盤として根付いていたわけではなかった。ブロディ家のようなアボリジニ・コミュニティの中で育った人々が、日常生活の中で実践していた「ヌンガ・ウェイ」は、支配的集団のアボリジニに関する言説の影響を受けながらも、「正統な」アボリジニ文化とは一線を画するものであった。「ヌンガ・ウェイ」は、主流社会からの排除といった客観的諸条件の下で、モラル・エコノミーを再編する中で生まれた実践であると同時に、非アボリジニからの差異化を図るために、意識的に演出されるという側面を併せもっていた。「アイデンティティの政治I」ではアボリジニ内部の多様性よりも共通性が重視され、アイデンティティの均質性や一貫性が強調されたのに対し、「ヌンガ・ウェイ」は様々なズレや矛盾を内包し、状況に応じて操作されるものであった。ブロディ家の事例で明らかになったように、「アボリジニであれば互いに助け合わねばならない」という公式的な語りに反し、彼らは実際には助けるべき人を選別するなど、相互扶助をめぐる一定の規則が存在していた。また、社会的上昇移動を目指す一部の人々は、ヌンガ・ウェイが理想とする集団主義と日常生活において浸透した個人主義との間で葛藤を経験していた。これらの人々の間ではヌンガ・ウェイの文化的規範に違反する行為もみられたが、それに対して親族やコミュニティからの排除などの制裁が課されることはなかった。

さらに、ブロディ家の人々はアボリジニの社会的ネットワーク内部のみで生活していたわけではなく、状況や目的に応じて、自分達のネットワークの中に非アボリジニを包摂していた。特に、遺産地登録権運動において、彼らは先住民の土地権問題に理解のある地元の白人との連帯を図ることを選んだ。白人と団結するとき、彼らはアボリジニとしての文化的差異よりも、民主主義や社会正義をはじめとする西洋の普遍的価値観を強調し、より多くのオーストラリア市民からの支持を得ようとした。しかし、彼らはここでも、西洋の普遍的価値観を完全に受け入れていたわけではなく、また、生活の全ての面に非アボリジニを包摂していたわけでもなかった。主に家族のメンバー間で排他的に行われた「ヌンガ・ウェイ」の実践は、このように曖昧化した非アボリジニとの間の境界線を引き直すという意味があった。そこには、状況や都合に応じて非アボリジニを包摂・排除することにより、両者間の境界を柔軟に操作するという彼らなりの戦略を看取することができるのである。

このような一貫性を欠き、可変的なアイデンティティは、ホールが「差異によるアイデンティティの政治」としたアイデンティティの政治学として捉えることができる。それは不安定なアイデンティフィケーションの地点であり、「問題のない超越的な「起源の掟（law of origin）」に絶対的に保証されることなどないアイデンティティの政治、位置の政治」である（Hall 1993 : 226（＝ホール 一九九八：九四））。このような「差異によるアイデンティティの政治」は、これまで人類学の日常抵抗論において注目されてきた、抑圧者の論理に従わない、被抑圧者の柔軟な生活知や、伝統的なるものの創造・再編と同類の性質をもつものでもある。それは反本質主義（構築主義）に基づく抵抗戦略ということもできる。

しかし、このような抵抗戦略の有効性を強調し過ぎることは、入植者社会へと包摂された先住民と白人との間に存在する不均衡な権力関係の問題を隠蔽することにつながりかねない。アボリジニがオーストラリア社会において先住民としての承認を得て、独自の地位や権利を確保するためには、政府や主流社会、さらには他のエスニック・マイノリティとの間で行われる承認の政治において、交渉を行う際の拠り所が必要なのである。アデレードのアボリジニの活動家が創出した「アボリジナリティ」、「ヌンガ」、「ガーナ」という集団的アイデンティティとその根拠となる文化的差異も、そのような政治的脈絡における交渉の道具として用いられた。それらは、アボリジニ内部の個を否応なく集団としてのエスニシティに結び付けようとする点で本質主義的であり、西洋近代の支配装置の一形態としてみなすことができるが、支配的集団のヘゲモニーに対抗する場合には、彼らが納得し得る論理を用いる必要があった。

ホールは、現在では、「アイデンティティの政治Ⅰ」で構築された集合的なアイデンティティ内部の差異や矛盾が注目され、アイデンティティがかつてもっていた包括的な説明能力は失われたとしながらも、現実の世界において、アイデンティティの獲得とその有効性が依然として存在することを一応は認めている（Hall 1991 : 45（＝ホール　一九九九：七二））。しかし、これによって彼は「アイデンティティの政治Ｉ」への回帰を意図しているわけではない。彼はアイデンティティと差異について次のように述べている。

「政治の概念はつねにいろいろな立場の間を動いている言葉によって、ある場所を占めつつも、そこに縫いつけられていないものの間の緊張関係を維持することを前提とする。ポジショナリーと運動の両方を別々にでなく一緒に考えることを、つまり差異と戯れることなく、『ゆっくり休める夜を探す』ようなアイデンティティと戯れることなく、アイデンティティと差異との緊張関係のなかで生きることを私たちに求める」

（Hall 1991 : 50（＝ホール　一九九九：七九））

ホールは、アイデンティティを特定の地点に強固にはめ込まれたものではないが、同時にまったく自由に浮遊するものでもなく、状況に応じた暫定的な「位置取り」として捉えているのである。すなわち彼は、第一章で述べたように、「アイデンティティの政治Ｉ」を受け入れたうえで、アイデンティティの政治における二つの局面の間を、場面に応じて臨機応変に移動するという抵抗戦略の有効性を主張したのであった。

この戦略は、ブロディ家の人々、とりわけベロニカの生き方そのものの中に最も顕著に表れていた。彼女は人生の中で、外部から「アボリジニ」または「白人」として規定されながらも、いずれのカテゴリーにも完全には収まりきらない生き方をしてきた。彼女は、白人を一つの集団として排除することなく、アボリジニに理解を示す白人を受け入れ、彼らとの相互行為を通して、西洋のやり方、特に、政府や主流社会との関わり方や交渉の仕方を学んでいった。彼女が白人と共通の目的の下で連帯するとき、支配者としての白人対被支配者としてのアボリジニという二項対立的な関係は影を潜め、両者間の境界は極めて曖昧化した。しかし一方で、彼女はアボリジニとしての集団的アイデンティティを完全に放棄できたわけではなかった。オーストラリア主流社会においてアボリジニが依然として疎外された状況にある以上、「ガーナ」、「ヌンガ」、「アボリジニ」は、マイノリティ集団としての存在を強調するために必要不可欠なカテゴリーなのであり、一時的に依拠せざるを得ないアイデンティティなのである。こうした「アイデンティティの政治Ⅰ」および「差異によるアイデンティティの政治」のどちらかを選択するのではなく、両者の緊張関係を生きること、そのような決して完結することのない位置取りを通した交渉こそが、白人が圧倒的な権力を有する国家に包摂された少数者の抵抗の形であり、そこに西洋近代の支配装置としての「アイデンティティ」から脱するための可能性を見い出すことができるのである。

以上、ホールのアイデンティティ論を参照しながら考察を進めてきたが、彼の議論にはいくつかの限界があると思われる。ホールは、アイデンティティの政治の中で少数者が抵抗しようとするヘゲモニーに関して、「ヘゲモニーとは、差異の消滅あるいは差異の一掃ということではない。差異を通じて一つの集団的意志を作り上げることである。消滅することのない差異を表出することである。」と述べている（ホール 一九九九：九〇）。そうであるならば、少数者がヘゲモニーに抗するためには、そのような差異自体を脱構築していく必要がある。そこでホールは、新たなアイデンティティの政治としての流動的で可変的な「差異によるアイデンティティの政治」の重要性を強調し、「アイデンティティの政治Ⅰ」と「差異によるアイデンティティの政治」の緊張関係を生きることを提唱したのだが、彼はその緊張関係の内実や、新たなアイデンティティの政治がいかにして差異の解体を可能にするのかについてまでは具体的に議論していない。

この点に関しては、むしろ、小田の提起した境界の再領土化という概念が参考になると思われる。第一章で述べたように、小田は、社会において周縁的な位置に置かれた人々の抵抗戦略として、ブリコラージュによって、「他者化」された他者を〈顔〉のみえる他者に再び転換しながら、生活の場を、ズレを含みながらも共有される差異の連続体として「再領土化」することの有効性について論じた（小田 二〇〇一）。小田が境界の再領土化という概念の重要性を唱える背景には、これまでのポストコロニアル理論における議論は、反本質主義（構築主義）と反・反本質主義（戦略的本質主義）の対立の図式に縛られるあまり、結果として、人々が生活の場でつくりあげている、隣接性による社会的絆や共同体の中で「生き抜く」ための実践が看過されてきたという懸念があった。すなわち、これまでの議論では、本質化され固定された均質的なカテゴリーによらない連帯や集合的アイデンティティの形成が可能なのか、可能であるとすればそのような連帯はどのようなものなのかという問いに答えられないため、上記の図式から離れる必要があるということである（小田 二〇〇六）。

小田は、親族関係や主従関係といった〈顔〉のみえる関係に基づく社会を、真正な社会とし、そのような社会において生まれる原初的紐帯を、言語や慣習等の共有するものが明確な区切りのない「差異の連続体」と、隣接している他者のことばや身振りの日常的な反復や模倣によって生じる「家族的類似性」からなるものとして捉えている。このような原初的紐帯を基盤として生まれる「民族的まとまり」は、ネイションやエスニシティのように、明確な境界によって固定されたものではなく、いつでも新しいメンバーを加入させたり、あるいは切り離したりでき、そのつど親近性をもつまとまりであるという（小田 二〇〇六）。

また、小田のいう〈顔〉とは、ネイションやエスニシティの下で沈黙させられ得るジェンダーや階級といった、諸々のカテゴリー間の関係によって規定されるものより、つねに「過剰」なもの、「それ以上のもの」であり、特定の「だれそれ」として現れる、直接的な関係の過剰性のことを指している。これは、「差異によるアイデンティティの政治」が、多重の社会的アイデンティティを容認しながらも、依然として様々な下位のカテゴリーへの帰属を前提とし、アイデンティティを計量可能なものとみなしていたという点で、ホールの議論とは異なる。小田はこのように、様々なカテゴリーによって規定されない、曖昧で流動的な境界しかないまとまりにおける、〈いま―ここ〉の生活のなかで自己をとりまく関係性を肯定しながら「生き抜く」ための実践にこそ、排他的で単一的な境界を撹乱していく可能性があると主張しているのである（小田 二〇〇六）。

貧困や社会的疎外といった共通の経験を媒介としたブロディ家の人々と白人貧困層とのつながりや、権力への異議申し立てを通した白人との連帯は、このような生活の場における「再領土化」として捉えることができ、それは「同じ場を共有している」という隣接性と話す言語や経験や境遇の類似性によってつくられる共同体」としての側面をもっていた。アボリジニとしての強い自己意識をもちながらも、日常生活においては、状況に応じて白人を包摂し、個人主義や資本主義等の西洋的価値観を受け入れ、両者が矛盾なく存在しているという点は、固定されたアイデンティティや主体を前提とせずに臨機応変に「境界侵犯する」という小田の議論に通底している。そして、このような一貫した主体の欠如は、アボリジニの側および非アボリジニの側の双方にみられるものであり、それは抑圧者としての非アボリジニ対被抑圧者としてのアボリジニという二項対立的な構図自体を撹乱する可能性がある。

さらに、ホールによるアイデンティティ論のもう一つの限界は、ホールが提示した新たなアイデンティティの政治によって、果たして従属的な地位におかれた少数者をヘゲモニーによる支配から完全に解放することが可能かということである。少なくとも、本書が取り上げた都市の先住民の場合、彼らは生活の場におけるアイデンティティの操作を通してオーストラリア主流社会で「生き抜く」ための実践を行っていたものの、西洋近代のアイデンティティ支配から完全に逃れたわけではなかった。都市の先住民をアイデンティティという西洋近代の支配装置に縛りつけていたのは、まさにホールの「アイデンティティの政治Ⅰ」が対抗しようとしていた「人種」という観念であった。

一九七〇年代以降、アボリジニであることの基準は「伝統」文化の維持の度合いと結び付けられ、混血の度合いに基づくアボリジニの範疇化は、少なくとも政策レベルでは見られなくなった。このことは、政府機関およびアボリジニ組織において、アボリジニであることと膚の色を切り離そうとする姿勢に顕著に表れていた。しかし、このような政策の大転換にもかかわらず、オーストラリア主流社会の人々の意識において、アボリジニであることと膚の色は依然として不可分の関係にあり、膚の色は「伝統」文化の維持の度合いと結び付けられた。すなわち、アボリジニは依然として「人種」という枠組みで捉えられ、それが「未開」や「野蛮」といった否定的なイメージと結び付けられているのである。「人種」は、被支配者集団によって操作不可能であるため、「人種」を基にした差別が現在でも続いていることは、本論文で取り上げた様々な人々のライフストーリーからも明らかであり、また彼ら自身も「純血（full-blood）」や「混血（half-caste）」といった人種的カテゴリーを内面化していた。ホールは、被支配者集団がニュー・エスニシティに依拠したアイデンティティの政治を展開しようとしても、支配者集団の間では、依然として人種的カテゴリーに基づく差異が生産され、固定化、自然化され続けているという現実から目を背けようとしているように見受けられる。すなわち「人種」自体に内在する支配のメカニズムについてまでは十分な議論がなされていないのである。

「人種」による支配の問題の本質を理解するには、その背後に隠れた白人性という視点が不可欠である。他の欧米諸国と同様に、オーストラリアにおいて「人種」は、植民地主義のもとで創出され、それは普遍的な人間存在の象徴として、正常なもの、すべての人間の規準となるものとしての白人以外の他者を表すカテゴリーとして用いられてきた（藤川 二〇〇五）。それは、「野蛮な」他者としてのアボリジニの存在を前提として構築されてきた白人のアイデンティティにとって、必要不可欠なものであった。しかし、社会科学をはじめとする学界において、「人種」は、その生物学的実在性が否定され、社会的構築物にすぎないという認識が浸透すると、オーストラリアでは「人種」という概念そのものが廃棄され、「人種」の問題は、エスニシティの問題へとすり替えられることになった（Cowlishaw 1986：12）。オーストラリアにおいて、政策レベルでアボリジニであることの基準が混血の度合いから、文化の維持の度合いへと移行したことも、こうした「人種」概念の見直しを反映していたものと思われる。

しかし、人種のエスニシティへの回収は、オーストラリア主流社会におけるアボリジニのカテゴリー化の問題を解決するには至らなかった。多文化主義の下では、アボリジニに関して「伝統」文化を「もつ」人と「もたない」人という新たなカテゴリーが創出された。この文化を「もつ」という点に関して、ハージは、示唆に富む議論を展開している。彼は、多文化主義を「あること」の多文化主義（multiculturalism of being）と、「もつこと」の多文化主義（multiculturalism of having）に分け、両者が対立関係にあることを指摘した。彼は、「あること」の多文化主義とは、「我々が自らを多文化的な共同体の一部である」という考えのもと、融合する統一的なオーストラリアの「我々」をうちたてるのに対し、「もつこと」の多文化主義は、常に所有者としての白人と、所有物としての非白人との間で、外部的な関係をうちたてるということであると述べている。そして、「もつこと」の多文化主義には、エスニック・マイノリティの多様性を白人オーストラリア人である「我々が評価する」、あるいはエスニックの貢献を「我々が価値づける」という姿勢がみられ、エスニック・マイノリティは、主体としての白人オーストラリア人のために何ができるかという観点から、評価され価値づけられる客体となるのである（ハージ 二〇〇三：二四五―二四七）。

ハージは、「我々が多文化的な共同体の一部である」ことを認める「あること」の多文化主義こそが、白人オーストラリア人がネイションの管理者として他者を包摂・排除するホワイト・マルチカルチュラリズムによって蔑ろにされてきたとし、「もつこと」の多文化主義において、他者を「評価」

し、「価値づける」際に働く、白人の権力を批判した。オーストラリアの多文化主義において、アボリジニ文化は、ナショナル・アイデンティティとして流用できる限りにおいて賞賛に値するものとして評価されたのである。このような多文化主義による「先住民文化」の所有は、植民地主義の継続を意味し、そこで働く白人性による他者のカテゴリー化という意味では、「人種」に基づくカテゴリー化と同質のものであったといえる。

そして重要なことに、アボリジニ自身もそのようなカテゴリーを内面化していた。彼らの語りの中にみられた「伝統的な人たち」と「文化を喪失した自分たち」という二分法に基づく自己認識は、親族やコミュニティの人々との社会関係を基にアボリジニであることを規定しようとするものの、主流社会から押しつけられたカテゴリーを未だに完全には無視できない状況にあることを表していた。そしてこのようなカテゴリーは、「偽のブラック」、「ココナッツ」といった新たなカテゴリーを生み出し、アボリジニ内部での差別をもたらした。このように、彼ら自身が白人からのまなざしの中に自らを固定化したことが（ファノン 一九九八：一三六）、彼らのアイデンティティを揺るがす要因となっていたのである。このように、白人によるアボリジニのカテゴリー化は現在でも継続し、そこではたらく不可視の白人性の権力は、依然としてアボリジニの自己意識に大きな影響を与えている。オーストラリア社会において圧倒的に優位な立場にある白人との間で行われるアイデンティティの交渉は、このような不均衡な力関係の下で行われていることを忘れてはならないのである。

あとがき

本書は、広島大学大学院に提出され受理された『多文化主義オーストラリアにおける都市の先住民のアイデンティティに関する人類学的研究』に加筆・修正を加えたものである。本書のもととなった博士論文の審査にあたっては、主査の髙谷紀夫先生をはじめ、審査委員の佐野眞理子先生、布川弘先生、長坂格先生、窪田幸子先生（神戸大学）には多くの有益なご指摘やコメントをいただいた。とりわけ元指導教官の窪田幸子先生には、博士後期課程入学以来、研究テーマに関して終始適切なご助言をいただくとともに、博士論文の細部にわたりご指導をいただいた。窪田先生からの厳しくも暖かいご指導は、筆者を奮い立たせ、学問に対する姿勢や研究者としてのあり方を学ばせていただいた。先生の激励・お力添えがなければ、本書は完成に至らなかっただろう。主査の髙谷先生には、常日頃からさまざまな形でご指導をいただき、学位取得に向けた審査プロセスのあらゆる段階で暖かい配慮と適切なご指導を賜った。先生がくださった、冷静で的を得たアドバイスは、筆者の今後の研究課題に繋がる重要な視点を含みもつものであり、心から感謝している。

これまでの調査や研究においてご指導・ご助言をいただいた方々にお礼を申し上げたい。

博士前期課程時の指導教官であった須藤健一先生（国立民族学博物館）には、修士修了後も貴重なご助言と励ましの言葉をいただいた。松山利夫先生（国立民族学博物館）には、折に触れて、オーストラリア都市部での調査方法についてご助言を賜るとともに、研究会などで様々な研究のヒントをいただいた。また、日本文化人類学会第四三回研究大会の分科会「オーストラリア先住民研究――国家・伝統・コミュニティと切り結ぶ日常実践」でともに発表を行った若手研究者の方々からは、都市での フィールドワークの労苦を共有しつつ、都市の先住民研究という比較的新しい分野を開拓するという共通の意気込みのもと、常に知的刺激を受け続けてきた。さらに、広島大学大学院文化人類学系研究室の学友には、ともに切磋琢磨する中で、研究意欲を掻き立ててもらった。感謝したい。

本書のもととなったオーストラリアでの調査は、日本学術振興会特別研究員奨励費（平成二十年度～二十一年度、課題番号20・1748）、豪日交流基金サー・ニール・カリー奨学金（研究プログラム）の助成により可能になった。本書の出版にあたっては、豪日交流基金（Australia Japan Foundation）からの助成を受けた。ここに記して感謝の意を表します。また、本書の刊行に際して大変お世話になった明石書店の大江社長、秋耕社の小林社長にお礼申し上げたい。

オーストラリアでの調査にあたっては、数多くの方々からのご支援、ご協力をいただいた。とりわけ、ニコラス・ピーターソン（Nicholas Peterson）教授（オーストラリア国立大学）には、オーストラリアでの調査を開始した当初から、研究テーマのみならず、現地の人々との関係の築き方まで細かいアドバイスをいただいた。ディーン・ファーギー（Dean Fergie）教授とイボン・エリングハウス（Yvonne

Ellinghaus）講師（アデレード大学）には、南オーストラリアのアボリジニに関する詳細な情報を提供していただくと同時に、調査に行き詰った際にいつも激励していただいた。そして、いつも快く宿を提供してくれ、調査に協力してくれたブロディ家の皆さんに心から感謝したい。そのほかにも、とりわけお世話になった方を列挙したい。Dora Hunter, Avis Gale, Jack Buckskin, Steve Goldsmith, Leon Stanley, Karen Smith, Tadashi Nakamura, Bob Briton, Fernando Gonçalves, Dr. William Edwards, Prof. Rob Amery, Mr. Gary Passmore.

最後に、これまで研究生活をあらゆる面から支え続けてくれた夫に感謝したい。

今私は兄と2人で暮らしています。父や他の兄弟や親族は皆アリススプリングスに住んでいます。これまでに父や親族を訪ねてアリススプリングスに行ったのは4回くらいです。アデレードから遠いのであまり親族を訪ねることができません。もし周りの人から「どこの出身ですか」と聞かれたら、「私はアデレードで生まれましたが、故郷はアリススプリングスです」と答えます。私は画家ですが、今社会奉仕コースを専攻しているのは、アボリジニの人々を助けたいからです。そしてアボリジニ・コミュニティの人々に出会うためです。今カレッジの中では出会える人は限られていますが、コースを修了してカレッジの外へ出ればもっと多くの人々に会えるからです。多くのアボリジニの人々は酒や薬物などの問題を抱えていたり、人種差別に遭ったりしています。彼らは助けを必要としています。」

して、自分に自信がつきました。以前私はアイデンティティの問題を抱えていました。それは自分の膚の色が白いせいです。周りの白人の友人に「自分はアボリジニだ」と言っても「お前は白いから白人じゃないか」といって誰も信じてくれませんでした。今、私の家の前にはアボリジニの旗が掲げてあります。家主さんが「白人なのになぜそんなことをするのか」と聞いてきましたが、「それがありのままの自分なんだ」と答えました。自分のアボリジナリティを他人に示すのが難しいと感じます。もっと膚の色が黒ければよかったのにと思います。おもしろいことに、黒いアボリジニは白くなりたくて、白いアボリジニは黒くなりたいと思っています。私はもう少しでコースを修了し、このカレッジを卒業する予定ですが、ここを出たくありません。でもまたここに戻って、アボリジニ絵画を勉強しようと思います。最近は、ガーナ学校で夜間のガーナ語クラスにも通い始めました。」

リック（1958年生まれ、男性）

「私の父はアリススプリングスの出身ですが、幼い頃、アデレードのコールブルーク・ホームに連れて行かれ、そこで育ちました。母は白人です。私はアデレード・ヒルズで両親や8人の兄弟とともに育ちました。そして1965年にワヤラという地方町へ引っ越しました。そこは工業地帯でした。私はワヤラで初めて人種差別に遭いました。私は白人が多数派の学校に行きましたが、ある白人教師は私のことを馬鹿にし、私に何か質問をしたいことがあっても、直接私に聞くのではなく、私の友達を通して質問していました。

私はこのカレッジに入る前、アボリジニの文化についてほとんど知りませんでした。というのも、父は白人の環境で育ったため、文化や言語について何も知らなかったからです。昔、白人から「アデレードのアボリジニにはもう文化などない」と言われたことがありました。でも、ここに来るとたくさんのアボリジニの人々がいて、アボリジニ絵画を描いていました。それで「私達の文化はまだなくなっていないんだ」と思いました。私は彼らと一緒にいたいと思います。ここにいる人達はみんな同じ経験をしてきています。たとえば、友達が人種差別的なジョークなどを言っておもしろがりますよね。「アデレードのアボリジニは文化をもってないから、アボリジニ絵画の意味を読み取れない」とか。彼らはジョークとしておもしろがりますが、本人にとってそれはおもしろいことではありません。だから私はここに来て最初に、長老からアボリジニ絵画の意味の読み取り方を教わりました。

このカレッジの人はみんないい人で、誰とでも仲良くやっていくことができます。みんな互いのことや互いの家族のことまで知っていて、アボリジニであることをわかりあえるから安心できます。それは大きな家族のようなものです。だから今は前よりも幸せで、物事を前向きに考えることができます。カレッジを卒業したら、社会奉仕の分野の仕事をパートタイムでやりながら、専門学校に通おうかと考えています。将来は、アボリジニ・コミュニティの中で、若者のための社会福祉指導員の仕事がしたいです。」

ネイソン（1969年生まれ、男性）

「私はビクトリア州で生まれ、その後ニューサウスウェールズ州に引っ越しました。私は学校を10年生で去り、その後は国内を旅して、家具の艶出しの仕事をしていました。Tカレッジに来るまで、犯罪に関わるようなことはありませんでしたが、私はとても荒れていました。特に、酒がやめられず、重度のアルコール中毒でした。それが原因で脳の病気にかかり、一度命を落としそうになりました。アデレードへは、病気の治療のためにやって来きました。それ以来ここで暮らしています。

私の父はビクトリア州のカミラロイ出身のアボリジニでした。父は船員で、あまり家にいることはありませんでした。私は15年前まで、自分がアボリジニであるということを知りませんでした。実は父自身も40代になるまで自分がアボリジニであることを知りませんでした。というのも、父方の祖父はアボリジニで、とても暴力的な人だったので、祖母がそのことを隠し続けてきたようです。そのため、祖父はヨーロッパ系の移民の子孫ということになっていました。祖父も父もイタリア人かギリシャ人のような顔立ちだったので、誰もそれに対して疑問を持ちませんでした。私は、アデレードでアボリジニのための住宅を申請したときに、アボリジニ審査委員会から2度も拒絶されました。父がアボリジニなので、自分もアボリジニとして扱われて当然だと思っていましたがおかしな話です。そのときにはもう父親が亡くなっていたので、アボリジニ証明書を得るのが難しく、審査委員会で自分がアボリジニの子孫であることを知っている友人にそれを証明してもらわなければなりませんでした。

私は、アルコール中毒から逃れて、人生をやり直すために、このカレッジに入りました。このカレッジに入る前、アボリジニ文化についてあまり知りませんでした。でも、ここに来ることによって、文化について多くのことを学び、自分の文化に誇りが持てるようになりました。そ

【資料　Tカレッジの学生のライフストーリー】

ジョニー（1988年生まれ、女性）

「私はアデレードで生まれました。父は、ブロークンヒル出身のンガリンジェリで、母は白人です。幼い頃は、両親、兄弟姉妹、イトコとともに暮らしていました。その頃から私は自分がアボリジニであることを知っていました。10歳の頃に両親が別れてからは、白人の里親家族と暮らすことになり、自分の文化の多くを失ってしまいました。結局私は16歳になるまで養母と一緒に暮らしました。その後私は一人暮らしをしたのですが、うまくいかなかったので、再び養母のもとに戻り、今は彼女の娘とともに暮らしています。父に会うのは年に一度くらいです。彼は奥地で暮らしているからです。

学校は、白人が多数派の学校に行きましたが、私はあまり良い生徒ではありませんでした。里親家族のもとで育ったので、家庭内で色々と問題があり、学校に行って勉強する気が起こりませんでした。学校の教室にいると、よく人種差別的なことを言われることがありますが、私は膚の色が白く、周りの人は誰も私がアボリジニであることを知らなかったので、そのことを隠してきました。ステレオタイプなことを言われたくなかったからです。結局11年生で学校を去りました。

Tカレッジに来る前、私はアボリジニ文化についてはほんの少ししか知りませんでした。幼い頃、父は彼の文化について少しだけ教えてくれたことがありましたが、そのことについてあまり話そうとはしませんでした。彼は子供の頃奥地で育ったのですが、奥地では家族との間でたくさん悪い経験をしたそうです。そのため、子供の頃の話や彼の文化について教えようとするとき、その悪い思い出がよみがえってくるため、私に語ることをためらったのだと思います。

私達はこれまで、自分が誰で、何かについて、常に周囲からのステレオタイプを受けてきました。私は膚の色が白いので、周りの人々は私がアボリジニであるということはわかりません。私のことを何も知らない人が道で私とすれ違っても、私がアボリジニであるということに誰も気づきません。それに、他の多くの人々が自分達の言語を話しますが、私は自分の言語をもっていません。自分がどんな人間なのかを表現するのがとても難しいです。彼らは私を見てもわからないので。それに私はこれまで、伝統的なアボリジニからもアボリジニであることを認めてもらえないことがありました。でも、このカレッジに来てからは、文化などを学び、自分の文化にとても誇りを持つことができるようになりました。

【語彙集】

ABSTUDY　アブスタディ。中等学校や専門学校（TAFE）、大学などの高等教育を受けている先住民の学生を対象に支給される奨学金。

AFA　Aborigines' Friends' Association　アボリジニ友好協会

ATSIC　Aboriginal and Torres Strait Islander Commission　アボリジニ・トレス海峡諸島民委員会

AEW　Aboriginal Education Worker　アボリジニ補助教員

FCAATSI　Federal Council for the Advancement of Aborigines and Torres Strait Islanders　アボリジニおよびトレス海峡島嶼民の地位向上のための連邦評議会

NESA Grants National Employment Strategy for Aborigines　アボリジニのための職業訓練費

NAIDOC　National Aboriginal and Islanders Day Observance Committee　アボリジニおよびトレス海峡島嶼民の歴史、文化、功績を称える週間

NAILM　National Aboriginal and Islander NAILM Liberation Movement　国家アボリジニおよびトレス海峡島嶼民解放運動

TAFE　Technical and Further Education　職業訓練専門学校

SAHT　South Australian Housing Trust　南オーストラリア住宅信託

SSO　Student Support Officer　補助教員

Aborigines Protection Board　アボリジニ保護局

chief protector　アボリジニ保護官

dreaming trail　創世神話の精霊が通った足跡

full-blood　純血のアボリジニ

half-caste　混血のアボリジニ

mission stations　キリスト教伝道所集落

part-Aborigine　混血のアボリジニ

〈新聞記事〉
The Advertiser 25 September 2007
The Advertiser 12 April 2010
The Advertiser 7 July 7 2010
Campaign News 2005 December, Lartelare Glanville Land Action Group, Volume 1 Issue 1.

〈ウェブサイト〉
City of Port Adelaide and Enfield
http://www.portenf.sa.gov.au/webdata/resources/files/Largs_North.pdf
http://www.portenf.sa.gov.au/webdata/resources/files/Taperoo1.pdf
小田亮 Web 版『日常的抵抗論』(2006 年 3 月 7 日)
http://www2.ttcn.ne.jp/~oda.makoto/teikouronmokuji.html
Office of Crime Statistics and Research website
www.ocsar.gov.sa.au
Flinders Ranges Research, "Colebrook Home" http://www.southaustralianhistory.com.au/colebrook.htm

古谷嘉章
2001 『異種混交の近代と人類学——ラテンアメリカのコンタクトゾーンから』（人文書院）

ブルデュー、P.
1988 『実践感覚 I』（今村仁司／港道隆訳、みすず書房）
1991 『構造と実践』（ブルデュー／石橋晴己訳、藤原書店）
2005 『ディスタンクシオン I』（石井洋二郎訳、藤原書店）

ブルデュー、P.／パスロン、J-C.
1991 『再生産——教育・社会・文化』（宮島喬訳、藤原書店）

細川弘明
1994 「アボリジニーの先住権をめぐる新たな状況——マボ判決、先住権原法、そして人類学者の役割」（『民博通信』65：4）

ホブズボウム、E.
1992 「序論——歴史は創り出される」（前川啓治訳、『創られた伝統』岩波書店）

松田素二
1996 「「人類学の危機」と戦術的リアリズムの可能性」（『社会人類学年報』22：23-48）
1999 『抵抗する都市』（岩波書店）

松山利夫
2001 「オーストラリアにおけるセンサスと先住民集計に関するノート」（『国立民族学博物館研究報告』25(3)：433-457）
2006 『ブラックフェラ・ウェイオーストラリア先住民アボリジナルの選択』（御茶の水書房）

米山リサ
2003 『暴力・戦争・リドレス——多文化主義のポリティクス』（岩波書店）

塩原良和
2005 『ネオ・リベラリズムの時代の多文化主義――オーストラリアン・マルチカルチュラリズムの変容』(三元社)

鈴木清史
1995 『都市のアボリジニ――抑圧と伝統のはざまで』(明石書店)

関根政美
2000 『多文化主義の到来』(朝日選書)

セン・アマルティア
2011 『アイデンティティと暴力――運命は幻想である』(大門毅編、東郷えりか訳、勁草書房)

総理府内閣官房多文化問題局
1997 「多文化国家オーストラリアのための全国計画」(多文化社会研究会編訳『多文化主義――アメリカ・カナダ・オーストラリア・イギリスの場合』、木鐸社)

テイラー、C.
1996 「承認をめぐる政治」(エイミー・ガットマン編『マルチカルチュラリズム』佐々木毅/辻康夫/向山恭一訳、岩波書店)

友永雄吾
2013 『オーストラリア先住民の土地権と環境管理』明石書店

ハージ、G.
2003 『ホワイト・ネイション――ネオ・ナショナリズム批判』(保苅実/塩原良和訳、平凡社)

バトラー、J.
1999 『ジェンダートラブル――フェミニズムとアイデンティティの攪乱』(竹村和子訳、青土社)

ファノン、F.
1998 『黒い皮膚・白い仮面』(海老坂武/加藤晴久訳、みすず書房)

藤川隆男
2005 「白人研究に向かって――イントロダクション」(藤川隆男編『白人とは何か?――ホワイトネス・スタディーズ入門』刀水書房)

護”経済が再編する現代アボリジニの親族関係」(『オーストラリア研究』23：73-85)

小田　亮

1996　「ポストモダン人類学の代価—ブリコルールの戦術と生活の場の人類学」(『国立民族学博物館研究報告』21(4)：807-875)

2001　「越境から、境界の再領土化へ——生活の場での〈顔〉のみえる想像」(杉島敬志編『人類学的実践の再構築——ポストコロニアル転回以降』世界思想社)

2003　「文化人類学からみたカルチュラル・スタディーズ：文化・民族誌・ポストコロニアル」(『日本常民文化紀要』23：1-46)

鎌田真弓

1996　「オーストラリア・ナショナリズムに関する考察」(『名古屋商科大学論集』40 (2)：127-139)

2002　「国民国家のアボリジニ」(小山修三・窪田幸子編『多文化国家の先住民』世界思想社)

窪田幸子

1993　「多文化主義とアボリジニ」(清水昭俊・吉岡政徳編『オセアニア——近代に生きる』東京大学出版会)

2005　『アボリジニ社会のジェンダー人類学』(世界思想社)

2008　「「オーストラリアの長い沈黙」ののち——歴史とアボリジニのエイジェンシー」(『文化人類学』73 (3)：400-418)

2009　「序論　普遍性と差異をめぐるポリティクス——先住民の人類学的研究」(窪田幸子／野林厚志編『「先住民」とはだれか』世界思想社)

クラーク、M.

1978　『オーストラリアの歴史——距離の暴虐を超えて』(竹下美保子訳、サイマル出版会)

栗田梨津子

2010　「都市の学校教育におけるアボリジナリティの教授が意味するところ——アデレードのガーナ文化学習の事例から」(『オーストラリア研究』23: 86-102)

2016　「新自由主義と先住民性の揺らぎ——アデレード北西部郊外の人種関係の事例から」(『オーストラリア研究』29: 1-15)

サイード、E. W.

1993　『オリエンタリズム』(今沢紀子訳、平凡社)

1979 *Race Politics in Australia. Aborigines, Politics and Law*. Armidale, New South Wales: University of New England Press.

Trask, H. K.

2000 “Natives and Anthropologists: the Colonial Struggle.” In *Voyaging through the Contemporary Pacific*, edited by D. Hanlon and G. M. White. Lanham: Rowman & Littlefield Publishers.

Von Sturmer, J.

1973 “Changing Aboriginal Identity in Cape York.” In *Aboriginal Identity in Contemporary Australian Society*, edited by D. Tugby. Milton, Queensland: Jacaranda Press.

Walter, M., Taylor, S. and Habibis, D.

2011 “How White is Social Work in Australia?” *Australian Social Work* 64 (1): 6-19.

Wilson, D.

1998 *The Cost of Crossing Bridges*. Mitcham, Victoria: Small Poppies Publishing.

Yamanouchi, Y.

2010 “Kinship, Organisations and ‘Wannabes’: Aboriginal Identity Negotiation in South-Western Sydney.” *Oceania* 80: 216-228.

アンダーソン、B.

1997 増補『想像の共同体――ナショナリズムの起源と流行』（白石隆、白石さや訳、NTT 出版）

飯嶋秀治

2010 「Before/ After: Intervention ――オーストラリア先住民への「介入」政策」（オーストラリア先住民研究報告書編集委員会編『オーストラリア先住民研究――国家・伝統・コミュニティと切り結ぶ日常的実践』遊文舎）

上橋菜穂子

2004 「オーストラリア――国民の創出」（青柳真智子編『国勢調査の文化人類学―人種・民族の比較研究』古今書院）

太田好信

1998 『トランスポジションの思想――文化人類学の再想像』（世界思想社）

大野あきこ

2010 「文化的差異としてのデマンド・シェアリング――貨幣・商品・“生活保

Sanders, W.G.

2006 "Indigenous Affairs after the Howard Decade: an Administrative Revolution while Defying Decolonisation" *Centre for Aboriginal Economic Policy Research* (CAEPR) Topical Issue 3, Canberra, CAEPR, Australian National University.

Sansom, B.

1982 "The Aboriginal Commonality." In *Aboriginal Sites, Rights and Resource Development*, edited by R. M. Berndt.Neddands, Wsetern Australia: The University of Western Australia Press.

1988 "A Grammar of Exchange." In *Being Black: Aboriginal Cultures in 'Settled' Australia*, edited by I. Keen. Canberra: Aboriginal Studies Press.

Schapper, H. P.

1970 *Aboriginal Advancement to Integration: Conditions and Plans for Western Australia.* Canberra: Australian National University Press.

Schwab, R. G.

1988 "Ambiguity, Style and Kinship in Adelaide Aboriginal Identity." In *Being Black: Aboriginal Cultures in 'settled' Australia*, edited by I. Keen. Canberra: Aboriginal Studies Press:.

1991 *The "Blackfella Way": Ideology and Practice in an Urban Aboriginal Community*. PhD Thesis, Australian National University.

Short, D.

2008 *Reconciliation and Colonial Power: Iindigenous Rights in Australia.* Burlington, Victoria: Ashgate.

Stratton, J. and A. Ien.

1988 "Multicultural Imagined Communities: Cultural Differences and National Identity the in the USA and Australia." In *Multicultural States: Rethinking Difference and Ident Identity*, edited by D.Bennett. London and New York: Routledge.

Sutton, P.

2009 The Politics of Suffering: Indigenous Australia and the End of the Liberal Consensus. Carlton, Victoria: Melbourne University Press.

Tatz, C.

1975 *Black Viewpoints: the Aboriginal Experience.* Sydney: Australia and New Zealand Book Company.

Peterson, N. and J. Taylor.

2003 "The Modernising of the Indigenous Domestic Moral Economy: Kinship, Accumulation and Household Composition." *The Asia Pacific Journal of Anthropology* 4 (1 & 2): 105-122.

Pierson, J. C.

1977a "Voluntary Organizations and Australian Aboriginal Urban Adaptations in Adelaide." *Oceania* 48: 46-58.

1977b "Aboriginality in Adelaide: an Urban Context of Australian Aboriginal Ethnicity." *Urban Anthropology* 6: 307-27.

1982 "Aboriginal Power and Self-Determination in Adelaide." In *Aboriginal Power in Australian Society*, edited by M. C. Howard. St. Lucia, Queensland: University of Queensland Press.

Pope, A.

1989 *Resistance and Retaliation: Aboriginal-European Relations in Early Colonial South Australia*. Bridgewater, South Australia: Heritage Action.

Povinelli, E. A.

2002 *The Cunning of Recognition: Indigenous Alterities and the Making of Australian Multiculturalism*. Durham: Duke University Press.

Pratt, M.L.

1992 *Imperial Eyes: Travel Writing and Transculturation*. London and New York: Routledge.

Reay, M.

1945 A "Half-caste Aboriginal Community in North-Western New South Wales." *Oceania* 15: 296-323.

Reay, M. and G. Sitlington.

1948 "Class and Status in a Mixed-Blood Community." *Oceania* 18: 179-207.

Rowley, C. D.

1970 *The Destruction of Aboriginal Society: Aboriginal Policy and Practice* Volume 1, Canberra: Australian National University Press.

1972 *Outcasts in White Australia*, Ringwood, Victoria: Penguin Books.

Russell, L.

2001 *Savage Imagining: Historical and Contemporary Constructions of Australian Aboriginalities*. Melbourne: Australian Scholarly Publishing.

Maddison, S.

2011 *Beyond White Guilt: the Real Challenge for Black-White Relations in Australia*, Crows Nest, New South Wales: Allen&Unwin.

Malin, M., K. Campbell, Agius, L.

1996 "Rasing Children in the Nunga Aboriginal Way." *Family Matters* 43: 43-47.

Mattingley, C.

1992 *Survival in Our Own Land: "Aboriginal" Experiences in "South Australia" Since 1836*. Adelaide: Hodder& Stoughton.

Melvin, S.

1994 *Kudlyo the Black Swan Dreaming: Veronica Brodie and the Continuity of Kaurna History at Glanville and Le Fevre* Peninsula. Research report prepared for the Lartelare Homeland Association.

Morris, B.

1988 "The Politics of Identity: from Aborigines to the First Australian." In *Past and Present: the Construction of Aboriginality*, edited by J. Beckett. Canberra: Aboriginal Studies Press.

Myers, F. R.

1986 *Pintupi Country, Pintupi Self: Sentiment, Place, and Politics among Western Desert Aborigines*. Washington and London: Smithsonian Institution Press.

National Multicultural Advisory Council

1999 *Australian Multiculturalism for a New Century: Towards Inclusiveness*, Ntional Multicultural Advisory Council.

Office of Multicultural Affairs

1989 *National Agenda for a Multicultural Australia: Sharing Our Future*. Canberra: Australian Government Publishing Service.

Parkin, A. and A. Patience.

1981 *The Dunstan Decade: Social Democracy at the State Level*. Mebourne: Longman Cheshire.

Peterson, N.

1993 "Demand Sharing: Reciprocity and the Pressure for Generosity among Foragers." *American Anthropologist* 95 (4): 860-874.

Reconciliation." *NUCB Journal of Economics and Information Science* 46 (2): 55-61.

Kaurna Warra Pintyandi

2006 *Kaurna Palti Wonga: Kaurna Funeral Protocols*, Kaurna Warra Pintyandi.

Keeffe, K.

1988 "Aboriginality: Resistance and Persistence." *Australian Aboriginal Studies* 1: 67-81.

Keesing, R. M.

2000 "Creating the Past: Custom and Identity in the Contemporary Pacific." In *Voyaging through the Contemporary Pacific*" edited by D. Hanlon and G. M.White. Lanham, Boulder, New York, Oxford: Rowman & Littlefield Publishers, INC.

Kenny, C.

1996 *Women's Business*. Potts Point, N. S.W.: Duffy and Snellgrove.

Kourakis, C. QC

2007 "State Legislation about Aboriginal People," In *Reflections: 40 Years on from the 1967 Referendum*, edited by N. Gillespie. Adelaide: Aboriginal Legal Rights Movement.

Kurita, R.

2012 "'Blackfella Way' and Aboriginal Identity: A Case Study of Adelaide Aborigines." Japanese Review of Cultural Anthropology 13: 41-60.

Lattas, A.

1990 "Aborigines and Contemporary Australian Nationalism: Primordiality and the Cultural Politics of Otherness." *Social Analysis* 27: 50-69.

Macdonald, G.

1998 "Continuities of Wiradjuri Tradition." In *Traditional Aboriginal Society* (second edition), edited by W. Edwards. South Yarra: Macmillan.

2000 "Economies and Personhood: Demand Sharing among the Wiradjuri of New South Wales." In the Social Economy of Sharing: Resource Allocation and Modern H H Hunter-Gatherers, edited by G.Wenzel, G. Hovelsrud-Broda and N. Kishigami *Senri Ethnological Studies* 53: 87-112.

Howard, J.

2000 "Practical Reconciliation" In *Essays on Australian Reconciliation*, edited by M.Grattan. Melbourne: Bookman Press.

Hugo, G.

2003 *A Profile of South Australia's Aboriginal Population*, The University of Adelaide (paper presented to Census 2001 and South Australia, Public Seminar, National Wine Centre of Adelaide).

Inglis, J.

1961 "Aborigines in Adelaide." *Journal of the Polynesian Society* 70 (2): 200-218.

1964 "Dispersal of Aboriginal Families in South Australia (1860-1960)." In *Aborigines Now: New Perspective in the Study of Aboriginal Communities*, edited by M. Reay. London: Angus and Robertson.

Jacobs, J. M., Laurence, C., Thomas, F.

1988 "'Peals from the Deep': Re-evaluating the Early History of Colebrook Home for Aboriginal Children." In *Aboriginal Australians and Christian Missions: Ethnographic and Historical Studies*, edited by V.C. Hayes. Adelaide: Australian Association for the Study of Religions.

James, R.

1993 "The Political Iconography of Aboriginality." *Oceania* 63: 207-221.

Jenkin, G.

1979 *Conquest of the Ngarrindjeri*. Adelaide: Rigby.

Jones, D. and Hill-Burnett, J.

1972 "The Political Context of Ethnogenesis : an Australian Example." In *Aboriginal Power in Australian Society*, edited by M.Howard. St.Lucia, Queensland: University of Queensland Press.

Jordan, D. F.

1988 "Aboriginal Identity: Uses of the Past, Problems for the Future?" In *Past and Present: the Construction of Aboriginality*, edited by J. Beckett. Canberra: Aboriginal Studies Press.

1985 "Census Categories-Enumeration of Aboriginal People, or Construction of Identity?" *Australian Aboriginal Studies* 1: 28-36.

Kamada, M.

2002 "Innovation of the Australian Nation: Multiculturalism and Aboriginal

Gilbert, K.

1977 *Living Black: Blacks Talk to Kevin Gilbert*. Ringwood: the Penguin Press.

Goody, E.N.

1982 *Parenthood and Social Reproduction*. Cambridge: Cambridge University Press.

Griffiths, M.

2006 *Aboriginal Affairs 1967-2005: Seeking a Solution*. Dural: Rosenberg.

Hall, A.

1997 *A Brief History of the Laws, Politics and Practices in South Australia which Led to the Rremoval of Many Aboriginal Children*. Adelaide: South Australian Government.

Hall, S.

1991 "Old and New Identities, Old and New Ethniticies." In *Culture, Globalization and the World-system: Contemporary Conditions for the Representation of Identity*, edited by A. D. King. New York: State University of New York).（「新旧のアイデンティティ、新旧のエスニシティ」山中弘、安藤充、保呂篤彦訳、A. D. キング編『文化とグローバル化――現代社会とアイデンティティ表現』玉川大学出版部、1999 年）

1993 "Cultural Identity and Diaspora." In *Colonial Discourse and Postcolonial Theory*, edited by P. Williams and L. Chrisman. London, New York: Harvester Wheatsheaf.（「文化的アイデンティティとディアスポラ」小笠原博毅訳、『現代思想』26 (4), 1998 年）

1996 "Introduction: Who Needs 'Identity' ?" In *Questions of Cultural Identity*, edited by S. Hall et al. Sage.（「誰がアイデンティティを必要とするのか？」宇波彰監訳、ホール, S＋ポール, ドゥ・ゲイ編『カルチュラル・アイデンティティの諸問題――誰がアイデンティティを必要とするのか？』大村書店、2001 年）

Hemming, S.

1990 "'Kaurna' Identity: a Brief History." *Journal of the Anthropological Society of South Australia* (special issue) 28 (1) & (2): 126-142.

Hollinsworth, D.

1992 "Discourses on Aboriginality and the Politics of Identity in Urban Australia." *Oceania* 63 (2): 137-155.

Dodson, P.

2007 "Whatever Happened to Reconciliation?" In *Coersive Reconciliation: Stabilise, Normalise, Exit Aboriginal Australia*, edited by J. Altman & M. Hinkson. Melbourne: Arena Publications.

Eades, D.

1988 "They don't Speak an Aboriginal Language, or do They?" In *Being Black: Aboriginal Cultures in 'Settled' Australia*, edited by I. Keen. Canberra: Aboriginal Studies Press.

Eckermann, A.K.

1988 "Culture Vacuum or Cultural Vitality?" *Australian Aboriginal Studies* 1: 31-39.

Edwards, W. H.

2009 Adelaideala Nyinanytja: Living in Adelaide (presented at AIATSIS Conference)

Elkin, A.P.

1937 "Native Education with Special Reference to the Australian Aborigines." *Oceania* 7 (4): 459-500.

Ellinghaus, Y, K.

2008 *Making Connections: Aboriginal Ways & Everyday Worlds in Regional South Australia*. PhD Thesis, University of Adelaide.

Fink, R. A.

1957 "The Caste Barrier : an Obstacle to the Assimilation of Part-Aborigines in North-West New South Wales." *Oceania* 28 (1): 100-110.

Gale, F.

1972 *Urban Aborigines*. Canberra: Australian National University Press.

Gale, F. and J. Binnion.

1975 *Poverty among Aboriginal Families in Adelaide*. Canberra: Australian Government Publishing Service.

Gale, F. and J. Wundersitz.

1982 *Adelaide Aborigines: a Case Study of Urban Life 1966-1981*. Canberra: Australian National University.

Gibbs, R. M.

1969 *A History of South Australia*. Canberra: Balara Books.

Broome, R.

1982 *Aboriginal Australians: Black Response to White Dominance 1788-1980*. Sydney: Allen & Unwin.

1994 *Aboriginal Australians : Black Response to White Dominance 1788-1994*. 2nd ed. Sydney: Allen & Unwin.

Burgmann, V.

1989 *Power and Protest: Movements for Change in Australian Society*. Sydney: Allen & Unwin.

Carter, J.D.

1988 "Am I too Black to Go with You?" In *Being Black: Aboriginal Cultures in Settled' Australia*, edited by I. Keen. Canberra: Aboriginal Studies Press.

Commonwealth of Australia

1999 *A New Agenda for Mmulticultural Australia*. Canberra: Department of Immigration and Multicultural Affairs.

Coombs, H., M. Brandl, and Snowdon, W.

1983 *A Certain Heritage: Programs for and by Aboriginal Families in Australia*. Canberra: CRES.

Council for Aboriginal Reconciliation

1999 *Draft Document for Reconciliation: a Draft for Discussion by the Australian People*, Council for Aboriginal Reconciliation.

Cowlishaw, Gillian

1986 "Race for Exclusion," *the Australian and New Zealand Journal of Sociology* 22 (1): 3-24.

1988 "the Materials for Identity Construction." In *Past and Present: the Construction of Aboriginality*, edited by J. Beckett. Canberra: Aboriginal Studies Press.

Dennis, S.

2005 South Australian Aboriginal Heritage Act (1988) Section 12 Assessment: of Two Sites at Glanville, Being Mangrove Cove and the Land Underneath the Jervois Bridge. Report prepared for the Department of Aboriginal Affairs and Reconciliation (S.A.).

Department of Aboriginal Affairs

1981 *Report on a Review of the Administration of the Working Definition of Aboriginal and Torres Strait Islander*. Department of Aboriginal Affairs.

Beckett, J.

1965 "Kinship, Mobility and Community Among Part-Aborigines in Rural Australia." *International Journal of Comparative Sociology* 6: 7-23.

1988 "The Past in the Present; the Present in the Past: Constructing a National Aboriginality." In *Past and Present: the Construction of Aboriginality*, edited by J. Beckett. Canberra: Aboriginal Studies Press.

Bell, D.

1998 *Ngarrindjeri Wurruwarrin: a World that is, was and will be*. Melbourne: Spinifex Press.

Berndt, R.

1977 *Aborigines and Change: Australia in the 70s*. Canberra: Australian Institute of Aboriginal Studies.

Berndt, R. and C. Berndt.

1951 *From Black to White in South Australia*. Melbourne: F. W. Cheshire.

Bhabha, H.

1994 *The Location of Culture*. London and New York: Routledge.（『文化の場所――ポストコロニアリズムの位相』本橋哲也他訳、法政大学出版局、2012年）

1996 "Culture's in-Between." In *Questions of Cultural Identity*, edited by S. Hall and P. D. Gay. SAGE Pubilications.（「文化の中間者」宇波彰監訳、ホール，S＋ポール，ドゥ・ゲイ編『カルチュラル・アイデンティティの諸問題――誰がアイデンティティを必要とするのか』大村書店、2001年）

Biddle, N.

2013 *Indigenous and Non-Indigenous Marriage Partnerships, CAEPR Indigenous Population Project 2011 Census Papers, Paper 15. Canberra: Centre for Aboriginal Economic Policy Research, Australian National University.*

Brock, P. and Kartinyeri, D.

1989 *Poonindie: the Rise and Destruction of an Aboriginal Agricultural Community.* South Australian Government Printer and Aboriginal Heritage Branch, Department of Eenvironment and Planning, South Australia.

Brodie, V.

2002 *My Side of the Bridge: the Life Story of Veronica Brodie as Told to Mary-Anne Gale*. Adelaide: Wakefield Press.

【参考文献】

Amery, R.

2000 *Warrabarna Kaurna!: Reclaiming an Australian Language*. Lisse: Swets & Zeitlinger Publishers.

Altman, J.C.

2009 "Beyond Closing the Gap: Valuing Diversity in Indigenous Australia." *Centre for Aboriginal Economic Policy Research* (CAEPR) Working Paper No.54, Canberra, CAEPR, Australian National University.

2010 "What Future for Remote Indigenous Australia?: Economic Hybridity and the Neoliberal Turn." In *Culture Crisis: Anthropology and Politics in Aboriginal Australia*, edited by J. Altman and M. Hinkson. Sydney: University of New South Wales Press.

Altman, J.C. & Johns, M.

2008 "Indigenous Welfare Reform in the Northern Territory and Cape York: A Comparative Analysis." *Centre for Aboriginal Economic Policy Research* (CAEPR) Working Paper No.44, Canberra, CAEPR, Australian National University.

Australian Bureau of Statistics.

2006 Population. *Characteristics, Aboriginal and Torres Strait Islander Australians, South Australia*. 47130DO004.

2008 *A Social Atlas – 2006 Census of Population and Housing*. Canberra: Australian Government Publishing Service.

2011 *Census of Population and Housing: Counts of Aboriginal and Torres Strait Islander Australians*. 2075.0.

Babidge, S.

2010 "Family Affairs : Relations and Relatedness." In *Aboriginal Family and the State: the Conditions of History*, edited by S. Babidge. United Kingdom: Ashgate Publishing Company.

Barwick, D.

1988 "Aborigines of Victoria." In *Being Black: Aboriginal Cultures in 'Settled' Australia*, edited by I. Keen. Canberra: Aboriginal Studies Press.

【た】

【な】

【は】

【さ】

索　引

【著者紹介】

栗田梨津子（くりた・りつこ）
広島大学大学院総合科学研究科助教
広島大学大学院総合科学研究科博士後期課程修了。博士（学術）。
実践女子大学短期大学部専任講師等をへて 2017 年より現職。
主要著書に、「新自由主義と先住民性の揺らぎ―アデレード北西部郊外の人種関係の事例から」『オーストラリア研究』第 29 号（2016 年）、「オーストラリア先住民と教育」山内由理子編『オーストラリア先住民と日本：先住民学・交流・表象』（2014 年，御茶の水書房）など。

多文化国家オーストラリアの都市先住民
——アイデンティティの支配に対する交渉と抵抗

2018年3月31日　初版第1刷発行

著　者　栗田梨津子
発行者　大江道雅
発行所　株式会社　明石書店
〒101-0021 東京都千代田区外神田6-9-5
電話　03（5818）1171
FAX　03（5818）1174
振替　00100-7-24505
http://www.akashi.co.jp

組　版　有限会社秋耕社
装　丁　明石書店デザイン室
印刷・製本　モリモト印刷株式会社

（定価はカバーに表示してあります）　ISBN 978-4-7503-4661-8